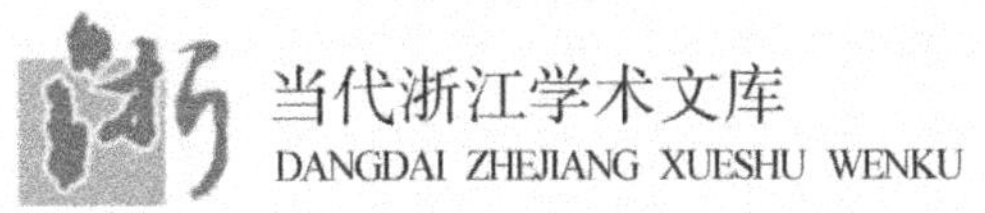

浙江省社科联省级社会科学学术著作出版资金资助出版（编号：2016 CBB01）

中国核心通货膨胀的估算与预测研究

章琳云 著

图书在版编目(CIP)数据

中国核心通货膨胀的估算与预测研究 / 章琳云著.
—杭州：浙江工商大学出版社，2016.5
ISBN 978-7-5178-1624-9

Ⅰ.①中… Ⅱ.①章… Ⅲ.①通货膨胀—研究—中国
Ⅳ.①F822.5

中国版本图书馆 CIP 数据核字(2016)第 085942 号

中国核心通货膨胀的估算与预测研究

章琳云 著

责任编辑 郑 建
封面设计 林朦朦
责任印制 包建辉
责任校对 何小玲
出版发行 浙江工商大学出版社
(杭州市教工路 198 号 邮政编码 310012)
(E-mail:zjgsupress@163.com)
(网址:http://www.zjgsupress.com)
电话:0571-88904980,88831806(传真)
排　　版 杭州朝曦图文设计有限公司
印　　刷 虎彩印艺股份有限公司
开　　本 710mm×1000mm 1/16
印　　张 11.75
字　　数 250 千
版 印 次 2016 年 5 月第 1 版 2016 年 5 月第 1 次印刷
书　　号 ISBN 978-7-5178-1624-9
定　　价 39.00 元

浙江工商大学出版社营销部邮购电话 0571-88904970

前 言

自纸币产生以来，通货膨胀问题便是宏观经济学中永恒的话题。按照《中国人民银行法》的规定，我国目前的货币政策目标是保持货币币值的稳定，并以此促进经济的增长，而要实现这一目标，就需要中央银行正确衡量市场上的通货膨胀情况，并依此确定货币投放数量，因此通货膨胀水平是关系到宏观货币政策的走向，影响到国民经济的健康发展重要因素之一。此外，对于普通居民而言，通货膨胀水平也关系到日常的消费和投资情况，与我们的生活息息相关。因此通货膨胀对于各个层次、范围、区域的经济主体都是一个非常重要的问题。始自 2007 年的全球性金融危机使得我国的经济受到了严重的影响，为了应对经济的下滑，我国于 2008 年 11 月出台了四万亿人民币的经济刺激计划，并在这之后多次降低存款准备金率和利率。一系列的货币和财政政策在当时延缓了我国经济下滑的速度，但是物价上涨也随之而来。2009 年中旬，居民消费价格指数开始回升，2011 年 7 月，居民消费价格指数同比增长 6.5%，创下近 3 年的新高，通货膨胀又重新回到了人们的视野。通货膨胀作为宏观经济学中重要的研究领域，如何正确衡量通货膨胀水平，即其测度方法的研究一直是学者们关注的核心问题。

泰勒规则(Taylor，1993)是常用的简单货币政策规则之一，由斯坦福大学的约翰·泰勒于 1993 年根据美国货币政策的实际经验，而确定的一条短期利率调整的规则。泰勒规则认为：如果通货膨胀等于目标通货膨胀，失业率等于自然失业率，那么中央银行应该将名义利率设为它的目标值。如果通货膨胀高于目标值，那么中央银行应该将名义利率设定为高于目标值，以此来保持经济的稳定。依照“泰勒规则”，中国中央银行在利率设定的决策上将在程度地取决于实际通货膨胀和目标通货膨胀之间的差距，中国央行等决策部门的政策实施将越来越依赖于通货膨胀预期，而不仅仅是过去的通货膨胀数据；同时，居民的消费和投资行为也越来越依赖于未来物价水平的期望。因此，如何准确地预测通货膨胀，对于决策部门制定合理的货币政策和企业、居民的投资消费行为都是相当重要的。

基于上述原因，本书对通货膨胀的测度方法和预测方法进行了深入的研究。本书对通货膨胀的测度指标进行了梳理，得出了核心通货膨胀指标是反映通货膨胀长期趋势的、能为中央银行货币政策提供依据的合适指标，并在此基础上对核心通货膨胀估算方法，包括有限影响估算法、方差加权指数法、结构向量自回归法、HP滤波法、持续性加权法、方差修削法进行了比较，得出方差修削法比较适合用来估算核心通货膨胀。在核心通货膨胀的预测方面，本书采用了线性回归法、神经网络法和非参数的支持向量回归法进行了实证比较，得出了支持向量回归法预测性能最佳的结论。在得到通货膨胀的最佳估算方法和最佳预测方法的基础上，本书采用了支持向量回归法来预测我国未来5个月的核心通货膨胀水平，得到未来5个月内我国通货膨胀将呈下降趋势，不存在显著通货膨胀压力的结论。

目　录

第一章 导 论

第一节 选题背景和意义

一、选题背景

20世纪90年代以来，国内外很多中央银行采取了新的货币政策框架，也就是通货膨胀目标制。通货膨胀目标制是一种以保持低的和稳定的通货膨胀为目标的货币政策制度或政策框架；当预测的通货膨胀高于目标通货膨胀，货币当局则采用紧缩性货币政策；当预测的通货膨胀低于目标通货膨胀，则采用扩张性货币政策，当预测的通货膨胀接近目标通货膨胀，则保持不变的货币政策。在这种货币政策框架下，稳定物价成为中央银行货币政策的首要目标。自1990年新西兰率先采用通货膨胀目标制以来，加拿大、英国、瑞典等发达国家相继采用了通货膨胀目标制。到目前为止，已有超过20个国家先后实行该货币政策框架。

按照《中国人民银行法》的规定，我国目前的货币政策目标是保持货币币值稳定，并以此促进经济增长。从我国的货币政策目标可以看出，中国人民银行的首要和直接政策目标是保持货币币值稳定，稳定币值的目的在于促进经济的发展，从实现目标的主次序列来看，稳定币值在先，促进经济在后，中央银行只有在稳定币值后，才能促进经济的增长。因此，从我国货币政策目标来看，稳定物价也是中央银行政策目标之一。

无论是从国内还是国外的货币政策目标来看，通货膨胀水平在很大程度上都可以影响中央银行的货币政策，关系到国民经济的健康发展；不仅如此，通货膨胀水平与我们的日常生活也是息息相关的，通货膨胀水平关系到普通居民的消费和投资。在通货膨胀目标制框架下，通货膨胀的预测也就变得非常重要，依照“泰勒规则”，央行等决策部门的政策实施也将越来越依赖于通货膨胀预期。因此，如何正确地测度通货膨胀并进行预测，对于决策部门制定合理的货币政策和引导企业、居民的通货膨胀预期都是相当重要的。

二、选题意义

基于以上背景，本书对通货膨胀的测度指标进行了梳理，对各估算方法进行了理论和实证的比较，选择了合适的通货膨胀测度指标以及估算方法。同时，本书对通货膨胀的预测方法进行了比较，选用了先进的预测方法对通货膨胀进行了预测。本书对通货膨胀的测度和预测进行了深入的研究，该项研究具有充分的理论和现实意义。

（一）理论意义

从理论上来说，学术界对通货膨胀的测度研究一直在不断地深入和开拓。一般来说，最常见的通货膨胀测度指标为居民消费价格指数（CPI）。除此之外，还有零售商品价格指数（RPI）、工业生产者出厂价格指数（PPI）、工业生产者购进价格指数、进出口商品价格指数、固定资产投资价格指数（PIIFA）和GDP缩减指数等，不同的价格指数有其运用的领域和作用，也有其相对应的局限性。20世纪70年代，在当时的社会经济时代背景下，西方国家首次提出了核心通货膨胀价格指数，此后，国内外学者对于该指数的理论和估算研究一直没有停歇。本书对通货膨胀的测度方法进行了梳理，认为核心通货膨胀能够为中央银行的货币政策提供依据，是合适的通货膨胀测度方法。在此基础上，本书对核心通货膨胀的估算方法和评价标准进行了汇总，采用30％截尾法、方差加权指数法、结构向量自回归法、HP滤波法、持续性加权法和方差修削法这6种方法对我国2001年1月—2012年12月的核心CPI进行了估算。之后对估算序列进行了序列有效性、序列稳定性、与居民消费价格指数的协整性、与居民消费价格指数的相关性、与货币供给量的相关性、对居民消费价格指数预测能力的比较，得出了在这几种方法中，方差修削法是相对优秀的核心通货膨胀估算方法。这对于通货膨胀估算方法的理论研究是一个很好的补充。

通货膨胀的预测方法也有很多种。本书在对以往文献的梳理基础上，采用了未被通货膨胀领域使用的、预测效果优秀的支持向量回归对我国的核心通货膨胀进行了预测，并通过与线性回归、神经网络方法的预测结果比较，进一步验证了支持向量回归在通货膨胀领域运用的合理性。使用支持向量回归来预测通货膨胀是对通货膨胀预测方法领域内的一个补充。

（二）现实意义

对通货膨胀的趋势水平作出准确可靠的预测，不仅能为政府政策部门和中央银行宏观经济决策提供重要的依据，而且也能为企业和居民的未来通货膨胀预期提供重要的参考。在实际的通货膨胀水平衡量问题上，中央银行和各金融机构采用了不同的指标来进行测度。我国目前最常用的通货膨胀测度指标为国家统计局每月更新的居民消费物价指数，但从理论上和国外历史经验来说，该指标存在不可避免的局限性，即短期的食品或其他个别商品的价格波动会影响到居民消费价格指数，造成通货膨胀测度数据与实际通胀情况相背离的现象，以此作为通货膨胀的测度指标可能会造成货币政策方向性的错误。而核心通货膨胀在继承通货膨胀优点的同时又能克服该缺陷，是通货膨胀的合适测度指标。本书对核心通货膨胀的估算方法和预测方法进行了理论和实证上的比较，得到了合适的估算方法和预测方法，并对得到的估算序列进行预测。这一系列的研究在一定程度上可以提高通货膨胀测度和预测的准确性，能够为中央银行货币政策的实施和日常居民生活、投资、消费等行为提供参考，具有一定的现实意义。

第二节　文献回顾

一、关于核心通货膨胀的定义

首先，我们需要明确核心通货膨胀是通货膨胀的一种度量手段。目前，对通货膨胀的度量方法主要有两类：一类是标题通货膨胀，包括平时经常使用的居民消费价格指数和零售商品价格指数等；一类就是核心通货膨胀。核心通货膨胀的思想早在 20 世纪 70 年代就已出现，但是作为一个正式的术语是 Eckstein 直到 1981 年才首次提出。

Eckstein(1981)认为，核心通货膨胀是“市场处于长期均衡状态下的通货膨胀”，也就是“总供给价格的增长趋势”。按照 Eckstein(1981)的定义逻辑来说，如果总供给价格以核心通货膨胀率来增长，那么劳动和资本的使用是稳定的。Parkin(1984)指出，Eckstein(1981)对核心通货膨胀的定义就是单位劳动成本的稳态增长率。

Quah，Vahey(1995)，认为通货膨胀的波动可以分为两类：一类是在长期中不会影响真实产出的波动，也就是名义需求冲击；另一类是在长期中会影响真实产出的供给需求，而核心通货膨胀就是观测到的通货膨胀中，在中期和长期中不会影响真实产出的部分。

Romer(1996)认为，可以把附加了预期的菲利普斯曲线中的预期通货膨胀作为核心通货膨胀。Quah，Vahey(1995)和 Romer(1996)的共同点在于都将通货膨胀中的长期部分作为核心通货膨胀。

Cristadoro 等(2005)认为，核心通货膨胀是 CPI 中各个组成项目的长期共同成分，他们将各种成分分为相互正交的核心通货膨胀冲击和非核心通货膨胀冲击。

Bryan，Cecchetti(1994)、Byran，Cecchetti，Wiggins(1997)、Blinder(1997)和 Roger(1998)均从货币政策的角度来定义核心通货膨胀，认为核心通货膨胀为价格指数中与货币增长率相关的长期、持久的部分，他们认为为了有效地制定货币政策并发挥作用，中央银行应当更关注通货膨胀中持久、潜在的变化趋势，也就是核心通货膨胀。从制定货币政策的角度来看，核心通货膨胀是中央银行的价格指数。

中国人民银行武汉分行和国家统计局湖北调查总队联合课题组(2006)从实践的角度认为，核心通货膨胀是在居民消费价格指数的基础上，剔除了受不可抗拒的自然因素影响、垄断定价和国家政策影响的商品、服务项目后编制的消费价格指数。

中国人民银行货币政策分析小组，在 2007 年的《中国货币政策执行报告》中，将核心通货膨胀定义为“剔除暂时性因素的潜在通货膨胀，用于反映价格变动的一般趋势”。

Wynne(2008)认为，中央银行反对通货膨胀的主要原因在于：对于整个社会而言，通货膨胀是需要成本的，通货膨胀会给市场经济带来扰动，并妨碍法定货币在市场中的流通交易。因此，货币政策反对的应该是会给社会带来福利损失的通货膨胀，而不是导致居民生活成本上升的通货膨胀。按照 Wynne(2008)的观点，Siviero，Veronese(2011)、Eusepi 等(2011)、侯成琪，龚六堂(2013)认为，核心通货膨胀为使得整个社会福利受到损失的那部分通货膨胀。

尽管目前学术界和官方对于核心通货膨胀的界定还存有争议，没有形成统一的定义，但是从核心通货膨胀估算的角度来说，大部分对核心通货膨胀的估算研究都是依托于居民消费价格指数等标题通货膨胀。这种以居民消费价格指数等标题通货膨胀为出发点来估算的通货膨胀基本上反映的是通货膨胀的长期趋势。因此，本书对核心通货膨胀的定义为：扣除价格容易波动的项目，反映通货膨胀长期、潜在的趋势，能为货币政策提供参考依据的通货膨胀度量指标。

二、关于核心通货膨胀的估算

核心通货膨胀的思想和概念被提出以来，国内外学者已使用不少方法来测度核心通货膨胀，对于核心通货膨胀的定义，学术界也没有统一的答案。因此，从不同的核心通货膨胀定义衍生出了不同的度量方法。常见的度量方法一般可以归结为两类：统计的方法和基于模型的方法（汤丹和赵昕东，2011）。

统计方法中最常见的也是计算最为简单的方法当属项目剔除法。Exclusion，Roger（1998），Wynne（1999），Cutler（2001）都使用过该方法来估算核心通货膨胀。国内黄燕，胡海鸥（2004）利用项目剔除法剔除了食品项，计算了我国 2001 年 2 月—2004 年 8 月的核心通货膨胀，得出核心通货膨胀的波动性要比通货膨胀小的结论。李时兴（2007）使用剔除法估算了昆明市的核心通货膨胀，得到核心通货膨胀可以真实反映昆明市物价水平的结论。此外，有限影响估计法（Limited-influence Estimator）、方差加权价格指数法（Variance Weighted Mean）、平滑法（Smoothing）也属于统计类的方法。

有限影响估计法包括加权中位数和修削均值法两种。最早提出用有限影响估计法测算核心通货膨胀的是 Bryan，Cecchetti（1994），他们发现使用修削均值法计算的核心通货膨胀能够克服数据中的极值，计算结果更稳健。他们建议对数据进行 15％的加权修削，分别将波动太大的 7.5％和波动太小的 7.5％剔除，计算分布中心的 85％的均值。在进一步的研究中，Bryan，Cecchetti（1994）对美国 1967—1992 年的价格指数进行了剔除食品和能源的项目剔除法、加权中位数法和对称修削法的估算。实证结果表明，加权中位数法计算的核心通货膨胀在与货币相关性和预测能力方面最优秀。此后，Roger（1997），Shiratsuka（1997），国内的黄燕，胡海鸥（2004）均验证过该方法的优越性。

方差加权价格指数法最早是 Dow（1994）提出的。Dow（1994）将方差的倒数作为商品和服务项目的权重来估算核心通货膨胀，Diewert（1995）使用方差加权价格指数对一篮子商品赋予相同的权重，不过当时 Diewert 称该方法得到的指数为新艾奇渥斯指数。

平滑法是一种经典的统计去噪方法。该方法通过平滑或滤波的方法去除时间序列数据中的高频噪声，主要包括移动平均法、半数平均法、季节调整法、Hodrick-Prescott（HP）滤波法、卡尔曼（Kalman）滤波法和带通（Band-Pass，BP）滤波法、小波法等。Cogley（2002）对比了滤波法和有限影响估计法等几种估算方法，发现滤波法更能快速估算、得到结果，并且在预测方面更有优势。Cecchetti（1997）、Clark（2001）使用了移动平均法来作为通货膨胀的长期趋势。由于小波法能够处理传统方法中很难处理的数据不平稳性、不连续跳跃性、结构变化等问题，所以也被用来估算核心通货膨胀。如：Dowd 等（2011），Baqaee（2010）使用了小波法分别估算了美国和新西兰的核心通货膨胀，国内谭屹然，石柱鲜和赵红强（2011）使用了小波方法去除了 CPI 的短期波动，估算了我国的核心通货膨胀。结果显示，该方法在度量长期核心通货膨胀时表现优秀，但是在预测方面效果一般。

基于模型的方法主要有动态因子指数（DFI）模型、结构向量自回归（SVAR）模型、共同趋势法、持续性加权法、VAR 法和基于各部门的新菲利普斯曲线法。

Bryan，Cecchetti（1993）认为，核心通货膨胀就是价格变动中包含的共同变动趋势，但这种共同变动趋势不能够直接观测。Stock，Watson（1988）和 King（1991）、Mellander（1992）等人提出在协整系统中，各变量包含的共同趋势即为核心通货膨胀，Bryan，Cecchetti（1997）在前人研究的基础上，借助动态因素指数（DFI）模型估计核心通货膨胀。该方法是众多方法中唯一将价格指数变动的横向数据和时间序列纵向数据结合考虑的方法。目前，西方国家的一些中央银行也开始使用该方法来估算核心通货膨胀，但是由于该方法对数据的要求较高，需要预设的参数很多。因此，国内使用该方法进行估算的实证运用还不多。国内赵昕东，汤丹（2012）使用 CPI 的 8 类分项目商品价格指数建立了动态因子指数模型，估算了我国 2001 年 1 月—2011 年 4 月的核心通货膨胀。结果显示，该估算结果能够反映通胀趋势和货币供给情况，并对未来的 CPI 有较好的预测能力。

结构向量自回归法（SVAR）是在以往这些估算方法中唯一具有经济理论意义的方法。Quah，Vahey（1995）使用结构向量自回归模型（SVAR）对核心通货膨胀进行估计，该模型以垂直的长期菲利普斯曲线和货币的长期中性为理论基础，对 SVAR 模型施加了基于经济理论的“长期中需求冲击对产出的累计影响为零”的长期约束。Quah，Vahey 将产出和通货膨胀受到的冲击分为两类：一类是对产出没有中长期影响的核心通货膨胀冲击；

一类是对通货膨胀和真实产出不受约束的非核心通货膨胀冲击，这两类冲击彼此独立、互不相关。我国的一些学者也使用了该方法对我国的核心通货膨胀进行了估算，简泽(2005)将核心通货膨胀定义为“从 RPI 或 CPI 观察到的一般价格水平变化中由货币冲击导致的成分”，建立了包含实际 GDP 和一般价格水平变化率的两变量结构向量自回归模型，对我国 1954—2002 年的核心通货膨胀进行了估算。赵昕东(2008)对两变量的结构向量自回归模型进行了扩展，建立了包括价格指数、食品价格指数与产出的三变量 SVAR 模型，施加了“需求冲击在长期对产出的累积影响为零，暂时冲击在长期对产出的累积影响为零，食品价格反映的暂时冲击在长期对通货膨胀率的累积影响为零”这样 3 个约束，估算了我国 1980—2007 年的核心通货膨胀。田新民，武晓婷(2012)在三变量结构向量自回归模型的基础上，建立了包括产出、通货膨胀、货币供应量和食品价格的四变量结构向量自回归模型估计中国 1997 年 1 月—2011 年 6 月的核心通货膨胀率，该模型的约束条件为“需求冲击、货币冲击与食品价格冲击对产出的长期累积影响为零，需求冲击、食品价格冲击对货币供应量的长期累积影响为零，食品价格冲击对通货膨胀率的累积影响为零”这样 6 个长期约束。

共同趋势法本质上是向量自回归法的延伸，它将结构向量自回归扩展到具有协整关系的经济变量中。与 SVAR 法不同的是，共同趋势法考虑了各个经济变量之间的协整关系，由于在实际实证过程中，各经济变量往往存在着这种协整关系。因此，共同趋势法加入了更多信息，得出的结果从理论上来说也更符合实际情况。与结构向量自回归结构模式有所不同的是，共同趋势法的系统中包含了 t 个变量，而这 t 个变量之间如果存在着 m 个协整关系，就需要将这 t 个简化式的冲击向量转化为 $t-m$ 个结构冲击，需要估计出一个 $t\times(t-m)$ 的矩阵。Warne(1993)对这个模型以及识别方法有过详细介绍。龙革生，黄山，湛泳(2008)使用共同趋势法对我国 2001 年 7 月—2007 年 7 月的核心通货膨胀进行了测量，但是在之后的评估中发现，该方法得到的核心通货膨胀不能满足与通货膨胀的协整性；并且预测通货膨胀不稳定，对通货膨胀解释能力有限，整体来说，估算结果不太理想。

以往的方法主要是剔除通货膨胀的波动性成分，而对通货膨胀持续性的成分相关研究得比较少。所谓通货膨胀的持续性，就是至通货膨胀受到冲击后重新收敛并回复到均衡水平所需要的时间。Blinder(1997)首次提出了通货膨胀持续性的问题，他认为货币政策存在时滞性，所以相比于过去的通货膨胀，中央银行更应该关心将来的通货膨胀。因此在给各类价格指数赋权时，应该按照预测未来通货膨胀的能力来赋予权重。沿着这个思路，Cutler(2001)使用持续性加权法对英国的核心通货膨胀进行了估算，与项目剔除法、修削均值法和加权中位数法相比，持续性加权法对未来6个月和12个月的预测能力均要优于其他的几种方法。Bilke，Stracca(2007)根据通货膨胀各分项价格指数的持续性强弱对其赋予不同的权重，通过对欧洲区域1998—2007年的实证研究发现，持续性加权法估算的核心通货膨胀比通货膨胀在货币政策一致性方面和银行利率间存在更紧密的关系。王宇，李季(2012)采用自回归和均值回归方法构造了持续性加权核心通货膨胀估算方法，对我国2002—2010年的核心通货膨胀进行测度，结果显示该方法计算的核心通货膨胀无论对总体通胀水平还是货币政策取向都有显著相关性。

此外，国内的张延群(2011)构造了包含实际产出、实际货币供给和价格指数3个变量的向量自回归法(VAR)，将CPI分为长期趋势和短期波动，其中长期趋势即为核心通货膨胀部分，对我国1994—2009年的季度核心通货膨胀进行了估算。侯成琪，龚六堂，张维迎(2011)创新地将新凯恩斯模型推广至多部门的情况，提出了各部门商品价格变化的分解公式，在这个理论公式的基础上，文章提出了最终的估算核心通货膨胀的计量模型，并使用两阶段估算法来估算模型，但是两阶段估算法的估算过程太过复杂，侯成琪等又采用了稳态权重法来估算，结果显示两阶段估算法和稳态权重法的估算结果有效，并都通过了有效性检验。国外Michael Pedersen(2009)首次提出了方差修削法，这种方法是修削均值法和方差加权指数法的结合，他使用该方法来对欧洲和美国的核心通货膨胀进行估算，结果显示该方法也可作为核心通货膨胀的估算方法之一。目前国内还没有学者对该方法进行过深入研究。

核心通货膨胀的估算方法有很多种。那么怎么样的估算方法才算好，这个问题一直伴随着核心通货膨胀估算方法的研究，从定性角度来讲，一个好的核心通货膨胀应该具备以下特点。

首先是时效性。核心通货膨胀估算的主要目的是为了给决策部门提供通货膨胀实时动态，为政策实施提供数据支撑。如果核心通货膨胀估算方法对通货膨胀数据的更新不及时，那么基于这种方法估算出的核心通货膨胀数据而作出的决策也是滞后的，根本没有达到估算核心通货膨胀的目的。这个特点也是好的核心通货估算方法要满足的最基本的条件。在这几种方法中，平滑法中的移动平均法由于其计算原理的因素导致了时效性要比其他几种方法弱。

其次是前瞻性。对于一种好的核心通货膨胀估算方法，它的前瞻预测性也很重要。所谓前瞻性，是指对未来通货膨胀趋势的预测能力，从理论构建的角度来讲，也只有结构向量自回归方法满足该要求。在很多学者文章中都考察了核心通货膨胀估算方法的该项能力，如 Bryan，Cecchetti，Wiggins(1997)，张又懿(2011)等。

然后是易于理解性。核心通货膨胀的估算目前还处于学术讨论阶段，西方有的国家中央银行开始计算该指标，但也只是作为辅助参考指标，国内外最常使用的通货膨胀指标还是居民消费价格指数。核心通货膨胀指数如果要作为一种常规指数广泛推广开来，那么普通公众是否能够理解该估算方法就变得十分重要。如果核心通货膨胀的估算方法比较复杂，只限于专门研究该方面的学者理解使用，而不能作为像居民消费价格指数那样普遍通用的方法，那么研究核心通货膨胀估算方法的现实意义也将大打折扣。在这方面，普通的项目剔除法和有效影响法就比结构向量自回归法、动态因子法和协整法要优秀。因此，国内外很多重要银行和金融机构采用的还是项目剔除法和有效影响法，这是其中最主要的原因。

接下来是理论依据。该特点要求核心通货膨胀的估算方法具有宏观经济理论上的支持，这点不同于传统编制的价格指数，传统价格指数只要求有微观理论上的支持。当然，能够具有宏观经济理论的支持，这是最理想的状态；但是，在以上的核心通货膨胀估算方法中，只有结构向量自回归满足这点要求，这点又和易于理解性有所冲突。一般具备有宏观经济理论基础的方法，它的易于理解性通常不太强，在推广使用方面不具备优势。

最后是历史不变性，该特性也是相当重要的特性。所谓历史不变性，指的是数据的计算结果不会随着获得新的观察值而重新计算调整，更改已有的计算结果。如果现有的计算数据要随着新观察值的出现而不断调整以往数据，那么该计算方法的历史不变性也就不强。有些学者也将该特性称为稳定性，理论上的稳定性主要是指数据不会随着时间的变化而变动，具有连贯性。不具备该特征的估算方法在推广上面会有难度，因为需要经常实时更新以往的数据，对于现实生活中的操作来讲，成本过大。在这点上通过构建模型计算的方法如动态因子法、结构向量自回归法和共同趋势法都不太能满足。

以上都是对于核心通货膨胀估算方法的定性比较标准，但是对于各种度量方法，如何进行定量的比较，以及进行定量比较的好坏判别标准是什么，目前学术界还没有统一的说法。Clark(2001)认为，核心通货膨胀应该和通货膨胀的长期均值一致，并且核心通货膨胀应该比通货膨胀的波动性更小。Bryan，Cecchetti(1994)，Wynne(1999)认为，核心通货膨胀的波动性应该小于通货膨胀，这点和Clark(2001)的观点一致。Roger(1997)认为，一个好的核心通货膨胀度量方法要没有显著的有偏性。Bryan等(1997)认为，核心通货膨胀剔除了通货膨胀中的暂时性波动，衡量了通货膨胀的长期发展趋势，所以应该在一定程度上能够追踪通货膨胀的发展趋势。在追踪通货膨胀发展趋势能力方面，Rich，Steindel(2007)认为有两种方法可以用来评价核心通货膨胀对通货膨胀的追踪能力，第一种是核心通货膨胀不能高估或低估通货膨胀，并且与通货膨胀的长期均值相等，第二种方法是核心通货膨胀能很好地描述通货膨胀的变化趋势。第一种方法Clark(2001)已经提到过，第二种方法的实现需要通过未来核心通货膨胀和未来通货膨胀之间的均方根误差或平均绝对误差来实现，但这也仅限于理论上的估算，因为如何来确定未来的核心通货膨胀值和未来的通货膨胀值其本身就是需要研究的问题，这样就陷入了一个循环，因此实际实证过程中还未有人这样计算。此外，很多学者认为由于货币政策具有滞后性，如果核心通货膨胀能够准确预测通货膨胀，那对于政策的制定将有重要的意义。Bryan，Cecchetti(1993)，Lafleche(1997)，Clark(2001)和Cogley(2002)均对核心通货膨胀的预测能力公式进行过研究。Heather L. R Tierney(2009)研究了核心通货膨胀对未来通货膨胀趋势的预测，发现核心通货膨胀可以预测未来12个季度通货膨胀的趋势。Marquesa等(2003)和侯成琪，龚六堂，张维迎(2011)认为，一个有效的核心通货膨胀应该满足3个条件：核心通货膨胀和通货膨胀的差值是平稳序列，核心通货膨胀是通货膨胀的吸引子，通货膨胀不是核心通货膨胀的吸引子。此外，Mick Silver(2006)新的比较标准有核心通货膨胀是通货膨胀的格兰杰原因、核心通货膨胀与CPI存在协整关系、与货币供给有相关性。

综合各种比较标准，定性的标准一般有时效性、前瞻性、易于理解性、理论性和历史不变性，定量的比较标准主要有有效性、稳定性、核心通货膨胀与CPI的协整性、核心通货膨胀与CPI和货币供给的相关性、对CPI的预测能力这些方面。

国内外对核心通货膨胀估算方法的研究比较多，但是全面对各种估算方法进行定量比较的研究还不算丰富。Colin Bermingham(2007)通过采用不同的度量方法对爱尔兰的核心通货膨胀进行度量后，比较了不同度量方法对未来通货膨胀的预测能力，研究指出SVAR模型估计的核心通货膨胀对长期的通货膨胀预测最为准确。Colin Bermingham(2010)从统计方面、追踪通胀趋势、通货膨胀预测能力、通胀方向性预测、一致性方面比较了H-

P滤波、项目剔除法、修削法、B-P滤波、SVAR法、持续性加权法、指数平滑法和因子模型法估算的美国核心CPI，比较显示很难分出方法的优劣。Motilal Bicchal等(2012)对项目剔除法、方差加权价格指数法和平滑法进行了定量比较，得出平滑法在通货膨胀追踪性和预测性方面优于其他两种方法，但是该实证仅仅研究了3种核心通货膨胀估算方法，其代表性不强。国内龙革生，曾令华等(2008)从平稳性、与CPI相关性、与CPI的因果关系角度比较了不对称截尾法、项目剔除法、共同趋势法和结构向量自回归法估算的核心CPI，发现对称比率截尾平均法、中位数法、项目剔除法产生的序列不能作为我国核心通货膨胀的指标，在30%比率截尾法、共同趋势法和SVAR中，共同趋势法产生的序列稍胜一筹，但是龙革生，黄山，湛泳(2008)又认为共同趋势法的估算结果不理想。

在2008年龙革生，曾令华，黄山对当时现有方法进行比较之后，国内又有不少学者使用了其他方法来估算核心通货膨胀。例如，汤丹，赵昕东(2011)使用的贝叶斯Gibbs Sampler状态空间模型，王宇，李季(2012)使用的持续性加权法，赵昕东，汤丹(2012)使用的动态因子指数模型，其中贝叶斯Gibbs Sampler状态空间和动态因子指数模型最终都用到了状态空间模型来估算，但是在状态空间估算模型中，核心通货膨胀及其系数都需要估计，参数太多，会造成不可识别问题，因此本书没有用到这两种方法。Pedersen(2009)首次使用方差修削法对欧洲和美国的核心通货膨胀进行估算，结果显示该方法也可用来估算核心通货膨胀，但是国内还未有学者使用过该方法。

上述实证研究表明，不同的国家、不同的年份、不同的通货膨胀、不同的数据样本、不同的定量评价标准，会得到不一样的结论。因此，本书将在龙革生，曾令华等(2008)的研究基础上，选择他们认为合适的30%比率截尾法、SVAR法，再加入方差修削法，持续性加权法，以及龙革生，曾令华等未进行比较的方差加权指数法和HP滤波法，使用我国2001—2012年的数据，对我国的核心通货膨胀进行估算，并在此基础上对各核心通货膨胀的估算结果进行比较。

三、关于核心通货膨胀的预测

国内外学者对于通货膨胀的预测研究采用的指标通常为居民消费价格指数，很少有学者对核心通货膨胀进行预测，但是核心通货膨胀和以居民消费价格指数为代表的标题通货膨胀都属于通货膨胀的测度方法，两者反映的都是物价的波动情况。因此通货膨胀的预测方法在居民消费价格指数和核心通货膨胀上是相通的，居民消费价格指数的预测方法也可以借鉴到核心通货膨胀的预测上来。通过对国内外通货膨胀预测方法的梳理，我们将通货膨胀的各种预测方法分为 3 类：一类是通过统计途径的调查分析预测法；一类是通过参数计量建模途径的分析法；一类是非参数人工智能方法。接下来本书将对这 3 类方法的研究文献加以梳理。

第一类方法的核心在于抽取一定的样本进行预测调查，然后将人的主观预测进行平均。在美国有很多根据调查来进行预测的方式，其中最经典的当属 Livingston 预测法和 Michigan 预测法。Livingston 预测法是通过向一些经济学家咨询了解他们对一些经济变量的预期，然后根据经济学家的预期水平，来对收集到的信息进行分析处理，得到最终的通货膨胀预测值。Michigan 预测法与 Livingston 预测法的不同之处在于调查对象个体的不同，Michigan 预测法是通过对普通居民进行电话访问，然后对居民的预期进行处理，得到季度通货膨胀预测值。此外，自 1999 年起，英格兰银行就开始开展样本量为 2000 人的月度通货膨胀意向调查。国内中国人民银行自 1995 年以来每个季度都会进行针对居民的储蓄问卷调查，肖争艳，陈彦斌(2004)就是将该调查系统的定性数据转换为定量的预期通货膨胀率，以此来研究通货膨胀预期的长期、短期性质。肖争艳，姚一旻，唐诗磊(2011)也是通过该数据库研究影响居民通货膨胀预期的因素。

第二类参数模型方法主要有线性自回归模型、结构模型和联立模型这几类程建伟(2006)。线性自回归模型是用通货膨胀本身历史数据来预测未来通货膨胀数据的一类方法。作为最简单的 AR 模型，时常被用来与其他预测方法进行比较，如 Fredo Jean-Baptiste(2011)就用 AR 模型和新凯恩斯—菲利普斯曲线进行比较，Selahattin Imrohoroglu(1995)也曾使用 AR 模型和 Markov AR(1)进行比较。使用 ARIMA 模型预测通货膨胀的文章也不少，如 Gabriel Moser(2007)、Andrew Ang(2007)、Philip Hans Franses(1997)等；此外，Carmen Broto(2011)、叶阿忠(2000)还曾使用过 GARCH 模型来预测通胀。

结构模型的基本思路是使用影响通货膨胀的变量来拟合方程预测通货膨胀。使用这类方法预测通胀的文章很多，Roman Horvath(2011)证明货币变量在拟合方程中能更好地预测通胀；Mario Forni(2003)使用了 447 个变量，通过 FHLR 和 SW 方法预测欧洲通胀，证明金融变量有助于预测；张权(2011)使用经济增长因子、需求因子、货币因子对我国通货膨胀进行回归；郑文姜(2012)认为外商直接投资(FDI)、政府的财政货币政策和经济增长会对通货膨胀有影响，在此基础上建立了这些变量和通货膨胀之间的VAR模型来研究经济变量对通货膨胀的影响程度。

联立模型将通货膨胀等宏观经济变量看作是相互依存、互为因果的，用一组联立方程模型来描述经济运行过程中各变量的作用过程，在一定程度上，这种联立模型可以模拟宏观经济运行，并对其中一些经济变量进行预测。韩丽鹏等(2011)构建了总供给曲线、总需求曲线和通货膨胀预期形成机制的三模块线性联立方程，模型的事后预测结果得到总供给需求模型能够很好地与我国的实际数据相匹配。张卫平(2012)通过向量自回归(VAR)模型和AR模型的比较，得出这两种模型对通货膨胀的预测都要优于随机游走式的预测，VAR模型是否要比AR模型优秀，要视模型加入的影响变量而言，当加入M1增长速度、名义GDP增长速度和真实GDP增长速度这几种单个变量时，或引入两个影响变量时，大部分的结构向量自回归模型预测效果要好于AR模型。Hubrich Kirstin(2005)也采用过向量自回归法对欧洲地区的通货膨胀进行预测。

第三类通货膨胀的预测方法也可归类于计量建模法。与第二类参数计量建模不同的是，该类方法运用的是人工智能的非参数计量建模方法。在以往的参数模型中，通常是有预设的预测模型，通过估算预测模型中的参数来构建模型预测通货膨胀，但是参数模型对于精度要求较高的预测来说，容易造成偏差，现已有学者验证了非参数人工智能方法在通货膨胀领域的优秀预测能力。Mc Adam(2005)、Nakamura(2005)均采用了神经网络来预测通货膨胀，其中用到的自变量包括失业率、GDP、货币供给量。薛永刚(2010)采用了BP神经网络、RBF神经网络和Elman神经网络来对我国的通货膨胀进行预测，得到神经网络方法的预测效果优秀，但在这3种类型的神经网络中，BP神经网络预测效果优于其他两种神经网络。韩丽鹏等(2011)在构建联立方程的基础上，又构建了多层神经网络，通过联立方程和神经网络的预测结果比较，得到我国的通货膨胀行为较复杂，虽然联立方程模型可以较好地匹配我国的实际数据，但是从拟合效果和事后预测精度来看，非线性的神经网络能更好地预测通货膨胀。张德生等(2007)采用了非参数回归模型、线性回归模型、非参数局部线性回归模型来预测我国的通货膨胀。结果表明，非参数回归模型要优于其他两种方法。

在以上的3类通货膨胀预测方法中，统计调查预测方法的优点在于可以如实准确地反映市场预测，缺点在于预测结果完全依赖于抽样样本及数量，并且该方法从数据的取得到获得预测结果存在一定滞后性。计量模型预测方法可以较为方便地做出预测，但对于精度要求较高的预测来说，参数模型容易造成偏差，尤其是联立模型，虽然该模型对宏观经济的反映比较全面，但是对于数据的要求很高，新兴市场以及发展中国家由于数据的缺乏和经济结构变动较大，模型很难建立或拟合效果不好。现有的非参数人工智能方法既能方便快捷地得到预测结果，在预测精度上又能克服参数计量模型的不足，因此在已有的通货膨胀预测方法中，该类方法的优越性是不言而喻的。在非参数人工智能方法中，神经网络是现在最常被用来预测通货膨胀的方法，但从理论上来说，新的非参数支持向量回归方法在预测方面更优于非参数神经网络。相比支持向量回归(SVR)，神经网络模型更侧重于拟合，在预测方面优势不如支持向量回归显著，而 SVR 继承了神经网络模型的优点，其最小化结构风险的特点赋予了它优秀的预测能力，国内还很少有学者使用该方法来对我国的通货膨胀进行预测。因此，本书将对支持向量回归方法在通货膨胀领域内的优秀预测性能进行验证。

第三节　本书研究内容和研究方法

一、研究思路

本书在对文献进行梳理的基础上，使用龙革生、曾令华和黄山(2008)认为合适的 30%比率截尾法、SVAR 法并结合方差修削法，持续性加权法，以及龙革生、曾令华等(2008)未进行比较的方差加权指数法和 HP 滤波法，对我国的核心通货膨胀进行了估算，并对这 6 种方法估算的核心通货膨胀序列进行了定性和定量的比较，其中定量的比较包括有效性、稳定性、与 CPI 的协整性、与 CPI 和货币供给的相关性，对 CPI 的预测能力这些方面。比较的结果显示，方差修削法不仅计算简便，而且估算的核心通货膨胀序列，能够保持历史数据的一致性；在定量检验效果方面，不仅通过了有效性检验，在与货币的相关性和对通货膨胀的预测能力方面也略胜于其他方法。因此，在此基础上，本书使用方差修削法估算了我国 2001 年 1 月—2013 年 12 月的核心通货膨胀。

接下来，本书采用了线性回归、神经网络和支持向量回归这 3 种方法来预测已知数据的核心通货膨胀，来比较这 3 种方法的预测能力。其中使用这 3 种方法预测核心通货膨胀的自变量选取了货币供给、利率、股票价格和汇率这 4 类影响因素，这些影响因素采用了 M_0、M_1、M_2、M_0 同比增加、M_1 同比增加和 M_2 同比增加、外汇储备、外汇储备同比增加、上证最低价格、上证最高价格、上证开盘价格、上证收盘价格、深证最低价格、深证最高价格、深证开盘价格、深证收盘价格、活期存款利率(%)和中国银行隔夜拆借利率(%)这些指标来衡量,在经过稳定性、与核心通货膨胀的协整性、与核心通货膨胀格兰杰因果检验后,我们得到上证最低价格的滞后 5 期、上证收盘价格的滞后 5 期和深证最低价格的滞后 5 期分别是核心通货膨胀的格兰杰原因。将这 3 个变量的时间序列代入线性回归、BP 神经网络和支持向量回归的模型中,进行了一次拟合、一次半年预测和一次一年预测的比较,结果得到支持向量回归在这几种方法中的预测性能最高。

最后本书使用支持向量回归法对我国接下去 2014 年 1 月—2014 年 5 月这五期的核心通货膨胀进行了预测,得到了这 5 个月我国的通货膨胀仍将处于通货膨胀阶段,但是通胀水平将呈现下降趋势的结论。本书的结构思路图如图 1-1 所示。

二、研究内容

基于以上研究思路,本书的各章节将作出如下安排:

第一章是导论部分,这一章分为四节。第一节主要介绍了本书的研究背景和意义,第二节是文献综述,在综述部分,本书对核心通货膨胀的估算方法及选择、核心通货膨胀的预测方法及选择进行了文献的梳理,第三、四两节主要是对本书研究内容、研究方法、创新和难点的概括。

第二章是核心通货膨胀理论阐述部分。由于核心通货膨胀是通货膨胀的一种度量方法。因此,本书先对通货膨胀的起源、内涵和特征进行介绍;在此基础上,再对核心通货膨胀的产生背景、内涵、特征以及影响因素进行介绍分析。

第三章从理论角度对核心通货膨胀的估算方法进行了选择。本书介绍了目前核心通货膨胀的一些估算方法,包括项目剔除法、有限影响估算法、方差加权指数法、结构向量自回归法、动态因子指数法、持续性加权法和基于各部门新菲利普斯曲线的方法,对这几种方法进行了比较评述,并在此基础上尝试性地提出了方差修削法。

第四章从理论角度对核心通货膨胀的预测方法进行了选择。本书在对统计调查分析预测法、参数计量建模法和非参数人工智能法进行比较后,认为非参数人工智能法中的神经网络不仅满足前瞻性和简便性,在预测精度上也比以往的参数计量建模法要高,但是理论上非参数人工智能法

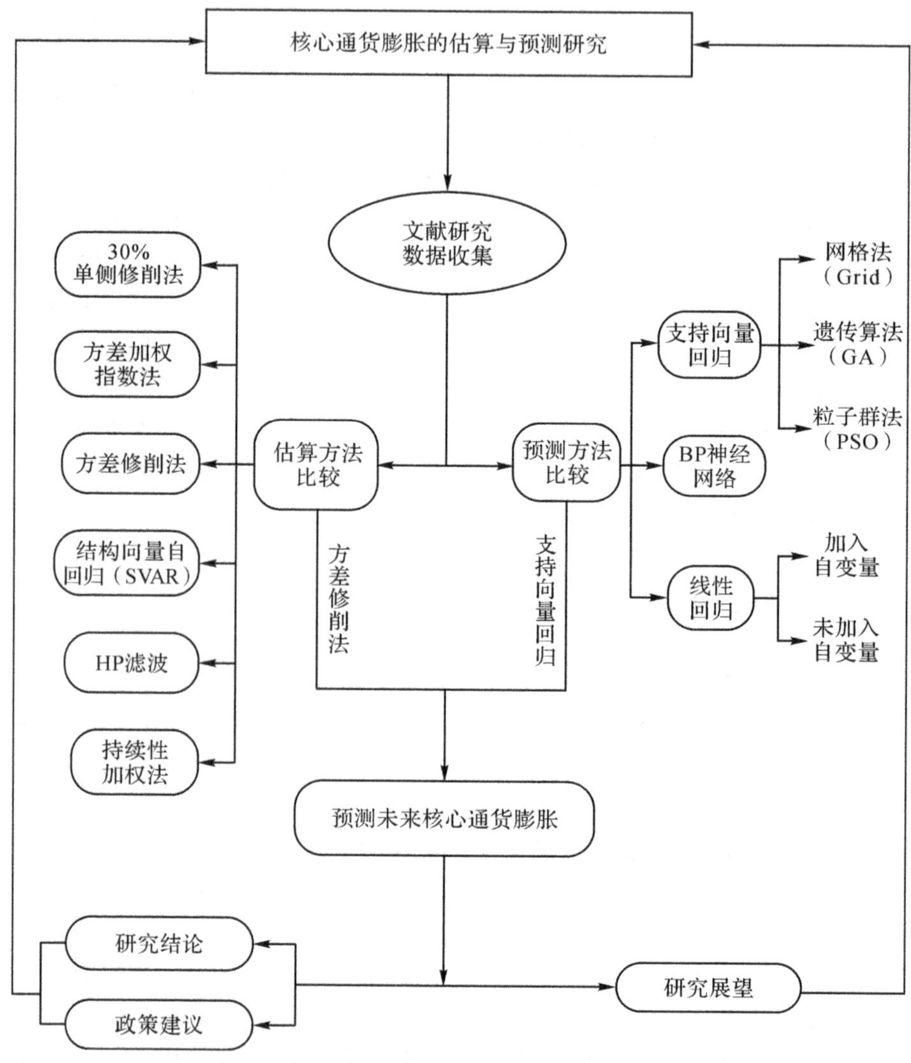

图 1-1　核心通货膨胀的估算与预测研究结构思路图

中存在一种新的支持向量回归方法，该方法的理论构建使得其预测性能要比神经网络优秀，而目前在通货膨胀领域还很少有学者使用该方法来进行预测。因此本书提出了使用支持向量回归方法来预测核心通货膨胀。

第五章是核心通货膨胀估算的实证部分。本书在总结以往文献研究的基础上，采用了 30%单侧截尾法、方差加权指数法、结构向量自回归法、HP 滤波法、持续性加权法和方差修削法来估算我国的核心通货膨胀，并对 6 种方法得到的核心通货膨胀序列进行了序列有效性检验、稳定性检验、与

CPI 的协整性检验、与 CPI 和货币供给的相关性比较，对 CPI 的预测能力比较，得到方差修削法更适合用来估算核心通货膨胀的结论。

第六章是核心通货膨胀预测的实证部分。在这一章中，本书首先对影响核心通货膨胀的变量进行了格兰杰因果检验，得到上证最低价格的滞后五期、上证收盘价格的滞后五期和深证最低价格的滞后五期分别是核心通货膨胀的格兰杰原因。接下来本书对核心通货膨胀的预测方法，包括线性回归法、BP 神经网络法和支持向量回归法进行了比较，得到支持向量回归法的预测能力要比其他两种方法优秀。其中，本书在对支持向量回归的寻参方法进行选择时，通过对网格法、遗传算法和粒子群法的实证比较，得到遗传算法的寻参方法比较适合。最后，本书将影响核心通货膨胀的上证最低价格的滞后 5 期、上证收盘价格的滞后 5 期和深证最低价格的滞后 5 期代入支持向量回归模型中，对未来我国核心通货膨胀的未来 5 期进行了预测。

第七章是本书的结尾部分。该章节对本书进行了总结，提出了本书中还存在的一些问题和不足，在未来可以继续深入研究的方向，提出了一些在稳定通货膨胀预期和我国通胀水平方面的政策建议。

三、研究方法

本书进行的研究主要是核心通货膨胀的估算与预测，在进行该研究的过程中，将定性研究和定量研究相结合，通过实证的方法得到结论，这一过程中涉及的研究方法有以下几种。

(一)比较研究法

本书在对国内外文献进行综述的过程中，比较了学者的不同研究过程和结论。在研究核心通货膨胀的测度方法时，在比较核心通货膨胀估算方法的评价时，在比较通货膨胀的预测方法时和在总结影响通货膨胀因素时都用到了该研究方法。

(二)文献检索法

通过对文献的检索和梳理，得到了现有对核心通货膨胀估算方法和预测方面的研究现状、存在的一些问题和可以进一步深入研究的内容等这些方面的信息，在使用该文献检索法的基础上运用比较研究法，分析现有的研究情况，这为本书的进一步研究奠定了坚实的理论基础。

(三)计量经济方法

本书的实证部分很大一块内容都是方法的比较,包括核心通货膨胀估算方法的比较和预测方法的比较。在估算核心通货膨胀时,本书采用了30%比率截尾法、SVAR法、方差修削法、持续性加权法、方差加权指数法和HP滤波法。在进行估算方法比较时采用的有效性检验、稳定性单位根ADF检验、与CPI的协整性检验、与CPI和货币供给的相关性比较都属于计量经济的方法。此外,对CPI的预测方法比较也都是基于计量上的一些检验。

(四)人工智能方法

本书在比较线性回归、神经网络和支持向量回归预测能力时采用的BP神经网络方法和支持向量回归方法都属于人工智能的方法,神经网络方法是模拟人脑进行思维时的神经元、细胞、触点等生理结构建立节点、权重和阈值的人工智能方法,支持向量回归的结构模式也和神经网络一样,分为输入层、隐藏层和输出层,将隐藏层模拟为一个大脑黑箱。因此,这两类方法都属于人工智能的范畴。此外,在支持向量回归方法中寻参的粒子群法和遗传算法都是模拟生物在自然界中的行为规律而建立的方法,因此这两类方法也可归入人工智能方法。

第四节 创新之处

本书对核心通货膨胀的估算和预测作出了深入的研究,可能的创新点主要有以下几方面。

一、使用方差修削法估算核心通货膨胀

正如文献回顾里所描述的,国内现在对核心通货膨胀的估算方法主要有项目剔除法、两变量、三变量和四变量的结构向量自回归法、有限影响法、状态空间和共同趋势法,而结合了方差加权指数法和有限影响估算法的方差修削法国内还未有学者进行研究。该方法计算简便,并具有很多需要建模方法所不具备的优点,如历史数据不变性,新数据的更新也不会影响以往的核心通货膨胀估算结果,还有易于理解性等。因此本书使用了该

方法计算了我国的核心通货膨胀，结果显示该方法计算的序列通过了各项检验，并且在一些评价标准上，例如，预测、与CPI的相互关系等方面均表现优秀。

二、支持向量回归法在通货膨胀领域的应用

支持向量回归法近几年在计算机模拟领域吸引了大量学者，该方法在很多领域，如气象、地震、勘探等工科领域表现出优秀的预测能力，但是在经济领域，学者对其进行的研究还不算多，近些年，有学者将其开始运用于股票领域和汇率领域，但是还很少有学者将其运用于通货膨胀领域，尤其是对核心通货膨胀的预测。而在通货膨胀领域，已有学者使用神经网络法来预测通货膨胀。因此，使用泛化性更强的支持向量回归法来预测通货膨胀，其预测效果应该会更佳。

三、核心通货膨胀估算方法的全面定量比较

目前国内对核心通货膨胀估算方法进行全面定量评价的文章还不多，现有文献一般是学者在提出自己估算方法时，将自己的估算方法与最常见的项目剔除法进行比较，全面纯粹用来定量比较各种估算方法的文章还不算多。本书在龙革生，曾令华，黄山（2008）对当时国内估算方法评价的基础上，加入了新的方法，全面地对核心通货膨胀估算方法进行了比较。

四、支持向量回归参数选择方法的定量比较

关于支持向量回归参数的选择，国内有很多争论，但是这些争论仅限于理论上的分歧，通过实际数据的验证来选择寻参方法的研究还不多，并且使用通货膨胀领域的数据从理论的优越性、软件实现的便捷性和寻得参数预测的准确性来比较支持向量回归寻参方法的研究还很少。本书使用了网格法、粒子群法和遗传算法对我国核心通货膨胀的实际数据进行了寻参比较，结果显示遗传算法更适合。

五、使用支持向量回归进行趋势外推

支持向量回归的理论设计为结构风险最小化。该理论的实质在于使

得拟合部分和预测部分的误差平方和最小。基于该理论，如何来测度预测部分的误差便成为一个很大的问题，由于未来数据的不可得，使得外推预测时预测部分的误差不可测量，因此以往的研究都是用来验证支持向量预测的优越性，本书创新地使用线性回归法来预测未来的核心通货膨胀数据，将预测的5期数据作为参照变量，在求未来预测数据误差时，将使用支持向量回归预测得到的数据和使用线性回归得到的数据求均方误差即可得。

对应于这些创新点，本书的难点也主要体现在核心通货膨胀的估算和预测过程中。例如，当使用三变量、四变量结构向量自回归法来估算核心通货膨胀时，原数据不满足建模要求时，如何处理数据，如何在持续性加权法中估算各个分项价格指数的持续性，如何定量地来评价核心通胀估算方法，如何使用非参数的支持向量回归和BP神经网络来建模预测，如何选择支持向量回归的参数，如何使用支持向量回归外推预测数据等。

第二章　核心通货膨胀的规律及特征

核心通货膨胀与通货膨胀有着密不可分的关系，简单来说，核心通货膨胀是通货膨胀的一种度量方法。目前，通货膨胀的度量有两类，一类是标题通货膨胀(Headline Inflation)，一类是核心通货膨胀(Core Inflation)。标题通货膨胀度量的是居民的生活成本变化，其中最常使用的标题通货膨胀指标为居民消费价格指数。很多学者认为用来度量生活成本的标题通货膨胀不适合用来作为货币政策的通货膨胀目标，因此在这种背景下产生了核心通货膨胀。本书接下来将要在介绍通货膨胀起源、定义和特征的基础上，进一步详细介绍核心通货膨胀的形成背景、含义、特征以及核心通货膨胀的影响因素等相关问题。

第一节　通货膨胀的形成机理及其特征

一、通货膨胀的产生背景

世界范围内，最早的通货膨胀始于公元54—68年，罗马皇帝尼禄执政期间。当时的罗马帝国统一了欧洲，侵占了亚洲，控制了非洲，与秦始皇统一下的远东中国成为两个最大的文明社会。当时的罗马已经开始实施金属货币制度，各个罗马占领区域流通的是金银铜币，其中罗马币最为贵重。在尼禄执政时期，罗马的城市建设和贵族消费都已达到了顶峰，在无法增加税赋，而同时又不得不支付庞大的军队开支和惯例消费情况下，尼禄开始在银币中加注廉价的铅铜合金，发行不足值的货币，也就是变相的货币贬值。很快，原本老的银币也逐渐退出流通领域来回收熔化制造更多的劣质银币。据记载，公元1世纪，罗马的货币迪纳里厄斯(Denarrius)含银量达90%，而在戈尔帝安皇帝执政的公元238年，该货币含银量只有28%，到喀劳秋二世皇帝执政时，该货币的含银量仅为0.02%。就是采用这种手段，统治者占有的货币数量增加了，他们企图以此来达到对帝国资源的控制。虽然官方规定了流通货币的价值，但是罗马帝国的民众非常了解铸币的真实贵金属含量，他们知道，和原来相比，现在的铸币贵金属含量降低，铸币已没有原来的价值，现在来换取相同数量的衣服、食物需要比以前更多的货币。因此，最早的物价上涨发生了。货币的贬值导致交易低下、经济衰退，政府不得不投入更多的劣质货币，不断陷入一个恶性循环，最后政府的信用和执政能力逐步破产。

虽然最早的通货膨胀与纸币无关，但本质上与后来纸币流通时期出现的通货膨胀一样，都是由于货币的发行量超过了商品流通中所需要的货币量，导致货币贬值、物价水平上涨的现象。通货膨胀产生的原因在于，纸币只是一种纯粹的货币符号，依靠政府的信誉和权力来代替金属货币执行流通的手段，纸币的发行量应以实际流通中所需的金属货币为限，如果纸币的发行量超过了流通中所需的金属货币量，那么就会导致纸币的贬值、物价的上涨。因此，通货膨胀的根本原因是发行了过量的纸币，引起货币贬值、物价上涨。在罗马尼禄皇帝执政期间发行的货币虽为金属货币，但是由于其加注了廉价的铅铜合金，导致了金属货币也不能代表其真实的价值，该贬值了的金属货币其本质也同纸币一样，只是代替面值上的金属货币来执行流通的手段而已。

从历史上通货膨胀的产生背景可以看到，通货膨胀的产生需要满足两个条件：一是市场上用来交易的货币为金属货币的替代物，这种替代物可以是纸币也可以是不足值的金属货币。因为这种货币不存在退出机制，不能自动调节市场上的货币量，需要政府主动地回收或增发来控制数量；如果市场上流通的是金属货币，存在退出机制，那么市场上就不会长期存在货币的过量或过少问题。二是市场上流通的货币数量要大于商品流通中实际需要的货币量，只有当货币的供应量大于需求量，才会导致货币的贬值，购买单位商品的货币量增加，这样才会使居民直观感受到物价水平的上升，也就是通货膨胀。因此，通货膨胀的产生机制为，在纸币流通的市场环境中，货币的供应量超过了需求量，导致了货币的贬值和物价水平的上涨。

二、通货膨胀的内涵

自纸币问世以来，就伴随着通货膨胀的问题。通货膨胀是宏观经济和微观金融研究中的一项重要课题，要理解并研究这个问题，首先要从它的定义入手。那么，什么是通货膨胀？如何来定义通货膨胀？关于这个问题，很多学者按照自己对通货膨胀的理解和研究框架来界定通货膨胀，通货膨胀定义的多元化始于20世纪30年代，就连《大英百科全书》对此也进行过说明：不存在唯一的普遍让人接受的通货膨胀定义。

西方学者按照不同的理论体系或者不同的角度对通货膨胀进行定义，因此会产生多元化的概念界定，一般来说，这些定义可分为两类。一类认为通货膨胀是物价水平的持续性上升或货币的持续性贬值，第二类认为通货膨胀为由于流通中货币量的增长速度超过了实际生产增长的速度，导致货币超发和物价上涨。

这两种分类法下的通货膨胀界定都有不少的拥护者。以第一种界定为例，新古典综合学派的代表人物萨缪尔森（1979）认为，通货膨胀是在一定时期内，物品和生产要素价格的普遍上涨，包括面包和理发价格，工资和租金水平都上升。阿克里（1981）认为，通货膨胀是平均物价水平或一般物价水平的持续的剧烈上涨。激进派代表人物谢尔曼（1984）认为，通货膨胀是所有商品的平均价格的上升。夏皮罗（1985）认为，通货膨胀是一般物价水平的持续和可以察觉到的增长。李德勒，帕金认为，通货膨胀是一个物价持续上升或货币价值持续下跌的过程（艾慧，2004）。

支持第二种界定的学者中，影响最大的应该为货币学派代表人物弗里德曼（1982）。弗里德曼认为通货膨胀是一种货币现象，当货币数量的增加速度超过了能够购买到的商品和服务的增加速度，就会发生通货膨胀。他还认为通货膨胀随时随地都是一种货币现象，通货膨胀的原因只有一个，那就是政府多发了货币。新自由主义者哈耶克认为，通货膨胀的原本意思就是指货币数量的过度增长导致的合乎规律的物价上涨（潘方卉，2012）。马克思从货币发行的角度来解释通货膨胀，认为通货膨胀是由于货币发行量超过了商品流通中的实际需要量而导致的一种货币贬值的现象。弗里德曼的货币学派最早产生于20世纪50年代，最初是为了对抗凯恩斯主义而产生的，到20世纪70年代开始受到重视。当时凯恩斯主义的扩张性经济政策对西方国家的经济产生了负面影响，当时的经济发展严重减速，财政赤字不断扩大，失业率和通货膨胀率同时上升。针对这些情况，货币学派提出了一系列政策缓解了当时的情况，因而该学派在当时获得了发展。从目前世界各国的经济运行状况来看，各国或多或少地在经济政策中参考了货币学派的理论主张，货币学派成为了反对通货膨胀的主要倡导者。

以上两种类型的界定区别在于：第一种将通货膨胀界定为一种现象，

表现出了通货膨胀的后果,第二种强调了通货膨胀的原因,但是两者对通货膨胀的界定都包含了"通货膨胀是一定时期内普遍价格水平上涨的现象"这样的一个含义。有些学者认为通货膨胀的定义应该分为3类,除了上述两类以外,还有一种由于生产成本的增加而导致的物价上涨。新剑桥学派的代表人物罗宾逊(1982)认为,通货膨胀是由于对同样的经济活动所需的报酬率上升而导致的物价上涨。罗宾逊对通货膨胀的定义更侧重于成本和物价的关系,但是由于其最终表现仍为物价水平的上升,因此也有学者将罗宾逊的这种定义归为第一类通货膨胀的界定。

我国学者对通货膨胀的定义经过了几个阶段的发展才逐渐成熟起来,在新中国成立到20世纪80年代初,我国学者对通货膨胀的定义解释一般都以马克思的货币流通规律为基础,由于初期对货币发行量和流通等概念的理解比较模糊,当时的学者对通货膨胀的概念描述并不统一,直到20世纪80年代中期才有了比较一致的说法,也就是当流通中的货币量超过了实际需要的货币量,导致货币贬值,引起一般物价水平上涨的情况。如今,国内的学者对通货膨胀的定义大致有3种不同的观点:第一种认为,通货膨胀就是货币发行量过量;第二种观点认为,通货膨胀是由于货币发行量过量引起的物价水平上涨和货币购买力的下降,货币的增发是导致通货膨胀的原因,而物价的结构性变动或价格刚性引起的物价上涨则不属于通货膨胀;第三种观点认为,物价水平的上涨和购买力的下降就是通货膨胀,只要存在这种现象就是通货膨胀,而不论引起的原因是哪种。这几种分类法与西方国家对通货膨胀的定义分类十分接近,都包含了表现形式,即物价上涨,导致原因有货币超发或成本上升或其他各因素。

关于通货膨胀的定义还有几点需要强调的地方。首先,通货膨胀是全面物价水平的持续性上涨,这里要强调的是全面和持续性。当市场中的某一种、一类或部分商品服务的价格上涨而不是全部或绝大部分商品服务的价格上涨都不能算作为通货膨胀,因为部分商品或服务价格的上涨可能是由于产业结构调整、需求结构变化而导致的局部价格波动,对整个社会的商品服务没有影响。当市场中全部商品或服务的价格水平上涨,但是这种上涨持续的时间很短,不久就将恢复稳定,我们也不能称这种上涨为通货膨胀。其次,通货膨胀的价格上涨水平有一定的幅度要求,关于该幅度的判定标准国内的学者仍然存在争议,一般来说2%以下的物价上涨都不当作通货膨胀。国内有些学者在总结历史经验后,认为当物价上涨幅度在7%或8%以内都为可容忍的通货膨胀,有些学者认为5%以内的物价上涨为可容忍的通货膨胀。这个判断标准根据各国的实际国情来设定,世界范国内没有统一的标准。

在对通货膨胀的定义论述后，我们发现无论通货膨胀的形成原因是什么，但是通货膨胀的表现形式均为一般商品价格上涨。

三、通货膨胀的特征

从上文的通货膨胀形成机理和定义分析中，我们可以看到通货膨胀是伴随着纸币的产生而产生的，几乎所有发行纸币的国家都有过通货膨胀的历史或正在经历着通货膨胀。通货膨胀在不同的国家、不同的文化背景和经济结构背景下都会呈现出不同的特征。以我国为例，自改革开放以来，我国经历了多次通货膨胀，以时间来划分，主要有1979—1980年的通货膨胀，1984—1985年的通货膨胀，1988年的通货膨胀，1993—1997年的通货膨胀，2007—2008年的通货膨胀，2010—2012年的通货膨胀这6个阶段。每个阶段通货膨胀的时代经济背景、具体形成原因、表现形式和特征都会有所不同，如在全球金融危机背景下的通货膨胀会表现出全球化的特征，在经济全球化背景下的通货膨胀会表现出“国内—国际螺旋式上升”的特征（黄慧慧、蔡则祥，2008），在结构转型时期的通货膨胀会表现出结构性上涨的特征。即便各个时期、阶段的通货膨胀具体表现形式不一，但是比较各种类型的通货膨胀，一般都具有两方面的共同特征。

（一）纸币发行量过多而引起货币贬值

通货膨胀一般只有在纸币作为流通手段的条件下才会出现，当金属货币被注入廉价的合金时，其真实价值小于币面价值，这种情况本质上与纸币流通一样，都不能体现其真正的币面价值。在金银货币流通的情况下一般是不会出现通货膨胀的情况，因为真金白银货币本身具有价值，由于含有贮藏手段的职能，可以自发地调节市场流通中的货币，使得市场中的货币量和商品流通时所需的货币量相等。在纸币流通的情况下，由于纸币本身不具备价值，它只是代表金银货币的符号而已，不具备贮藏手段的职能，纸币无法自发调节市场中的流通量，当纸币的发行量超过了商品流通所需的数量，供大于求，就会导致纸币的贬值。在流通中所需要的金属货币量一定的情况下，纸币发行得越多，单位纸币所能代表的金属货币量就越少，纸币的贬值程度就越大。纸币贬值率的计算公式为：

纸币贬值率＝（1－流通中所需的金属货币量/纸币发行量）×100%　（2－1）

上文中所提到的无论是“全球化”的通货膨胀、“国内－国际螺旋式上升”的通货膨胀，还是“结构上涨型”的通货膨胀，无论是哪种原因导致的通货膨胀其最终作用到市场的形式仍是货币的流通量超过市场的需求量，也可以说这些不同类型的通货膨胀最终的作用形式都是市场中纸币的流通量超过了商品流通的实际货币需求量而表现为货币贬值。

（二）由于纸币贬值而引起物价上涨

纸币发行过多，引起了货币的贬值，货币贬值直接导致的就是单位货币的购买力下降，原先花 100 元就能购买到一篮子商品和服务，而现在需要花 100 元以上的钱才能购买到这一篮子的商品和服务，从表象上来看，也就是物价上涨。一般来说，纸币贬值率越高，也就是单位纸币能够购买到的商品越少，居民的直观感受就是物价上涨水平越高。物价上涨率的公式为：

物价上涨率＝（纸币发行量/流通中所需的货币量－1）×100％　　（2－2）

同样地，无论是出于什么经济背景、原因导致的通货膨胀，其最终的表现形式均为物价的上涨，在宏观经济学里，有些理论认为通货膨胀表现为物价和工资水平的上涨，但是工资水平其实也可以归类到物价中，只不过是劳动力的价格水平，本质上也是一种物价。

第二节　核心通货膨胀的形成机理及其特征

目前对于通货膨胀的度量主要有标题通货膨胀和核心通货膨胀两类。在 20 世纪 70 年代以前，西方各国基本上都是使用以居民消费价格指数为代表的标题通货膨胀来测度通货膨胀，但是随着经济的发展和货币政策的需要，原有的标题通货膨胀逐渐显现出货币政策实施上的弊端。因此，美国 1972 年首先提出了核心通货膨胀指标的编制。本书接下来将对核心通货膨胀的产生背景进行介绍。

一、国外核心通货膨胀的产生背景

在 20 世纪 70 年代，受到石油危机的影响，当时的石油输出国大幅提高原油的出口价格，由于成本的上升，导致很多西方国家发生了严重的通货膨胀，虽然这种物价的上升是临时短暂的，由外在的冲击引起的，但是国内严重的通货膨胀水平影响了政府和民众对当时真实物价水平的判断，政府提出了紧缩性的货币政策，最终使得经济停滞，因而当时错误的市场判断和预期使得政府和中央银行做出了反方向的决策。后来的研究者们认为，不能仅仅因为观测的通货膨胀指标而制定货币经济政策，因为观测到的通货膨胀可能只是表面上的，而不是真实本质上的长期供求关系反映。基于这种情况，当时的学者认为应该将观测到的通货膨胀分为两部分，一部分是临时短暂的冲击，一部分是长期的趋势。由于临时短暂的冲击会引起观测到的通货膨胀暂时的上升或下降，但是这种波动在一定时间内会自己恢复到正常水平，而政府的决策应该根据其中长期的趋势性物价水平来制定。1972 年美国的《经济报告》中首次提出了将食品和能源剔除出月度居民消费价格指数的指标，这项指标的提出标志着核心通货膨胀正式从一个概念性的指标变成了实际实践中的应用指标，对当时的政府而言，这种剔除暂时食品和能源波动的通货膨胀月度指标对于政策的制定更有参考价值。自从该剔除暂时波动性通货膨胀指标被提出以来，越来越多的西方国家开始采用并编制核心通货膨胀指标，如美国、英国、加拿大、日本和欧盟地区。目前，我国对该指标的编制还停留在理论学术研究上，还未有官方机构对其进行编制和定期的公布。

二、我国核心通货膨胀的产生背景

目前，我国国家统计局和各类研究机构采用了不同的指数从不同角度来衡量通货膨胀。一般来说，目前国家统计局官方定期公布的物价指数有居民消费价格指数(Consumer Price Index，CPI)、城市居民消费价格指数、农村居民消费价格指数、商品零售价格指数(Retail Price Index，RPI)、城市商品零售价格指数、农村零售商品价格指数、农业生产资料价格指数、生产者价格指数(Producer Price Index，PPI)、固定资产投资价格指数(Price Indices of Investment in Fixed Assets ，PIIFA)。此外，统计局不会定期公布的常用物价指数还有国内生产总值(Gross Domestic Product，GDP)缩减指数、出口商品价格指数(Export price index，EPI)、进口商品价格指数(Import Price Index，IPI)和农村工业品零售价格指数，等等。图 2-1 为我国目前的价格指标体系图，其中 GDP 缩减指数为最宏观的价格指数，而根据国民经济运行的过程，又可将各指数分类为生产价格指数、流通价格指数和消费价格指数，各指数的含义和测定范围都有所不同，本书接下去将对各指数的含义进行说明。

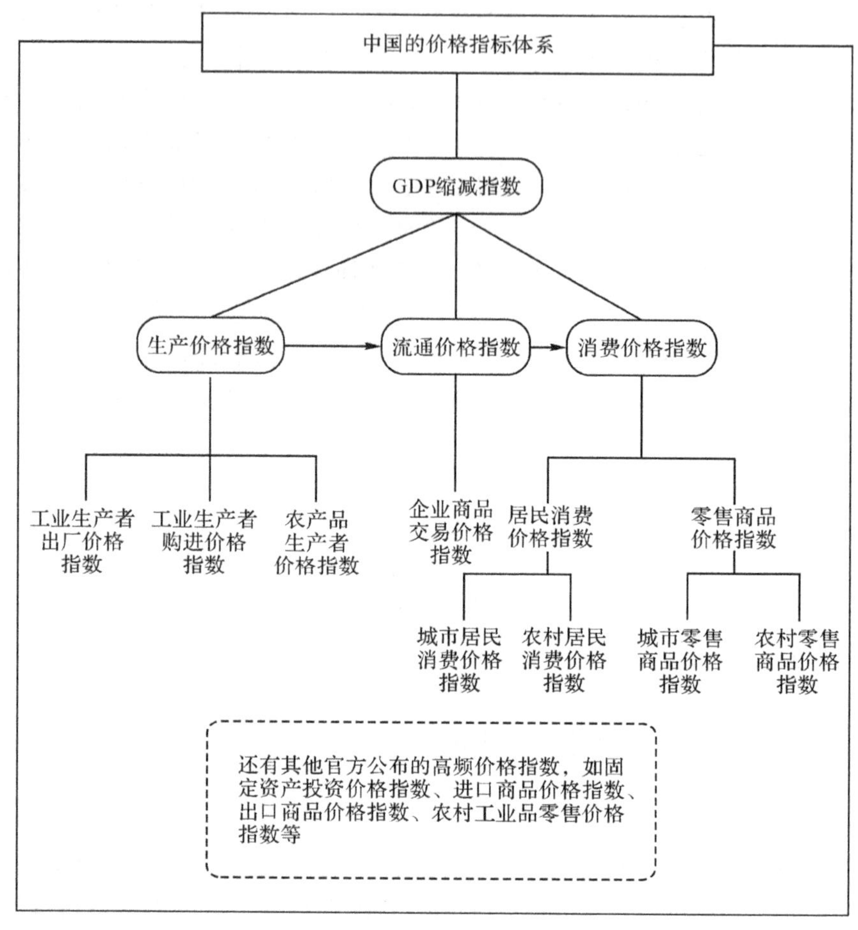

图 2-1 我国价格指标体系图

(一)居民消费价格指数

这几类指数中，无论在学术界还是在现实生活中使用的最广泛的当属居民消费价格指数(CPI)。根据统计局的定义，CPI 是用来反映一定时期，城乡居民所购买生活用品和服务项目的价格变动趋势和水平的相对数，该指数是通过对城市居民消费价格指数和农村居民消费价格指数的汇总计算而来的。CPI 的目的在于反映消费品和服务的价格变动对城乡居民生活的影响，为政府决策部门提供居民的消费情况，研究并制定各类消费价格政策和工资政策提供数据支撑。国家统计局对 CPI 指数的计算有几个类别，按照对照期的不同，可分为以 2000 年的价格为基期的 CPI，这是一种定基指数，以上个月价格作为基期的CPI，这是月环比指数，以上一年同月的价格为基期的CPI，这是同比指数，本年一月至报告期以上一年同期的价格为基期的CPI，这是累计比指数，以上一年12月价格为基期的指数，这是环比定基指数。因此简单来说，CPI有定基指数、环比指数、同比指数、累计比指数和环比定基指数这5类。

居民消费价格指数萌芽于新中国成立前的1926—1927年间，在那个时候还不叫居民消费价格指数，被叫为生活费用价格指数，当时我国效仿西方国家，在天津市、北平市和上海市这几个城市编制工人的生活费指数，通过对不同类型工人的食物、房租、衣着、燃料和其他杂费的费用来计算加权平均数。以南开大学社会经济研究委员会为例，当时该委员会编制了天津工人生活费指数，该指数采用了37种代表品，权重为天津132家手工艺人的平均家庭消费品在总消费支出中的比重(谭本艳，2009)。

新中国成立后，商业部开始编制北京市、天津市和上海市的职工生活费用价格指数，在1953年编制城市扩大到10个，1956年补编了包括上述城市和各省会城市在内的1950年以来的职工生活费价格指数，在1957年编制城市的范围进一步扩大，包括了110个城市和103个县，并将这些指数汇总为全国的职工生活费用价格指数和城市零售物价指数，同时逐步地开始将这两类指数合并在一起编制，1984年我国在编制职工生活费用价格指数的基础上汇编了城乡全体居民生活费用总指数。国家统计局于1990年建立了消费品和服务的价格调查，编制了全国零售价格总指数和生活费用价格总指数，当时的必报商品有434种，其中消费品为352种，农业生产资料52种，服务项目30种。直至1994年，我国才开始单独编制居民消费价格指数，根据价格统计改革的需要，当时取消了全国零售价格总指数和生活费用价格总指数，开始单独编制零售商品价格指数和居民消费价格指数，不过在这个时期，是以零售商品价格指数为主，居民消费价格指数仅为辅助参考指数。

随着市场经济的发展，我国的第三产业占国民生产总值的比重也越来越高，服务消费在居民家庭生活中的支出占比也越来越高，而零售价格指数覆盖的商品范围只包括了消费品，而没有投资品和服务项目。在这种情况下编制的零售商品价格指数与普通居民日常生活直观感受到的物价变化已经产生了偏差，因此零售商品价格指数也越来越不适应经济社会形势的发展，在这个时候居民消费价格指数的重要性开始体现。居民消费价格指数的编制产品范围不仅包括了消费品还包括了服务项目，更贴近于日常生活的物价变动。在这种经济社会背景下，国家统计局和国家发展计划委员会从1997年开始着手改革居民消费价格指数的编制，在参考了国际先进编制方法和咨询了国际价格统计专家的基础上，编制了一套既能与国际接轨，又符合我国实际国情的居民消费价格指数。国家计委和国家统计局于2000年3月联合下发了《关于价格指数统计、公布、使用以居民消费价格指数为主的通知》，该通知标志着，从2000年起我国的物价指数开始以居民消费价格指数为主，2001年国家统计局正式启用了新的居民消费价格指数编制方法，该方法的商品和服务项目、各分项指数的权重和统计频率等在原有的基础上都进行了规范和调整，该物价指数也就是我们现行的居民消费价格指数。相比于原来的编制方法，现在的居民消费价格指数编制有了较大的改动，主要表现在计算方法、基期选择、代表商品和服务项目选择和权重调整上。

在计算方法上，原来采用的是年距环比和月距环比，即在计算同比指数时，基期随着报告期的变动而发生变动，现在改为国际通用的链式拉氏公式，原来的居民消费价格指数中的环比指数和同比指数两者是分开编制的，不存在逻辑检验，不能相互推导，而现行的居民消费价格指数中的环比指数和同比指数均是通过固定对比期来测算，可以互相推导，存在逻辑换算关系，采用这种计算方法不但可以真实反映各时期总体物价水平中的纯价格变化，还能与国际消费价格指数相接轨，更有利于和其他国家物价消费水平的横向比较。在新的居民消费价格指数核算中，同比指数的基期也进行了固定，目前首轮基期是固定在2000年，以后会每隔5年或10年更换一次基期。

此外，现行的居民消费价格指数代表商品和服务项目发生了增补变动，商品的分类也进行了调整。随着市场经济的进一步发展，居民的消费商品范围也发生了扩展和变化，为了能够及时、准确地反映价格水平的变动情况，居民消费价格指数的代表商品和服务项目也需要不断的更新和变化。以天津市为例，2013年该市的新增代表商品为371种，使总的代表规格品数量达到了1500种。同时，商品和服务项目的分类也发生了变化，更强调了商品的用途而不是按照行业类别进行划分，并设立了商品和服务的基本分类，其中，基本分类指的是居民消费价格指数计算中最小的类别，可以是单个商品集团也可以是两个商品以上的集团组合。目前的居民消费价格指数包括8个大类，即食品类、烟酒及用品类、衣着类、家庭设备用品及服务类、医疗保健及个人用品类、交通和通信类、娱乐教育文化用品及服务类、居住类，再进行细分可分为262个基本分类。

另外，现行的居民消费价格指数权重分配也更科学，在我国居民消费结构变动比较频繁的市场背景下，现行计算各分类的权重是按照每年居民消费的支出情况和每月商品价格的变动幅度来进行调整，使得居民消费价格指数中的商品和服务项目类别占比更科学，总的价格指数更准确、客观。

现行的居民消费价格指数的编制分为5个步骤：抽选调查地区和调查点、选择代表商品和代表规格品、收集代表商品和代表规格品的价格并计算平均价格、计算代表商品和代表规格品的权重、计算居民消费价格指数（谭本艳，2009）。

居民消费价格指数的发布是由国家统计局通过新闻发布会的形式进行统一公布的，一般月度CPI的发布时间在月后13日左右，季度和年度则延至月后20日左右，根据2013年和2014年的月度CPI发布经验来看，国家统计局一般在每月的9日发布上一个月的CPI。消费价格指数的公布包括全国和各省市区的CPI、36个大中城市的CPI，指数类别有总指数、大类指数和部分的中类指数（例如食品类的粮食价格指数、油脂价格指数、肉禽及制品价格指数、鲜蛋价格指数等）。

（二）商品零售价格指数

商品零售价格指数是我国最早的官方通货膨胀指数，从新中国成立初期就已经开始编制，在2000年以前，我国一直将商品零售价格指数作为通货膨胀的测度指标，在2000年以后才改为居民消费价格指数，而如今的商品零售价格指数虽不是最主要的通货膨胀指标，但仍然是非常重要的参考指标，国家仍然对其定期编制并发布。按照国家统计局的定义，商品零售价格指数是用来反映一定时期，城乡商品零售价格的变动趋势和水平的相对数。同居民消费价格指数一样，商品零售价格指数也分为定基指数、环比指数、同比指数、累计比指数和环比定基指数这5类，其中国家统计局公布的主要是同比指数和累计比指数。商品零售价格指数是从商品卖者的角度来观察市场的价格变动，包含了市场上零售的所有商品，但是不包括服务项目。商品零售价格逐渐被居民消费价格所取代，是由社会经济发展的大背景决定的，随着改革开放的深入和市场经济的扩大，我国这几十年来经济迅速发展，同时也改变了以往第一和第二产业占GDP主要份额的情况，随着产业结构的调整，第三产业占GDP的比重也由1978年的23.7%上升至2013年的46.1%，如今第三产业的比重已经超过了第二产业。因此在这种产业背景下，居民商品零售价格指数就显得不够全面。

我国现阶段的商品零售价格指数编制和居民消费价格指数编制的流程基本相同，即在全国范围内选择合适的调查点和调查区域，在这些调查范围内选取合适的代表品，通过对代表品价格的定期调查来了解整个市场的价格变动情况，以代表品样本来推断整个价格波动这个总体。

商品零售价格指数和居民消费价格指数两者的不同在于涵盖的范围不同，居民消费价格指数涵盖了食品、烟酒及用品、衣着、家庭设备用品及维修服务、医疗保健和个人用品、交通和通信、娱乐教育文化用品及服务、居住这8个包括商品和服务的大类。零售价格指数包括16个大类，分别有食品类、饮料和烟酒类、服装和鞋帽类、纺织品类、家用电器和音像器材类、文化办公用品类、日用品类、体育娱乐用品类、交通和通信用品类、家具类、化妆品类、金银珠宝类、中西药品及医疗保健用品类、书报杂志及电子出版物类、燃料类、建筑材料和五金电料类。与居民消费价格指数相比，零售商品价格指数在涵盖范围上要窄一点，不包括各类的服务项目，仅包括零售商品。因此在大类的划分上，零售商品价格指数仅从零售商品的层面上划分，更为细致。

（三）GDP缩减指数

GDP缩减指数是所有通货膨胀价格指数中覆盖面最广的价格指数，该指数是按当年价格计算的国内生产总值和按不变价计算的国内生产总值两者的比值，也就是当年名义GDP和实际GDP的比值，它可以用来度量整个经济体的通货膨胀情况，在有的国家采用的是国民生产总值（GNP）缩减指数。GDP缩减指数包括了所有的商品和服务项目，涵盖的内容最广，与GDP核算的内容相对应，能够反映总体的价格水平变化。之所以会有名义GDP和实际GDP，是由于在宏观经济变动中，商品和服务的价格始终处于不断地变化之中，而GDP缩减指数反映了该价格的变动情况。该指数的计算公式为：

GDP缩减指数＝（名义GDP增长/实际GDP增长）×100%　（2-3）

以我国的实际数据为例，我国2000年的名义GDP为99214.6亿元，真实GDP为27701.5亿元，因此，当年的GDP缩减指数按照公式计算为(99214.6/27701.5)×100%＝358%。图2-2为我国1978—2012年的GDP缩减指数（1978年＝100），其中真实GDP根据名义GDP和国内生产总值指数（1978年＝100）换算而来。

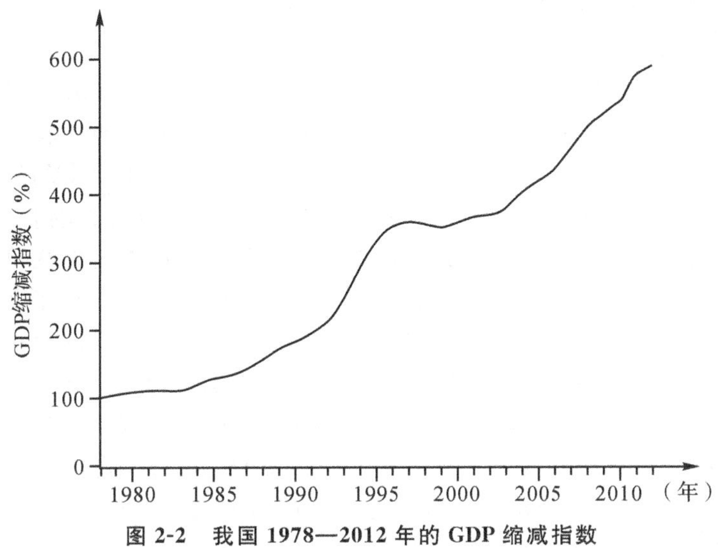

图 2-2　我国 1978—2012 年的 GDP 缩减指数

理论上来说，GDP 缩减指数的计算涵盖范围比 CPI 和 RPI 都要广泛，除了消费以外，还包括生产资料、进出口商品和劳务等，与 GDP 的涵盖范围相对应，但是由于 GDP 缩减指数利用的是名义 GDP 和真实 GDP 数据估算而来，在我国 GDP 数据只有年度数据，而没有月度数据，编制时间的间隔较长，在我国 GDP 缩减指数只能反映一年期内的平均指数，难以迅速准确地反映物价波动水平，具有滞后性，实际的应用价值没有 CPI 大。此外，GDP 缩减指数是一个估算数据，不是由实际商品服务价格指数计算而来，而真实 GDP 的数据又是由各行业的价格指数推算过来，因此，GDP 缩减指数的准确性可能不如 CPI。另外，我国官方并没有公布该指数和真实 GDP 数据，国家统计局只是从 1978 年开始公布国内生产总值指数（1978 年＝100）。因此，GDP 缩减指数只能根据 GDP 指数换算而来，从准确权威性和实际应用性来说有所欠缺。

（四）企业商品交易价格指数

企业商品交易价格指数反映的是国内企业间物质商品集中交易价格的变动情况，该指数的编制不包含服务业部门的价格，也即不包含劳务的价格。企业商品交易价格指数的前身是批发物价指数（Wholesale Price Index，WPI）。中国人民银行为了全面检测我国的物价变化和通胀水平，并提高中央银行对经济监测、稳定币值的能力，于 1992 年就开始着手准备建立物价批发价格指数调查系统，并于 1994 年 1 月正式编制。批发物价指数根据商品的批发价格变动资料来编制，反映了一定时期内，生产资料和消费品的批发价格变动趋势和程度。批发价格是在商品进入零售领域，形成零售价格之前，由批发商或中间商所订，批发价格水平主要取决于收购价格或者出厂价格，能够影响最终的零售价格，对商品的流通比较敏感。我国批发物价指数这十几年的序列客观地反映了自 1994 年以来的经济和物价波动情况，其各项分类指数也与我国这些年的经济结构相吻合，我国投资形势的变化和农产品、工业消费品的供求关系变化都在批发物价指数中的投资品价格指数、农产品价格指数和消费品价格指数中得到了印证。因此批发物价指数的编制还是对我国宏观经济的监测发挥了正面积极的作用的。随着经济的发展，市场结构和物流特点都发生了很大的变化，投资品越来越多的由生产商直接销售给终端用户，并且由于网络信息和物流业的迅速发展，消费品也具备了从源头进货的条件，中间批发再零售的环节越来越少。因此批发价格越来越接近于生产商的出售价格。此外，批发物价指数中的“批发”容易和“商品批发”的概念混淆，不能体现该指数是综合价格指数的本质。基于以上原因，中国人民银行从 2001 年 10 月开始，将“批发物价指数”更名为“企业商品交易价格指数”。

企业商品交易价格指数的编制主要有 3 个环节共同配合完成：中国人民银行总行、中国人民银行各个分支机构、被调查企业。在这 3 个环节中，中国人民银行总行主要起到统筹全局的作用，负责的工作有企业商品交易价格指数编制制度的制定、实施和维护，进行价格调查的软件系统开发、维护、推广和培训，价格指数的编制、发布。中国人民银行各个分支机构主要承担物价调查任务，是整个指数编制系统的中间环节，负责的工作有：企业商品交易价格指数数据的采集、检查、录入、上报。我国除了西藏自治区以外，其他省市区的 230 个城市都有企业商品交易价格指数的调查点，报价企业有 2700 个左右。在这些省市区中 36 个大城市的中国人民银行分行承担主要的调查任务，大约占到总调查任务的 70%，其余的中小城市中国人民银行各中心支行承担次要的调查任务，大约占总物价调查任务的 30%。被调查企业主要负责提供原始数据给各中国人民银行支行，这个环节非常重要，是数据准确与否的主要原因，目前 2700 个左右的价格调查基点企业中都有负责向各调查行报送数据的价格调查员（刘雅南，2007）。

企业商品交易价格指数的编制需要确定调查区域、企业、代表品、代表品价格和分类权重这些原始数据，再通过这些数据对企业商品交易价格指数进行汇总计算。

调查区域为除西藏自治区外其他省市区的 230 个城市。在选定基点企业时，企业各个城市中的中国人民银行中心支行按照自身情况选择合适的商业批发公司、大型商场、批发市场或生产厂家来作为企业商品交易价格指数的报价企业。目前我国有2700个左右的基点企业。

对调查区域和基点企业进行确定后，需要明确代表品或规格品。按照企业商品交易价格指数的编制目的和定义，该指数的调查商品范围是国内生产者生产出的全部物质产品，按照产业划分主要包括农产品、煤油电产品、矿产品和投资品，从这个角度进行的划分可分为4个大类，22个中类，79个小类，286个商品群，791种代表商品，1700个规格品；按照生产过程划分主要包括初级产品、中间产品、最终产品，按照商品的需求划分主要包括消费品和投资品。这些代表品或规格品需要满足3个条件：首先代表品或规格品需要是在国内生产和国内销售的物质商品；其次，如房地产等资产交易类由于权重很大并且不稳定，不在调查范围内；最后，一些特殊物质产品（飞机、船舶、武器弹药等），或者难以确定权重的物质产品，或者不能进行价格连续调查的物质产品均不在调查范围内。代表品或规格品一般确定5年进行一次审查和适当调整。

代表品或规格品在进行价格采集时，原则上采用的是商品流通过程中企业的集中交易价格，一般为第一次批发商品的销售价格，对于没有批发环节而直接由生产商销售给客户的商品，如某些专用设备等，则采集生产商的出厂价格。价格采集一般一个月3次，5日、15日和25日，或者称为上旬价、中旬价和下旬价。

企业商品交易价格指数的分类权重数据来源主要有投入产出表、工业普查数据、农业统计资料、调查咨询资料。为了保持数据的连续性和稳定性，企业商品交易价格指数的编制权重采用固定权数。其中，大类、中类、小类的固定权重按照5年一编的投入产出表来计算，商品群、商品的权重按照部门统计和工业普查等资料来计算。企业商品交易价格指数的权重按照国际惯例，也是每5年进行一次调整。

企业商品交易价格指数的计算是根据所采集的资料，先对各代表品和规格品的均价进行几何平均得出基本分类的价格指数，再对基本分类价格指数按照小类、中类、大类、总指数来进行逐层加权平均计算，得到月环比价格指数，再根据月环比价格指数推算定基和定比指数。

（五）生产者价格指数

生产者价格指数衡量的是企业从供应者那里购买一揽子商品和服务的费用，由于企业购买的费用变动最终会以商品价格变动的形式转移给消费者。因此，通常认为生产者价格指数是居民消费指数的先行指标，可以用来预测居民消费指数的变动。生产者物价指数主要用来衡量各商品在不同阶段的价格变化，其中商品的生产分为3个阶段：原始阶段，即商品未做任何加工；中间阶段，即商品还需做进一步的加工；完成阶段，即商品无需再做任何进一步的加工，与居民消费指数一样，生产者价格指数也是被用作观察物价水平的重要指标之一，与居民消费指数不同的是，生产者价格指数反映的是生产领域的价格变动情况。

1. 工业生产者出厂价格指数

原则上生产者价格指数包括3个方面：服务业生产者价格指数、工业生产者价格指数和农产品生产者价格指数，但是很多国家在实际编制指数时，只编制了工业生产者价格指数和农产品生产者价格指数。在生产者价格指数中的这3类指数里，我国从2002年起才正式编制农产品生产价格指数，在这之前编制的是农产品收购价格指数，服务业价格指数的编制也只是刚刚起步，工业生产者价格指数是我国编制起步最早并且编制技术也比较完善的一种生产价格指数，包括我们上面所提到的工业生产者出厂价格指数和工业生产者购进价格指数。目前，我国尚不具备严格意义上的，与居民消费价格指数相对应的生产者价格指数，由于使用的普遍性和方便性，我国一般使用工业生产者出厂价格指数来替代生产者价格指数。工业生产者出厂价格指数可以反映一定时期内，工业企业产品的出厂价格变动趋势和水平，这里的出厂价格是指工业品第一次出售时的价格，产品范围包括工业企业售给本企业外所有单位的商品和直接售给居民的生活消费产品，该指数可以用来观察出厂价格对增加值和工业总产值的影响。

工业生产者出厂价格指数相比居民消费价格指数和零售商品价格指数，编制的时间要晚很多。谭本艳(2009)认为，1979年我国才刚开始编制分行业的工业生产者出厂价格指数，当时的工业行业有冶金工业、煤炭工业、电力工业、石油工业、化学工业、建筑材料工业、机械工业、森林工业、食品工业、缝纫工业、纺织工业、皮革工业、文教艺术用品工业和造纸工业，1988年才开始将所有的工业品分为生活资料和生产资料总共7类工业品来编制生产者出厂价格分类指数，其中生活资料包括食品类、衣着类、一般日用品类和耐用消费品类这4类，生产资料包括采掘工业、原料工业和加工业这3类，1996年9月我国开始定期公布工业生产者出厂价格指数月度数据。目前，我国的工业生产者出厂价格指数的大类分项包括生产资料和生活资料，其中生产资料又可细分为重工业和轻工业，重工业包括采掘业、原材料工业和加工工业，生活资料可以细分为食品、衣着、一般日用品和耐用消费品。工业生产者出厂价格指数调查的产品目录覆盖39个行业大类，具体有：煤炭开采和洗选业，石油天然气开采业，有色金属矿采选业，黑色金属矿采选业，非金属矿采选业，其他的采矿业，食品制造业，烟草制品业，饮料制造业，农副食品加工业，纺织业，皮革、毛皮、羽毛（绒）及其制品业，纺织服装和鞋帽制造业，木材加工及木、竹、藤、棕、草制品业，家具制造业，印刷和记录媒介的复制业，造纸及纸制品业，文教体育用品制造业，化学原料及化学制品制造业，化学纤维制造业，医药制造业，橡胶制品业，石油加工、炼焦以及核燃料加工业，橡胶制品业，塑胶制品业，非金属矿物制品业，金属制品业，有色金属冶炼及压延加工业，黑色金属冶炼及压延加工业，专用设备制造业，通用设备制造业，交通运输设备制造业，通信设备、计算机以及其他电子设备制造业，电器机械以及器材制造业，仪器仪表以及文化、办公用机械的制造业，工业品以及其他制造业，水的生产和供应业，电力、热力的生产和供应业，燃气的生产和供应业，废气资源和废旧材料的回收加工业。

我国工业生产者出厂价格指数的编制主要采用重点调查和典型调查相结合的调查方法，其中重点调查是把年主营业务收入在2000万元以上的企业列为调查对象，采用主观选取样本和抽样相结合的方法选择调查的企业，典型调查是把年主营业务收入在2000万元以下的企业作为抽样对象，采用随机抽样的方法来确定调查的企业。工业生产者出厂价格指数的编制分为5个步骤：

（1）确定调查企业。对规模以上的工业企业采用主观选取样本和抽样相结合的方法来确定调查企业，对于规模以下的工业企业采用随机抽样的方法来确定调查企业，选择代表工业企业时要注意兼顾不同所有制的企业，各行业原则上都需要有调查的企业，最好能做到不遗漏大型企业，并且选择的企业要生产经营正常稳定。目前，我国进行工业生产者出厂价格指数编制的调查点有将近6万家之多，主要分布在430个市县中。

（2）确定代表品。代表品的确定需要严格遵循的原则主要有：对工业行业的代表性强、对国计民生的影响大、生产稳定、有发展前景。目前，我国的工业生产者出厂价格指数的调查产品覆盖了39个行业大类，大类下分为191个行业中类，中类下分为525个行业小类，行业小类下分为1702个基本分类，总共有11000多种工业产品。

（3）确定调查价格。目前，工业生产者出厂价格指数的调查产品价格数据收集主要由国家调查队负责，国家统计局在选定近6万家调查企业后，市级国家调查队向这些调查企业布置调查任务，各企业以报表的形式将每月5日和20日的出厂价格报送至市级调查队，企业的原始资料经过市级和省级调查队的审核后再报送至国家统计局。

(4)确定权重。每一种调查产品在工业经济中的影响是不一样的，其价格的变动对工业生产者出厂价格指数的重要程度也是不一样的。因此对每种产品赋予的权重也是不同的。工业生产者出厂价格指数的中类和大类是按照工业普查统计中各个行业的销售额来计算的，如果在计算近期没有进行工业普查，那么采用工业统计的资料和部门的统计资料来推算，中类以下的权重按照典型调查的资料估算而来。调查产品的权重一般5年进行一次更换，在5年期内的各个年度进行适度调整。

(5)编制工业生产者出厂价格指数。工业生产者出场价格指数的编制方法和居民消费价格指数的方法类似，各基本分类的月度环比价格指数是根据工业代表品的价格变动相对数采用几何平均计算而来，小类以及以上类别的月度环比指数均采用逐层加权算术平均来计算，市县级通过对调查点的相关数据汇总计算而来，省级和国家级采用逐级按照消费支出的比例加权计算而来。得到环比月度数据后，可进一步用来计算各类定基价格指数和同比价格指数，定基价格指数中的基期一般5年进行一次调整，现行的对比基期为2010年。

2. 工业生产者购进价格指数

工业生产者价格指数包括两类：工业生产者出厂价格指数和工业生产者购进价格指数，反映的是工业生产产品的出厂价格和购进价格在一定时期内的变动情况。工业生产者购进价格指数反映了工业企业为了生产投入而从能源、原材料企业和物资市场购买原材料、燃料和动力产品时所支付的价格水平的变动趋势和程度，在一定程度上可以反映工业企业的成本消耗价格变动，编制该指数调查的产品包括黑色金属、化工、建材、燃料动力和有色金属等9大类产品。购进价格调查目录包括900个基本分类的6000多种工业产品购进价格指数的权数根据投入产出资料和典型调查资料估算确定。一般每5年更换一次，在5年期内各年度适当调整。企业每月5日和20日出厂、购进时点价格并报送市级调查队。

3. 农产品生产者价格指数

农产品生产价格反映的是，一定时期内农产品出售者在售出农产品时价格的变动情况，该指数可以反映在全国范围内的农产品价格和机构变动情况，满足了农业和国民经济核算的需要。在具体计算某一种农产品代表品的价格指数时，是通过对全部售出该农产品的调查单位的价格指数计算几何平均值而得到的，某一类的农产品价格指数是通过对属于这一类产品的价格指数进行加权平均计算而得到的。我国统计局官方的生产者价格指数定期公布的有工业生产者购进价格指数、工业生产者出厂价格指数和农产品生产价格指数。

(六)进出口商品价格指数

进出口商品价格指数,又被称为进出口商品单位价值指数或对外贸易价格指数,可以反映一定时期内,一个国家或地区进口或出口商品的价格变动趋势和程度。进出口商品价格指数可分为进口商品价格指数和出口商品价格指数,进口商品价格指数指的是在一定时期内,一国所有进口商品的平均价格变化的指数。相对应地,出口商品价格指数指的是一定时期内,一国所有出口商品的平均价格变化指数。随着改革开放的深入和市场的放开,我国和国外的经济贸易联系越来越紧密,我国的对外贸易经济发展迅速,2012 年我国的进出口贸易总额达到了 244160.21 亿元,其中出口额为 129359.25 亿元,而 2000 年我国的进出口贸易总额仅为 39273.2 亿元,出口额为 20634.4 亿元,相比 2000 年,2012 年的贸易总额和出口总额增加了好几倍。目前,对外贸易在我国的国民经济中发挥着越来越重要的作用,因而进出口商品价格指数这项反映进出口商品价格的指数其作用也越来越大。在对外贸易中,外贸经济的效益高低主要取决于贸易条件的好坏,而贸易条件是反映一定时期内国家或地区在进行对外贸易时,进出口商品的价格是否对本国有利,进出口商品价格指数正是用来反映该贸易条件的指数。该指数可以正确反映我国对外贸易经济的水平、规模和速度情况,有利于研究外贸经济的结构和比例关系,同时能够完善价格指标体系,作为通货膨胀测度的指标之一,和其他指标一起全面地反映物价水平,为政策制定者提供相应的数据参考。进出口商品价格指数一般分为同比指数和定基指数两类,指数上升表示国内通胀压力上行;反之,表示国内通胀压力下降。

我国进出口商品价格指数的计算是根据预先选定的进出口代表商品价格指数,以上年同期作为基期,采用单位价值法,按照拉氏和派氏指数公式进行加权计算而来。其中指数所包括商品的范围应与我国的实际进出口贸易总额的口径范围相一致,也就是通过一般性贸易、来料加工贸易、补偿贸易和外商投资企业进口后以供加工内销的零配件、产品原料等,《中华人民共和国海关统计商品目录》中对我国进出口商品的分类做出了明确的规定。在计算指数时的代表商品选择应该以进出口额和数量为标准,选择涉及金额大的和数量多的,贸易关系密切的商品,要确保代表商品的进出口额占到全部商品进出口额的60%～70%以上；除此之外，还应满足商品的常规性和稳定性这些条件。商品的价格计算按照商品的进出口额和进出口量的比值来计算单位价格，所以进出口商品价格指数又称为进出口商品单位价值指数，进口商品依照规定按到岸价格为准，出口商品以离岸价格为准。目前国家统计局没有公布进出口商品价格指数，该指数在《中国对外贸易指数》月刊和CEIC数据库中可查询。图2-3为本书根据资料整理的我国2001年1月—2013年9月的月度进出口价格指数（上年＝100），从图2-3中我们可以看到进口价格指数整体位于80%—120%之间，出口价格指数位于90%—110%之间，出口价格指数相比进口价格指数波动要小一点，进出口价格指数整体来看，除了2008年底—2010年初波动比较大，在其余的年份波动相对比较平稳。

图2-3　2001年1月—2013年9月我国进出口商品价格指数走势图

（七）固定资产投资价格指数

固定资产投资价格指数是用来反映固定资产投资额的价格变动趋势和水平的指数，其中固定资产投资额包括设备和工器具购置投资完成额、建筑安装工程投资完成额和其他费用投资完成额3部分。该指数可以准确反映固定资产投资中涉及的各类商品、取费项目的价格变动趋势和幅度，真实反映固定资产投资的规模、结构、速度和效益等，可以为政策制定部门科学地制定固定资产投资计划提供依据，提高宏观调控水平，并完善我国的物价指标体系。

固定资产投资价格指数的编制是先计算建筑安装工程投资价格指数、设备工器具投资价格指数和其他费用价格指数，然后对这 3 部分价格指数计算算术平均加权指数，得到固定资产投资价格指数。其中建筑安装工程投资价格指数是用来反映建筑安装企业部门在建筑安装活动中涉及的人工费、材料费和机械使用费的价格水平变动趋势和程度，在建筑安装费用构成中，人工费、材料费和机械使用费的比重一般占到 90%以上，而其他各项费用所占的比例很小，几乎可以忽略不计。因此在计算建筑安装工程投资价格指数时，一般只对材料费价格指数、人工费价格指数和机械使用费价格指数进行加权。在计算设备和工器具投资价格指数时，由于设备和工器具的购置情况比较复杂，购置单位很难获得基期的价格资料，因此一般使用工业品出厂价格指数中机械工业部门产品出厂价格指数来代替。固定资产中的其他费用一般包括土地取得费用、前期工程费用、施工工作费用和建设单位其他费用。

以上是相对来说比较常用的通货膨胀测度指数。在这 7 项指数中，国家统计局对居民消费价格指数的年度和月度数据、商品零售价格指数的年度和月度数据、生产者价格指数的年度和月度数据、固定资产投资价格指数的年度数据都会进行定期公布。图 2-4 是 1990—2012 年我国居民消费价格指数(CPI)、商品零售价格指数(RPI)、生产者价格指数(PPI)、固定资产投资价格指数(PIIFA)的年度数据比照图(上一年＝100)。从图 2-4 中我们可以看到这几类指数在 1996 年后的变化幅度比较接近，因此对我国通货膨胀水平的测度还是比较一致的。

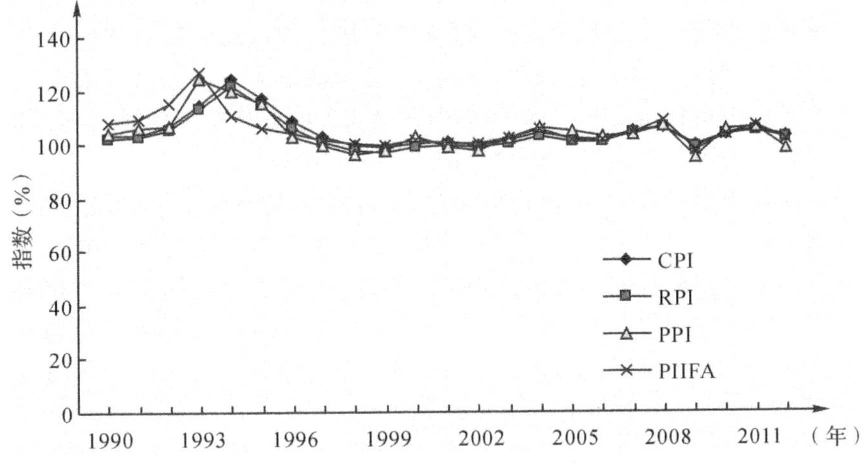

图 2-4 我国 1990—2012 年 CPI、RPI、PPI 和 PIIFA 指数的年度数据比照图

（八）其他价格指数

除了以上提到的居民消费价格指数、商品零售价格指数、企业商品交易价格指数、生产者价格指数、固定资产投资价格指数、GDP 缩减指数、进出口商品价格指数这几类常规的通货膨胀指数外，用来测度通货膨胀的其他指数还有城市居民消费价格指数、农村居民消费价格指数、城市商品零售价格指数、农村零售商品价格指数、农业生产资料价格指数和农村工业品零售价格指数等。其中城市居民消费价格指数反映的是一定时期内的城市居民家庭购买一揽子商品和服务的价格变动趋势和水平，该指数可以用来观察分析商品的零售价格和服务的价格变动对城市居民的收入和消费影响，相对应地，农村居民消费价格指数反映的是一定时期内的农村居民家庭购买一揽子商品和服务的价格变动趋势和程度，该指数可以用来观察分析商品的零售价格和服务价格变动对农村居民收入和消费的影响，这两项指数与居民消费价格指数涵盖的大类口径一致，均为食品、烟酒、衣着、家庭设备用品及维修服务、医疗保健和个人用品、交通和通讯、娱乐教育文化用品及服务和居住这 8 大类。城市商品零售价格指数和农村零售商品价格指数分别反映零售价格的变动对城市和农村人民生活的不同影响，不仅可以反映零售物价在不同时期的变动情况，还可以用来分析零售价格的变动对城市和农村居民货币支出和消费水平的影响。农业生产资料价格指数可以反映一定时期内的农业生产资料价格变动趋势和水平，该指数的编制可以了解农业生产中投入的物质资料价格的变动状况，可以完善国民经济的核算体系，在 1994 年以前，农业生产资料价格指数是商品零售价格指数下的一个类别，而现在把这部分指数从商品零售价格下分离出来，单独罗列为一个指标。农村工业品零售价格指数可以用来反映农村市场工业品的零售价格水平变动趋势和程度，通过该指数的编制，我们可以观测工业品的零售价格对于农村居民的货币支出影响。

在这些指数中，商品零售价格指数、企业商品交易价格指数、进出口商品价格指数、工业生产者出厂价格指数和工业生产者购进价格指数只能反映某一个领域内或特定涵盖范围的通货膨胀情况，要比较涵盖范围的全面性还是 GDP 缩减指数和居民消费价格指数较好。GDP 缩减指数的涵盖范围和 GDP 一样，包括了所有的产品和劳务，居民消费指数的涵盖范围要比 GDP 缩减指数小，涵盖了消费品和服务项目，如果要选择表示一般全社会的通货膨胀水平的指数，还是 GDP 缩减指数和居民消费价格指数更值得考虑。涉及数据的及时性，上述的几种指标除了 GDP 缩减指数以外，其他的物价指标都有月度数据公布，而GDP缩减指数只有年度数据，因此从数据的及时性来说，GDP缩减指数没有其他指标好。从数据的可靠性来说，GDP指数是根据名义GDP和真实GDP估算而来，而真实GDP又是根据各行业的价格指数推算而来，整个估算过程可能会造成较大的误差。此外，有学者认为GDP在构权过程中出现的负权数问题会造成与真实价格水平背离的现象（徐强，2006）。因此在目前物价指标体系中，综合比较涵盖的范围、指数现实意义、可靠性、数据及时性、可得性，还是CPI更适合反映一般的、全社会的通货膨胀水平。

在目前我国的物价体系中，居民消费价格指数是度量一般物价水平的最佳指标，但是居民消费价格指数也存在不少的缺陷。居民消费价格指数中包含了食品和与能源相关的这些大类分项价格指数，食品和能源经常会受到天气、疫情、能源输出国产量减少等一些临时因素的影响而价格发生波动，从而使最后的居民消费价格指数也发生波动。在8大类分项价格指数中，食品的占比最高，而这一项最容易受到外界突发因素的干扰，但这类冲击导致的价格波动不是持久的，一般是短暂性的，在一定时间内会自行得到恢复，表现出来的通货膨胀不是由供需关系决定的真实通货膨胀水平，而如果这个时候采取扩张或紧缩的货币政策会导致政策的取向性错误。此外，居民消费价格指数中的一揽子商品和服务项目不但包括常规的商品和服务项目，还包括一些受到价格管制商品和服务项目，这些商品和服务项目的价格不能真实及时地反映市场上的供求状况。例如，我国的烟草受到政府的价格管制，类似于这样的商品，上游资源价格的波动难以传导到居民消费价格指数中，因此，这部分价格的上涨压力就无法在居民消费价格中体现（朱芳，张文丽，2010）。如果货币政策的取向主要盯住CPI，那么就不能完全对市场发挥作用。

核心通货膨胀既能避免工业品出厂价格指数、商品零售价格指数和出口价格指数、进口价格指数商品服务覆盖面小的不足，相比以居民消费价格指数为代表的标题通货膨胀，核心通货膨胀由于扣除了标题通货膨胀中波动大的项目和部分价格管制项目，可以有效地克服居民消费价格指数的缺陷，真实地反映通货膨胀的长期趋势，为货币政策提供建议。另外，世界范围内，很多国家官方开始编制核心通货膨胀指数。考虑到与国际接轨的需求和使用核心通货膨胀指标来反映真实通货膨胀水平，为货币政策提供依据的现实需求，我国核心通货膨胀指数的编制已是一个亟须解决的问题。

三、核心通货膨胀的内涵

核心通货膨胀估算的实际操作案例在 20 世纪 70 年代就已出现，但是作为学术意义上的理论概念，应该算作从 Eckstein(1981)开始。Eckstein(1981)提出了核心通货膨胀这样一个概念，他将通货膨胀按照影响因素的不同分为核心通货膨胀、需求类型的通货膨胀和冲击类型的通货膨胀，认为核心通货膨胀主要反映的是生产要素价格的增长趋势，是一种总供给价格的增长趋势，他将核心通货膨胀定义为一种市场处于长期均衡状态的通货膨胀，也就是稳态的通货膨胀，但是之后的学者对该定义持怀疑的态度。目前，学术界对于核心通货膨胀的定义至今还没有准确统一的说法，对核心通货膨胀定义分类也有着不同的说法，最常见的一种分类方式就是按照 Roger(1998)对核心通货膨胀估算方法来分类。Roger(1998)将核心通货膨胀估算方法分为两类：一类是时间序列方法，一类是项目排除法，这两类估算方法分别源自对核心通货膨胀不同的定义基础，第一种方法是将核心通货膨胀定义为“持续性的通货膨胀”，第二种方法将核心通货膨胀定义为“一般性的通货膨胀”，这两种不同的定义方式又是根据对通货膨胀定义的不同而做出的。

第一种将核心通货膨胀定义为“持续性的通货膨胀”的理论源自 Friedman(1963)对通货膨胀的理解。Friedman 认为通货膨胀是一般价格水平的持续上升，他特别强调了“稳定的通货膨胀”和“间歇的通货膨胀”之间是存在区别的，稳定的通货膨胀中存在一个持续性稳定的比率，这种类型的通货膨胀中存在的稳定和持续的部分是可以预期的，是良性的，而间歇通货膨胀中存在的是冲击和临时性的波动，这部分通货膨胀由于是难以预期的，因而是不良性的。Friedman 对稳定的通货膨胀这部分定义与核心通货膨胀的本质是一样的，均是将暂时的冲击导致的这部分临时价格变动剔除出居民消费价格指数。也就是说 Friedman 定义里长期持续的通货膨胀也就是我们第一类定义的核心通货膨胀。

与 Friedman 对稳定性通货膨胀的定义相类似的还有 Laidler，Parkin(1975)，他们认为通货膨胀是一种持续性的物价上涨，或者说一种持续性的货币贬值过程，他们对核心通货膨胀概念界定也是基于这种对通货膨胀的理解，他们将通货膨胀中稳定的长期趋势和间歇临时性的部分区别开来，并认为物价中的一般趋势反映的是持续性的部分。在这种框架体系下面，该类核心通货膨胀的公式可以表达为：

$$\pi_t = \pi_t^* + x_t \tag{2-4}$$

式中，π_t 为居民消费价格指数，π_t^* 为通货膨胀中持续性趋势的部分，也就是核心通货膨胀，x_t 为通货膨胀中暂时的冲击部分。当然按照式 2-4 简单将通货膨胀分为核心通货膨胀和冲击部分这样的分法还比较粗略，因为从公式中无法看出暂时性通货膨胀和核心通货膨胀的决定因素。

从这种定义衍生开来的核心通货膨胀有不同的估算方法，因为持续性的通货膨胀是从时间序列的角度，纵向地将通货膨胀中趋势性的部分分离出来，根据某些经济变量中的特定关系，可以做到这一步。例如，以菲利普斯曲线和奥肯定率为基础的结构向量自回归法（Quah，Vahey，1995，赵昕东，2008），基于新凯恩斯动态理论的动态一般均衡法（Mankiw，Reis，2003）等。

第二种将核心通货膨胀定义为“一般性的通货膨胀”的说法来源于 Okun（1970）和 Flemming（1976），这类研究者将核心通货膨胀认作是物价的一般性变动，其中 Okun（1970）称核心通货膨胀为“一般性的物价上升”，Flemming（1976）称核心通货膨胀为经济中一般价格水平比率的变动。他们对于一般性通货膨胀的理解为各种商品普遍性价格的上涨而不是某一种或某一类别的商品服务价格上涨，这种定义法与最初核心通货膨胀估算时，剔除食品和能源等波动较大商品的思路是一致的。基于这种定义，也产生了最经典的核心通货膨胀估算方法，也就是项目剔除法，该方法将编制通货膨胀指数时的一揽子商品中波动较大的商品剔除，留下价格水平平稳的商品，然后对剩余商品价格进行加权，Bryan，Cecchetti（1994）认为在剔除价格波动比较大的商品时，可以根据某个时点上商品价格的涨跌幅来排序，剔除掉在某个百分比下涨幅最大和降幅最大的商品。

侯成琪，龚六堂（2013）将核心通货膨胀的定义分为 3 类，除去以上这两类，还有一种将核心通货膨胀定义为“福利损失”的这部分。根据 Wynne（2008）的说法，当局反对通货膨胀的主要原因在于，对整个社会来说，通货膨胀由于会扰乱经济活动的协调性，并会妨碍到法定货币在市场中的交易和使用，因而是有成本的。基于这种说法，侯成琪，龚六堂（2013）认为，核心通货膨胀可以被定义为使得福利损失的那部分通货膨胀。他们认为传统的持续性通货膨胀和普遍性通货膨胀定义清晰直观，但是基于这两种定义的估算方法完全建立在统计标准上，缺少坚实的理论基础；其次，对于这两类核心通货膨胀的评价没有考虑到在政策决策过程中的应用价值。基于这些理由，他们提出了将核心通货膨胀定义为“福利损失”部分，在这种定义下的核心通货膨胀评价标准为福利水平，哪一种估算方法下的福利损失越小，这种方法就越有效。由于这类核心通货膨胀的度量直接取决于货币理论模型的构建，只有当货币理论模型足够好，能够拟合现实经济运行时，在这种框架下估算的核心通货膨胀才有意义，因此对于模型和数据的要求很高。这种定义的分类方式是一种创新的分类法，补充了核心通货膨胀估算方法的评价标准，具有重要的理论意义。

结合"持续性的通货膨胀"和"一般性的通货膨胀"这两种对核心通货膨胀的定义，我们一般可以认为核心通货膨胀是通货膨胀中的长期成分，表现的是一般的、大部分商品普遍价格上涨的现象。

四、核心通货膨胀的特征

(一)能够反映一般商品的物价变动

核心通货膨胀是通货膨胀的一种度量方法，度量通货膨胀的标题通货膨胀和核心通货膨胀两类指标测度的重点不同，标题通货膨胀主要根据一揽子商品和服务项目价格的波动情况来反映居民日常生活的成本变动，核心通货膨胀剔除了一揽子商品和服务项目中波动较大的项目，表现的是大部分商品普遍的长期的通货膨胀趋势。根据核心通货膨胀的定义，核心通货膨胀为通货膨胀中的长期成分，表现的是一般商品普遍性价格上涨的现象，核心通货膨胀剔除了标题通货膨胀中的临时冲击，反映的是长期的通货膨胀趋势。因此，核心通货膨胀作为通货膨胀的一种度量手段，也具有能够反映一般商品物价波动的基本属性。标题通货膨胀和核心通货膨胀作为通货膨胀的度量方法，在某种程度上都能够反映物价的波动情况，但是核心通货膨胀和标题通货膨胀的区别在于，核心通货膨胀由于剔除了波动性较大的食品、能源项和部分政府价格管制项，反映的是长期的物价趋势，相比标题通货膨胀，对于日常生活中的价格波动可能不如标题通货膨胀那么直观、敏感。

(二)波动性比其他通货膨胀测度指标要弱

通货膨胀有很多度量的方法，一般可分为标题通货膨胀和核心通货膨胀两类。平时我们经常使用的居民消费价格指数、零售商品价格指数、生产者价格指数都属于标题通货膨胀类别，反映的是居民的生活成本变动，而核心通货膨胀是将标题通货膨胀中的短暂、临时冲击剔除掉，反映的是长期、潜在的通货膨胀趋势。从波动性来看，由于居民消费价格指数中这一揽子的商品包括了价格波动性较大的食品和能源项，食品和能源项由于经常受到天气、短暂供求变化等因素的影响，会导致一般标题通货膨胀的变化起伏大。在高通货膨胀时期，核心通货膨胀由于剔除了价格上升幅度大的商品和服务项目，使得指标值要小于居民消费价格指数，在高通货紧缩时期，核心通货膨胀剔除了价格下降幅度大的商品和服务项目，使得指标值要略大于居民消费价格指数。因此，核心通货膨胀整体呈现的价格变化要小于标题通货膨胀，波动性要小于目前现有的通货膨胀测度指标。

也正是由于核心通货膨胀的波动性比较弱这个特征，使得核心通货膨胀能更好地引导居民的通货膨胀预期。公众对于通货膨胀的预期在很大程度上能够影响通货膨胀的走势，Batchelor(1986)认为通货膨胀的预测是对未来的实际通货膨胀的估计。从供求方面来说，当大众认为接下来将会发生通货膨胀上升时，总需求量将会增加，会造成需求方的物价上升，而对应于供给方，将会产生成本推动效应，当预期通货膨胀将会上升，工作人员会要求更高的工资，而厂方认为成本增加，也会提高商品的价格，如果商品价格没有增加，工作人员的工资没有进行及时调整，那么厂方的商品供应量就会减少，从供给方也会造成物价的上升。因此，居民对通货膨胀的预期对于市场的变动是很重要的。相比于居民消费价格指数，核心通货膨胀剔除了暂时的冲击和波动，表现得更为平稳，在高通货膨胀时期，核心通货膨胀剔除了极端严重价格上涨的一些商品服务，显示得比居民消费价格指数要为平稳，将会降低普通民众对于通货膨胀的预期，从而有利于抑制高通货膨胀，而在高通货紧缩时期，核心通货膨胀指数又将会剔除极端价格水平下降的商品和服务，使得整体的通货紧缩水平没有像居民消费价格指数显示的那么严重，从而抑制了普通民众对于高通货紧缩水平的预期，使得情况缓和。因此当我国构建了核心通货膨胀指数体系，定期公布核心通货膨胀指数，并使普通民众能够理解该指标的内涵时，将会稳定居民的通胀预期，降低通货膨胀预期的不确定性，使得经济运行的成本降低，这对稳定未来的通货膨胀水平也是有很大的正面影响的。

(三)表现为长期潜在的物价波动趋势

从核心通货膨胀的产生背景和定义来看，核心通货膨胀反映的是通货膨胀长期、潜在的趋势。该指标测定的是由长期供求关系决定的物价水平变化，因此与普通居民消费价格指数观测的对象有所区别。从居民的直观感受来看，居民消费价格指数等标题通货膨胀要比核心通货膨胀更能贴近居民的日常生活，但是从政策制定的角度来看，核心通货膨胀这种反映物价长期变动趋势的度量方法要比标题通货膨胀的好。居民消费价格指数中的一揽子商品和服务项目包括了食品、能源，其中食品和能源项容易受到外界的临时因素，如天气、局部战争等影响，而食品和能源项在居民消费价格指数中的占比又很重，尤其是食品项，在我国居民消费价格一揽子商品和服务项中占比要超过 30%，因此当食品和能源项价格产生波动时，居民消费价格指数也会随之产生变化，但是这种类型的短暂波动在一段时期后，会自行恢复到正常水平，不需要中央银行采取特殊的货币政策，物价水平在一段时期后会恢复正常。此外，居民消费价格指数的一揽子商品和服务项目中还包括部分政府价格管制的商品，这类商品由于价格受到政府控制，不能反映真实的由供求关系变动导致的通货膨胀情况，只能反映居民对物价的直观感受。

核心通货膨胀的编制剔除了这些临时波动项和部分政府价格管制项目，体现的是长期的物价水平，更能体现全面的、真实的物价水平，这一物价水平的波动与商品和服务的供给需求无关，而与货币的供给需求息息相关，这也是中央银行能够调控的部分。因此核心通货膨胀的该特性，使得它对中央银行政策实施的参考作用要强于传统意义上编制的标题通货膨胀，可以为国家制定正确的经济政策和央行制定正确的货币政策，提供准确的参考信息。

第三节　核心通货膨胀的影响因素

核心通货膨胀是通货膨胀的一种度量方法和手段，核心通货膨胀是通货膨胀中的潜在、长期成分，表现的是一般商品普遍性价格上涨的现象，从理论上来说，通货膨胀的影响因素都能够影响到核心通货膨胀估算值的大小。因此，要找出核心通货膨胀的影响变量，需要先找到通货膨胀的影响变量，但是由于核心通货膨胀与通货膨胀两者的内涵、特征存在着差异，因此核心通货膨胀的影响因素与通货膨胀的影响因素还是有区别的。

西方经济学界将通货膨胀的原因归为需求拉动、成本推动、需求和成本共同作用和结构性原因这 4 类。其中：需求拉动型通货膨胀是指总需求的过度增长超过了现有价格水平下，商品和劳务的总供给量导致了物价的普遍上涨。“需求拉动论”又分为凯恩斯的“需求拉动论”和货币学派的“需求拉动论”。凯恩斯认为，通货膨胀就是在充分就业的前提下，由于货币供应量的增加或者货币流通速度的过快而导致的过度需求拉动一般物价水平上升的情况。货币学派认为，通货膨胀是一种货币现象，当货币量的增长速度比产量增长速度快时就会产生通货膨胀。凯恩斯的“需求拉动论”认为，总需求的过度增加是由于消费、投资和政府支出等原因的过度增加而导致的。货币学派的“需求拉动论”认为，货币数量的增加是导致总需求过剩的本质原因。因此，凯恩斯的“需求拉动论”和货币学派的“需求拉动论”两者的区别在于，货币学派的“需求拉动论”更强调货币供应量的变化对总需求的影响。成本推动型通货膨胀，指的是在总需求不变的情况下，由于工资、租金、利率等生产要素价格的上升，导致产品的成本上升，从而引起物价水平上涨的情况。成本上升一方面由于物耗的增加，另一方面由于人工工资费用的提高超过劳动生产率的增加而导致。产品成本上升的主要原因是存在强大的并对市场价格有操纵能力的团体，如工会、垄断企业及石油输出国等国际垄断组织。需求和成本共同作用型通货膨胀指的是由于需求和成本共同作用而引起的通货膨胀，该理论的支持者认为，在现实生活中，需求推动型的通货膨胀和成本拉动型的通货膨胀是很难区分的，需求拉动导致物价水平上升，从而引发工资成本的增加，发展成为成本推动型的通货膨胀，单纯地将通货膨胀划分为“需求拉动型”或者是“成本推动型”都是片面的。结构型通货膨胀是由于社会经济部门的结构失衡引起的物价上涨。结构性的通货膨胀一般在发展中国家比较常见，表现为3种情况：第一种情况，国内的一些部门对大宗关键产品的需求远大于供给，导致价格持续性的上涨，进而扩散到其他一些部门产品的价格；第二种情况是各部门之间的劳动生产率发展不均衡，其中劳动生产率提高快的部门工资水平上涨快，其他部门的工资也会跟着上涨，导致成本增加，物价上涨；第三种情况开放性经济部门的一些产品由于受到国家市场价格的波动，导致价格上涨，这种价格上涨进而蔓延至非开放经济部门，最终导致一般的物价上涨。

（一）货币供应量

以上这4种类型的通货膨胀影响因素是西方经济学界界定的深层次的、根本性的影响因素。该4类影响因素囊括了通货膨胀所有的产生原因，从实证的角度来说，需求拉动性因素可用消费、政府支出、经济增长、货币供应等类型的指标来表示，成本推动性因素可用工资水平、利率水平等指标来表示，结构性因素可用部门劳动生产率速度等指标来表示。但是本书认为，从核心通货膨胀度量的角度来看，该指标度量的是通货膨胀中的潜在、长期趋势，该指标的目的是为政府货币政策提供参考依据，核心通货膨胀度量出的通货膨胀是由政府的货币政策可控制的那部分价格波动，因而核心通货膨胀的影响因素应该更侧重于货币供给量的变化。因此，本书认为核心通货膨胀的影响因素和通货膨胀的影响因素还是有区别的，上述通货膨胀影响因素的分类不适用于核心通货膨胀，核心通货膨胀的影响因素不能简单地借用通货膨胀的影响因素。从核心通货膨胀的含义、构建目的和通货膨胀的定义来说，本书认为核心通货膨胀的影响因素还是应该立足于货币供应量，即核心通货膨胀的根本影响因素为货币供应量。通货膨胀的定义认为，通货膨胀是由于货币的发行量超过了商品流通的货币需要量导致的物价上涨的情况，从定义中我们可以看到通货膨胀的根本原因只有一个，那就是货币的超发。用过多的货币来购买既定的商品和服务，必然会导致货币的贬值、物价的上涨，从定义来说，货币的供应量变化会影响通货膨胀水平，而了解由于货币供应量引起的通货膨胀也是监控核心通货膨胀指标的目的。因此，本书认为引起核心通货膨胀的根本原因为货币供应量的增加。

（二）利率

由于利息是货币所有者借出货币资金而得到的报酬，是借贷资本的价格，利率也可看作货币的时间价值，而货币供应量的多少可影响到资本的价格和货币的价值。因此，货币供应量对利率有直接的影响。西方的凯恩斯学派认为，在货币政策的传导机制中，货币供给量的变化可以影响利率的变化，从而引起投资的变化，进而影响总需求、产出和物价，当实际货币供给超过均衡货币供给时，就会出现流动性过剩现象，造成通货膨胀；反之就会出现流动性不足，造成通货紧缩，其中，利率为货币政策传导机制中的中枢。沿着货币供应量对市场的作用路径，我们可以看到，通货膨胀的影响因素除了最直接的货币供应量，还有作用路径中的利率变量，利率的变化会导致投资的变化，进而影响到市场上物价水平的变化。因此，利率也是核心通货膨胀的影响因素之一，但是利率和物价之间的关系是正向还是反向，在经济学界一直没有统一的说法。李嘉图认为，利率和物价水平呈反方向变动的关系，持相同观点的还有瑞典学派创始人威克塞尔，他在《利息和物价》中提出了著名的累计过程理论。威克塞尔认为利率和物价的变动关系上，利率是因，物价变动是果，并且只有当利率在一段相当长的时间内，持续地向一个方向变动，物价才会进行反向、累积的变动（宋保庄，2008）；持相反观点的图克认为，根据现实情况来看，在经济快速增长的时期，物价会普遍上升，利率也会上升，而在经济衰退时期，物价水平较低，此时的利率水平也较低。虽然利率和通货膨胀水平的变动方向是否一致，在经济学界还没有明确统一的说法，但是值得肯定的一点是，从货币供应量的影响路径来说，利率的变化是会影响通货膨胀水平的，因此通货膨胀的间接影响因素还包括利率。

(三)股票市场价格

传统的货币主义理论认为，当产出水平和货币流通速度一定时，物价水平的变化仅取决于货币供给量的变化。但随着金融市场的快速发展，该理论适应的环境已发生了变化，在金融市场下，如果新增货币供应量大部分进入虚拟经济而不是实体经济，则很有可能会出现高金融资产价格和低通胀并存的现象，因此股票价格等金融指标均可能成为影响通货膨胀的重要因素，成为预测通货膨胀的先行指标(封思贤，2012)。以往的大量研究表明，股票价格也是影响通货膨胀的重要变量，国内外已有不少学者对股票价格与通货膨胀两者的关系进行研究。靳云汇，于存高(1998)通过回归分析得出股票价格和通货膨胀呈反向关系，刘金全，王风云(2004)通过GARCH 模型来检验通货膨胀和股票市场的关系，得到两者存在负相关关系，孙求华(2012)通过格兰杰得出股票价格的上升会微弱加剧通货膨胀的上升。因此，在金融市场背景下，通货膨胀的影响因素还有股票价格。但是在货币政策的传导机制中是否会将股票市场作为一个中介变量，再来影响通货膨胀，在目前的研究结论中还不是很明确。易纲，王召(2002)认为，货币数量与通货膨胀的关系不仅取决于商品和服务的价格，而且一定意义上取决于股市；万解秋，徐涛(2005)认为，货币供应量对股票市场有一定的影响，但是影响程度不大；薛永刚(2008)认为，货币供应量和股票价格是否存在关系取决于选取的指标变量，其中货币供应量指标 M_2 可以影响股票价格，但是 M_1 不可以，股票价格可以影响 M_1，但是不能影响 M_2。因此，根据现有的文献，我们无法确定在货币供应量影响通货膨胀的路径中，股票价格是否为其中一项中介变量，我们只能得出股票价格是通货膨胀影响因素之一这样的结论。

(四)汇率

金融市场作为一个整体，其中的各项金融变量是相互作用、相互影响的，因此在金融市场中，利率、股票价格也与汇率有着密切的关系，这些金融变量可以互相影响彼此间的变动大小及方向，从而汇率可以直接或间接通过利率和股票价格来影响通货膨胀。在许多学者的实证研究中，也发现汇率是通货膨胀的影响因素之一，如 Goldberg，Knetter（1997）的研究中发现，外部冲击对于通货膨胀的传递效应要远远小于 1，这表明价格的调整往往要小于汇率的冲击。Mc Carthy（2007）使用向量自回归模型检验了汇率和进口商品价格对国内制造品和消费品价格的影响，结果得到汇率对通货膨胀有着一定适度的影响。Leigh，Rossi（2002）研究得到汇率对价格的影响将会在一年后才会结束。金山，汪前元（2012）运用向量自回归模型研究了我国汇率、石油价格和进口价格对通货膨胀的影响，研究表明，汇率对我国 CPI 的传递效应不高。刘元春（2008）通过建立向量自回归模型对国际原油价格、国际大米价格、人民币汇率、外汇储备、GDP 产出缺口、利率、上证综合指数和房地产开发景气指数和通货膨胀的关系进行分析，结果得到国际大米价格、汇率、外汇储备和上证指数对通货膨胀的影响显著，并且汇率和通货膨胀的变动是同方向的。因此，无论从理论解释上，还是从以往文献的实证研究来看，我们都可以认为汇率是通货膨胀的影响因素之一。从汇率的定义来看，汇率是一个国家货币和另外一个国家货币的兑换比率，也可看作为一个国家的货币对另一个国家货币的价值，当国外货币的价值不变，国内由于货币供给量的变化而引起货币价值变化，自然会导致汇率的变化，从定义上看，货币供应量的变化会直接导致汇率的变化，而汇率又可直接或间接地影响通货膨胀。因此货币政策的传导路径中，汇率也可作为中介变量来影响通货膨胀。

本书梳理了核心通货膨胀的影响因素，包括货币供应量、利率、汇率和股票价格。图 2-5 为这 4 类影响因素对核心通货膨胀的作用路径图。

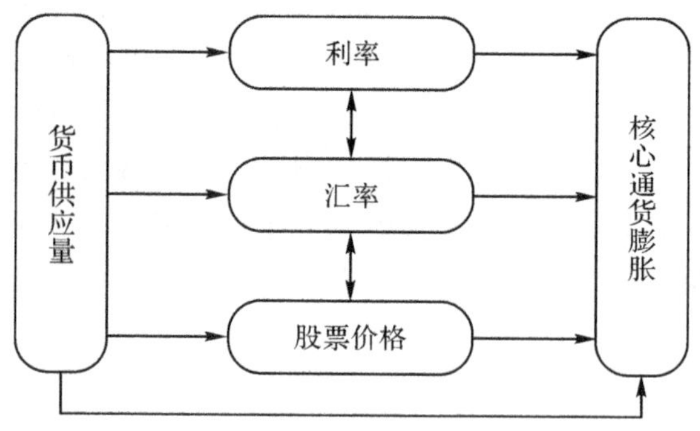

图 2-5 核心通货膨胀的影响因素作用路径图

在很多的理论研究中，学者们认为通货膨胀的预期会影响通货膨胀的实际走向。持这种观点的学者主要认为，通货膨胀的预期值就是未来通货膨胀实际值的估计，当居民认为接下去会发生通货膨胀或通货紧缩时，他们会使用投资、消费、储蓄等经济行为来使接下去的物价水平沿着之前的预期发生。但是，本书没有采用未来的通货膨胀预期作为核心通货膨胀水平的影响因素，原因有以下几方面：首先，通货膨胀的预期多半是居民或专家依据现实物价水平作出的主观性趋势判断，这种趋势性判断的主要参考标准是日常生活的物价水平，依据日常生活物价水平作出的通货膨胀趋势判断更符合标题通货膨胀的趋势，而核心通货膨胀测度的是潜在的长期通货膨胀水平，用标题通货膨胀的趋势来预测核心通货膨胀的趋势势必会造成偏差。其次，本书实证主要进行的是核心通货膨胀的估算与预测，本书的立意就在于通货膨胀的预测，用通货膨胀的预期来进行预测，这就陷入了一个循环，虽然通货膨胀的预期和核心通货膨胀包含的内容不一样，通货膨胀的预期更侧重日常生活的物价直观感受，核心通货膨胀更侧重长期、潜在、直接观测不到的通货膨胀，但是两者在内容上也有重复交叉的部分。因此本书认为用通货膨胀预期来预测核心通货膨胀不合适。最后，目前获得通货膨胀预期值最常使用的是统计调查法，该方法从进行调查到获得最终的预期结果存在一定的滞后性，而另有一些学者使用以往的居民消费价格指数来替代或估算通货膨胀预期，虽然满足了前瞻性，但是指标的准确性有所下降，因此要采用一个不准确的度量指标来作为自变量预测核心通货膨胀也是不严谨的。基于以上理论，本书最终没有采用通货膨胀预期来作为核心通货膨胀的影响因素。

从上文的通货膨胀影响因素梳理中，我们可以发现，通货膨胀可以测度的影响因素主要有货币供应量、工资成本、经济增长、利率、股票市场价格、汇率、通货膨胀预期等，核心通货膨胀作为通货膨胀的度量指标，与通货膨胀的影响因素既有联系又有区别。本书认为，立足于金融市场，核心通货膨胀的影响因素主要包括货币供应量、利率、股票市场价格和汇率这4类。

第三章　核心通货膨胀的估算方法

通过对文献的梳理，我们按照汤丹，赵昕东(2011)的分法，将核心通货膨胀的估算方法分为两类：一类是统计类方法，主要有剔除法、有限影响估计法、方差加权价格指数法、平滑法；一类是基于计量模型的方法，主要有动态因子指数(DFI)模型、结构向量自回归(SVAR)模型、持续性加权法和基于各部门新凯恩斯菲利普斯曲线等方法。本书接下来将对这些方法中存在争议的或需要详细阐释的方法进行介绍并评述。

第一节　已有核心通货膨胀估算方法的介绍及评述

一、已有核心通货膨胀估算方法的介绍

(一)项目剔除法

项目剔除法是目前最常用最经典的一种核心通货膨胀估算方法，由于能源出口波动或季节等因素往往会使居民消费价格中的某些商品或服务价格受到冲击，造成标题通货膨胀的波动，这个时候，核心通货膨胀就会剔除掉这些价格波动性大的商品留下价格长期稳定的商品。目前虽然很多国家都在编制该指数，但是根据每一个国家不同的国情，对于剔除的项目也有所区别。最常见的剔除项目是食品和能源，美国、荷兰、加拿大等国的核心通货膨胀均是剔除这些项目，这种类型的项目剔除法由于使用得最普遍，使用的时间也最长，成为人们心中公认的剔除法，但是也有国家剔除不同的项目。例如，英国、法国、澳大利亚等国还将利息支付、政府控价项目或间接税作为剔除项目，这些国家将这些项目作为剔除项是从货币政策的角度出发考虑的。由于考虑到住房支出在居民消费中的占比很大，而按揭

贷款的利息成本即抵押利息，受到利率的影响很大，当国家采取提高利率的措施以抑制通货膨胀时，这时抵押利息反倒增加，这就会导致包括抵押利息项目的通货膨胀增加，可能会出现通货膨胀不降反而上升的情况，会干扰政策的效果评价，因此一些国家将利息支付项目剔除出核心通货膨胀。同样地，政府管制价格的商品和间接税也会出现相似的情况，它们的变化主要受到政府价格政策和税收政策的影响，而不是货币政策的影响。因此为了更好地排除出这些项目的干扰，有些国家在估算核心通货膨胀时，会把这些项目剔除掉。如表 3-1 所示是不同国家采用剔除法估算核心通货膨胀时的剔除项目。

表 3-1 各国项目剔除法估算核心通货膨胀时的剔除项目

国家及地区	剔除项目	国家及地区	剔除项目
美国	食品、能源	希腊	食品和燃料
加拿大	食品、能源、间接税	新西兰	政府控制价格的项目、利息、信用卡费支出
英国	零售物价指数剔除抵押贷款利息支出	新加坡	私人交通、住宿费用
日本	生鲜食品	泰国	生鲜食品、能源
智利	价格上涨最大的 8% 商品和价格下跌最大的 20% 商品项	哥伦比亚	农产品、公共服务、交通费
德国	间接税	西班牙	未加工食品和能源、抵押利息
葡萄牙	未加工食品和能源	荷兰	水果、蔬菜、能源
爱尔兰	抵押贷款支出、食品、能源	以色列	政府控制价格商品、蔬菜、水果、居住
芬兰	居住成本、政府补贴、间接税	比利时	能源、土豆、水果、蔬菜
澳大利亚	按一定权重对鲜果蔬菜、肉和海鲜、政府提供住宅、衣着、医药、烟酒、保健服务、汽车燃料、邮政电话服务、假日旅游、抵押贷款利率、地方政府税、民用燃料、教育、婴儿护理、消费信贷利率这些项目进行扣除	秘鲁	9 项价格不稳定项目(食物、蔬菜、水果、市内交通支出等)剔除项占 CPI 比重约 21.2%
欧元区	未加工食品和能源		

注：资料来源于 Bryan，Cecchetti(1999)，并根据各国的官方统计机构进行补充。

剔除法核心通货膨胀的估算是基于加权算术平均理论计算的。下面本书将以剔除食品项为例，给出核心通货膨胀的计算过程。

假设以上一年为对比期的消费价格指数为 K，构成居民消费价格指数的 8 大类分享价格指数为 k_1 ，k_2 ，k_3 ，k_4 ，k_5 ，k_6 ，k_7 和 k_8 ，其对应的分项权重分别为 f_1 ，f_2 ，f_3 ，f_4 ，f_5 ，f_6 ，f_7 和 f_8 ，于是，按照加权算术平均计算的消费价格指数为：

$$K = \frac{f_1k_1 + f_2k_2 + \cdots + f_8k_8}{f_1 + f_2 + \cdots + f_8} \tag{3-1}$$

式中，$f_1 + f_2 + \cdots + f_8 = 1$。假设食品为第一类，那食品的价格指数为 k_1 ，权重为 f_1 ，将食品剔除，那么剩下的 7 大类权重 f_i' 为：

$$f_i' = f_i \times \frac{f_i}{f_2 + f_3 + \cdots + f_8} \tag{3-2}$$

扣除食品价格指数的消费价格指数 k^* 为：

$$K^* = \frac{f_2k_2 + f_3k_3 + \cdots + f_8k_8}{f_2 + f_3 + \cdots + f_8} \tag{3-3}$$

式(3-3)中的分子是 $K - f_1k_1$，分母是 $1 - f_1$，于是有 $K^* = \frac{K - f_1k_1}{1 - f_1}$，由于 $K^* = \frac{K - f_1k_1}{1 - f_1} = \frac{K - f_1(K - K + k_1)}{1 - f_1}$ ，也即 $K^* - K = -\frac{f_1}{1 - f_1}(k_1 - K)$ ，从这我们可以看出核心通货膨胀价格指数和消费价格指数的差值取决于 $k_1 - K$ ，也即食品价格指数和消费价格指数的差值，$\beta = -\frac{f_1}{1 - f_1}$ 表示食品类价格指数和消费价格指数的偏离幅度，我们一般称之为 β 修正系数。该项修正系数小于零，也符合反向修正机制，当食品价格上涨较大，总价格指数上升，在核心价格指数计算时，β 修正系数会反向向下修正价格指数，使得核心通货膨胀指数比消费价格指数小，而当食品价格指数下降时，消费价格指数也会下降，同时核心消费价格指数会受到 β 修正系数的向上修正价格指数，使得核心通货膨胀指数比消费价格指数略大一些，从而降低消费价格指数的波动性，反映实际的居民消费水平。与后来产生的估算方法比，剔除法运算简单，涵义明确，具有历史数据不变性，但是如何选择剔除项和剔除比例，以及项目的剔除是否会去掉通货膨胀指数中一些有用的信息，这些问题都随着理论的发展成熟而受到了质疑。但是出于实用性的考虑，项目剔除法仍是目前使用最广泛的方法。

(二)有限影响估算法

有限影响估算法的产生源于学者对传统消费价格指数截面数据分布的新发现，Bryan，Pike(1991)、Bryan，Cecchetti(1994)发现现实生活中的价格指数变动程度的概率分布并不是接近正态分布的，而是高度偏分的，因此采用加权均值计算的消费者价格指数并不是反映通货膨胀整体趋势的有效估计，而加权中位数法或修削均值法可能会更有效。Ball，Mankiw（1995）采用的生产者定价模型为实际生活中价格指数变动程度的概率分布呈高偏分提供了理论解释，分析表明价格变动中处在概率分布中间的价格变动反映了长期的通货膨胀，而处于概率分布两端的价格变动主要由外来冲击导致。针对该消费价格指数的分布情况，Bryan 和 Cecchetti（1994）提出了修削均值法和加权中位数法，本质上加权中位数法可以看作修削均值法的一种特殊情况。修削均值法的计算过程是通过分析价格变动的横截面数据，对波动的大小排序，选取最适合的修削值，然后将价格变动中极端的价格指数剔除，再对处于概率分布中间的价格指数进行加权计算，最后得到核心通货膨胀的终值。具体来说，计算过程包括以下几步：

首先，对组成消费者价格指数的分项价格指数样本按照波动性进行排序，记为 $\{x_1, x_2, \cdots x_n\}$，对应的权重为 $\{w_1, w_2, \cdots w_n\}$。

接下来，计算从第 1 项到第 i 项的累积权重，为 $W_i = \sum_{j=1}^{i} w_j$，其中 w_j 表示经过波动性大小排序后第 j 项的权重。

然后选择合适的修削值 α，并对样本进行重新设定，其中 $1 - \frac{\alpha}{100} > W_i > \frac{\alpha}{100}$。

最后计算核心通货膨胀，$x^* = \frac{1}{1 - 2\frac{\alpha}{100}} \sum w_i x_i$，当 α 为零时，就是普通的未剔除波动价格的加权平均法。另外，应该说明的是，α 不一定是对称取值的，可以根据分布情况对两侧进行不同权重的修削。如表 3-2 所示是一个简单算例，描述了修削均值法和加权中位数法。

表 3-2 中先对构成价格指数的 6 类商品价格按照波动性排序，然后赋予相应的权重，当决定采用 10％的修削比例时，两端商品的权重经过调整，第 1 类调整为 0，第 2 类调整为 5％，第 3 类—第 5 类，保持原有权重不变，第 6 类调整为 20％，再计算最终的加权平均值得到核心通货膨胀，其中加权中位数法根据插值法计算，先根据累积权重找到中间值所在的项目为 E，再按照公式计算，其中 0.7 为 E 项目的累积权重，0.5 为总权重的二分之一，0.4 为向上累积时上一组的权重，2.5 为上一组的数值。

表 3-2 有限影响估算法估算核心通货膨胀的简单算例

商品代码	A	B	C	D	E	F
波动性排序	0.5	1	1.5	2.5	3	5
权重	0.05	0.1	0.05	0.2	0.3	0.3
累积权重	0.05	0.15	0.2	0.4	0.7	1
修削 10%	0	0.05	0.05	0.2	0.3	0.2
加权中位数法计算	3－(3－2.5)×(0.7－0.5)/(0.7－0.4)＝2.67					
方差修削均值法计算	(0.5×0＋1×0.05＋1.5×0.05＋2.5×0.05＋2.5×0.2＋3×0.3＋5×0.2)/(1－0.2)＝3.16					

有效影响估算法也是常用的核心通货膨胀估算方法，表 3-1 为国家官方统计部门公布的项目剔除法，而在央行内部有不少国家采用有效影响法计算核心通货膨胀以作参考，如新加坡、加拿大、美国、英国采用中位数加权法和 15%修削均值法，泰国采用 10%修削均值法，在这里修削值 α 的比例非常关键。如何确定该修削值，Tahir(2003)在估算巴基斯坦的核心通货膨胀时提到他是根据最小均方根误差来确定 α 修削值，也就是计算不同 α 修削值下的核心通货膨胀与趋势通胀率之间的均方根误差，其中趋势通胀率是按 12 个月中心移动加权来计算的，采用均方根误差最小时的 α 修削值。此外修削值 α 并不一定需要对称取值，可以根据数据的具体分布情况采用不对称的修削或者单侧修削。Figueiredo(2001)，Lafleche(1997)和 Hogan(2001)的研究均发现，由于价格变动的概率分布呈现不对称性，使得对称修削的结果大部分都低于消费价格指数，而解决这个问题的方法可以采用不对称修削。Bryan，Cecchetti(1994)在对巴西的数据进行计算时认为最有效的修削值 α 为 24%，也就是上端一侧修削 9.6%，而下端一侧修削 14.4%。单侧修削法也是这种不对称修削法的特殊情况，龙革生、曾令华等(2008)在计算我国 2001—2007 年核心通货膨胀时，采用了 10%、20%和 30%的 3 种比率，进行了对称和不对称的比较，得出结论 30%的单侧修削法最为合适。因此具体采用多少的修削比例和是否对称修削要具体视数据的分布情况而来。

(三)方差加权指数法

除了剔除法和有效影响估算法外，基于统计方法的核心通货膨胀估算方法还有方差加权指数法。该方法是由 Dow(1994)最早提出的，当时他称这种指数为方差加权价格指数，此后 Diewert(1995)在研究中称这种指数为新艾奇渥斯指数(Neo-Edgeworth index)。考虑到剔除法和有效影响估算法都是将波动性大的价格指数剔除一部分，对于这类剔除项目的价格指数赋权为零。也就是说，在得到的核心通货膨胀指数中不包含这部分项目的价格信息，但是在食品和能源及其他被剔除项目中可能会含有潜在有用的信息，而这部分信息可能会与长期的通货膨胀趋势有关。基于这个原因，方差加权价格指数应运而生。方差价格指数基于的理论假设为：在价格变动的概率分布中，靠近中间分布的价格变动反映的是总体的价格水平，而在概率分布两端的价格变动主要是由外来的短暂冲击造成的，该理论假设与有限影响估算法的理论假设相类似。基于这样的理论假设，方差加权指数法并不剔除某些信息，而只是给每个分项价格赋予一定比例的权重，其中对价格波动大的价格指数赋予较小的权重，而对价格波动小的赋予较大的权重，用公式可以表示为：

$$w_i = \frac{1/\sigma_i^2}{\sum_{i=1}^{n} 1/\sigma_i^2} \tag{3-4}$$

$$\mathrm{K} = \sum_{i=1}^{N} k_i w_i \tag{3-5}$$

式中，σ_i^2 为第 i 类商品的方差，k_i 为第 i 类商品的价格指数。

基于同样的理论，*Figueiredo*(2001)提出了一种双倍加权法来估算核心通货膨胀，这种估算方法的理论基础和估算思路基本与普通方差加权价格指数法一致，只是在原有加权的基础上多了一个加权过程，权重为商品的消费权重。具体计算表示为：

$$w_i^* = \frac{w_i * c_i}{\sum_{i=1}^{n} w_i * c_i} \tag{3-6}$$

$$\mathrm{K} = \sum_{i=1}^{N} k_i w_i^* \tag{3-7}$$

式中，c_i 为第 i 类商品的消费权重，w_i 表示按波动性倒数赋予的权重。

(四)结构向量自回归法

结构向量自回归(SVAR)法是使用计量建模方法的一种核心通货膨胀估算方法，该方法拥有上述统计核心通货膨胀估算方法所没有的宏观经济理论基础。Quah，Vahey(1995)首次提出了结构向量自回归方法来计算核心通货膨胀，该方法以垂直的长期菲利普斯曲线和货币长期中性理论为基础，将观测到的通货膨胀冲击分为两部分：一部分是核心通货膨胀冲击；一部分是非核心通货膨胀冲击，这两类冲击相互独立，不相关，其中核心通货膨胀的冲击会对实际产出造成长期的影响，而非核心通货膨胀冲击不会对实际产出造成长期的影响。结构向量自回归模型是在向量自回归模型的基础上施加约束条件，对其进行结构化的一种方法，由于向量自回归方法没有给出变量之间的相关关系，而这部分相关关系隐藏在误差项的相关关系结构中，使得向量自回归模型的误差项可能会存在较强的相关性，最终导致脉冲响应函数的经济意义不清晰（Enders，2004；赵昕东，2008）；如果需要区分不同的冲击影响，则需要对向量自回归模型的误差进行结构性分解，Blanchard，Quah（1989）提出了对向量自回归模型施加基于经济理论的长期约束，对其进行结构化的方法，也就是结构向量自回归法。

Quah，Vahey（1995）建立了包括产出变动和通货膨胀的二变量结构向量自回归法，长期约束为长期的总需求对产出没有影响，在该约束条件下，将通货膨胀分为核心通货膨胀和暂时性的通货膨胀。具体模型为：

$$\begin{bmatrix}\Delta y_t\\ \Delta\pi_t\end{bmatrix}=\begin{bmatrix}S_{11}(L) & S_{12}(L)\\ S_{21}(L) & S_{22}(L)\end{bmatrix}\begin{bmatrix}v_{1t}\\ v_{2t}\end{bmatrix} \tag{3-8}$$

式中，y_t 为实际产出，π_t 为通货膨胀，Δy_t 和 $\Delta\pi_t$ 分别为实际产出和通货膨胀的一阶差分项序列，v_{1t} 为总供给冲击，v_{2t} 为总需求冲击，v_{1t} 反映了由于技术进步和知识积累等原因造成的生产率提高，v_{2t} 反映了政府支出变化和货币供给的变化等，$S_{ij}(L)$ 是滞后算子多项式：

$$S_{ij}(L)=\sum_{k=0}^{\infty}S_{ij}^{(k)}L^k \tag{3-9}$$

式中，$S_{ij}^{(k)}$ 表示 $t-k$ 期的第 j 种冲击对 i 变量的影响程度。

在 Quah，Vahey（1995）的长期约束中认为总需求对产出没有影响，因此 $S_{12}(L)=0$，核心通货膨胀的变化 $\Delta\pi_t^{core}$ 为 $S_{21}(L)v_{1t}$。

赵昕东（2008）认为，Quah，Vahey（1995）将受到的供给冲击影响作为核心通货膨胀是不恰当的，应该把排除了个别商品价格临时波动后的供给和需求部分作为核心通货膨胀部分。基于该理由，赵昕东（2008）在 Quah，Vahey（1995）的基础上，建立了包括通货膨胀、食品和产出的三变量结构向量自回归模型，根据约束条件公式 $k\times(k-1)/2=3$，提出了 3 项长期约束条件，即供给冲击对产出的长期影响为零，需求冲击对产出的长期影响为零和食品价格对长期通货膨胀的影响为零。模型的形式：

$$\begin{bmatrix}y_t\\ \pi_t^f\\ \pi_t\end{bmatrix}=\begin{bmatrix}S_{11}(L) & S_{12}(L) & S_{13}(L)\\ S_{21}(L) & S_{22}(L) & S_{23}(L)\\ S_{31}(L) & S_{32}(L) & S_{33}(L)\end{bmatrix}\begin{bmatrix}v_{1t}\\ v_{2t}\\ v_{3t}\end{bmatrix} \tag{3-10}$$

式中，y_t 为产出同比增长率、π_t^f 为食品价格同比增长率，π_t 为价格水平的同比增长，v_{1t} 为总供给冲击，v_{2t} 为暂时冲击，v_{3t} 为总需求冲击，$S_{ij}(L)$ 是滞后算子多项式，在这 3 项长期约束下，$S_{12}(L)=0$，$S_{13}(L)=0$，$S_{23}(L)=0$。

赵昕东(2008)的方法与 Quah，Vahey(1995)的方法相比，区别在于采用的是原序列建模法，最后可以直接估算出核心通货膨胀序列。因此相比于 Quah，Vahey(1995)的一阶差分结构向量自回归模型，测度的是核心通货膨胀的变化量而不是核心通货膨胀的本身序列，赵昕东(2008)的方法更有实际意义。结构向量自回归模型的建模要求为原序列平稳，而赵昕东(2008)的年度序列数据显示又正好平稳，但对于常规的月度数据经过检验后，我们往往会发现原序列是不平稳的。通常来说，月度数据的计算更具有时效性，数据量更大模型构建也越准确。因此，月度核心通货膨胀的估算比年度核心通货膨胀的估算更有意义。针对这种情况，许志宏(2008)通过一阶差分结构向量回归建模后，核心通货膨胀是总通货膨胀的无偏估计来进行估算。由于本书在实证过程中使用该方法对我国核心通货膨胀进行了估算，因此接下来将对该方法进行详细介绍。

许志宏(2008)建立了包括产出、食品价格指数和通货膨胀的三变量 SVAR 模型，将通货膨胀分解为长期趋势部分和暂时部分，其中长期趋势部分也即核心通货膨胀包括由供给和需求决定的趋势部分，而暂时通货膨胀则是由食品价格为代表的暂时冲击引起的成分。在对原序列进行稳定性检验时，发现原序列不满足稳定性要求。因此，对原序列的一阶差分建立结构向量子自回归模型，模型如下：

$$\begin{bmatrix}\Delta y_t\\ \Delta\pi_t^f\\ \Delta\pi_t\end{bmatrix}=\begin{bmatrix}S_{11}(L) & S_{12}(L) & S_{13}(L)\\ S_{21}(L) & S_{22}(L) & S_{23}(L)\\ S_{31}(L) & S_{32}(L) & S_{33}(L)\end{bmatrix}\begin{bmatrix}v_{1t}\\ v_{2t}\\ v_{3t}\end{bmatrix} \tag{3-11}$$

式中，产出同比增长率(y_t)、食品价格同比增长率(π_t^f)和 CPI(π_t)的一阶差分均为平稳序列，v_{1t} 为总供给冲击，v_{2t} 为暂时冲击，v_{3t} 为总需求冲击，$S_{ij}(L)$ 是滞后算子多项式：

$$S_{ij}(L)=\sum_{k=0}^{\infty}S_{ij}^{(k)}L^k \tag{3-12}$$

$S_{ij}^{(k)}$ 表示 $t-k$ 期的第 j 种冲击对 i 变量的影响程度，其中总供给冲击与总需求冲击的含义与 Quah 和 Vahey 在两变量模型中的定义相同，暂时冲击反映了天气变化、自然灾害等造成的冲击。

可以写成 $X_t = S(L)v_t = \sum_{k=0}^{\infty} S^{(k)} L^k v_{t-k}$

$S(L)$ 与 v_t 是无法直接观测的，但可以通过以下步骤估计得到。首先，估计非限制的向量自回归(VAR)模型：

$$\begin{bmatrix} \Delta y_t \\ \Delta \pi_t^f \\ \Delta \pi_t \end{bmatrix} = \begin{bmatrix} \Phi_{11}(L) & \Phi_{12}(L) & \Phi_{13}(L) \\ \Phi_{21}(L) & \Phi_{22}(L) & \Phi_{23}(L) \\ \Phi_{31}(L) & \Phi_{32}(L) & \Phi_{33}(L) \end{bmatrix} \begin{bmatrix} \Delta y_{t-1} \\ \Delta \pi_{t-1}^f \\ \Delta \pi_{t-1} \end{bmatrix} + \begin{bmatrix} \varepsilon_{1t} \\ \varepsilon_{2t} \\ \varepsilon_{3t} \end{bmatrix} \tag{3-13}$$

可以表示成简化式：

$$X_t = \Phi(L) X_{t-1} + \varepsilon_t \tag{3-14}$$

式中，非限制 VAR 模型是通过对各方程使用最小二乘法估算而来的(Enders，2004)。

将该非限制 VAR 模型转换成移动平均形式：

$$\begin{bmatrix} \Delta y_t \\ \Delta \pi_t^f \\ \Delta \pi_t \end{bmatrix} = \begin{bmatrix} C_{11}(L) & C_{12}(L) & C_{13}(L) \\ C_{21}(L) & C_{22}(L) & C_{23}(L) \\ C_{31}(L) & C_{32}(L) & C_{33}(L) \end{bmatrix} \begin{bmatrix} \varepsilon_{1t} \\ \varepsilon_{2t} \\ \varepsilon_{3t} \end{bmatrix} \tag{3-15}$$

该移动平均形式可以表示为 $X_t = C(L)\varepsilon_t$ ，根据 $X_t = C(L)\varepsilon_t = S(L)v_t$ ，我们可以得到 $C(L)\varepsilon_t = S(L)v_t$ ，而 $C(0) = I_3$ ，我们可以得到 $\varepsilon_t = S(0)v_t$ 。

针对上一步骤的非限制 VAR 模型，我们施加 3 个长期约束：总需求冲击与暂时冲击不影响长期的产出变化，总需求冲击不影响食品价格的长期变化，这里的不影响长期的某个变量的变化是指在长期内对这个变量的累积影响为零。根据 3 个约束，我们得到 $S_{12}(L) = 0$，$S_{13}(L) = 0$，$S_{23}(L) = 0$。

接下来这一过程的计算我们可以在 Eviews 中得到，软件中的 Long-run response pattern 矩阵为 $S(L)$ 矩阵，$Ae = Bu$ 中，e 即为 ε_t ，B 即为 $S(0)$，根据 $\varepsilon_t = S(0)v_t$ ，我们可以得到 v_t ，排除暂时冲击对通货膨胀的影响，我们可以得到核心通货膨胀中的变动成分，即为：

$$\Delta \pi_t^{core} = S_{31}(L)v_{1t} + S_{33}(L)v_{2t} \tag{3-16}$$

做到这一步，整个过程和 Quah 与 Vahey 的两变量结构向量自回归步骤基本一致，在得到核心通货膨胀的变化量后，许志宏(2008)依据长期核心通货膨胀的均值和通货膨胀的均值相等，也即核心通货膨胀为通货膨胀的无偏估计量，来对核心通货膨胀的变化量进行调整。首先将核心通货膨胀的变化量逐月累加，然后对累加后的序列均值与通货膨胀的均值差按照公式(3-18)调整，得到最后的核心通货膨胀。

$$\pi_i^{core} = \sum_{k=1}^{i} \Delta\pi_k^{core} \ (i=1\cdots t) \tag{3-17}$$

$$\pi_i^{core} = \pi_i^{core} + (\overline{\pi_t} - \overline{\pi_t}^{core}) \tag{3-18}$$

在赵昕东之后，田新民，武晓婷（2012）建立了供给冲击、需求冲击、货币冲击和食品价格冲击四变量的原序列结构向量自回归模型，根据约束项条件 $k\times(k-1)/2=6$，施加了6项约束条件：货币冲击、需求冲击和食品冲击对产出的累积影响为零，需求冲击和食品价格冲击对货币供应量的累积影响为零，食品价格对通货膨胀的累积影响为零。田新民，武晓婷（2012）四变量的原序列结构向量自回归法基本步骤与之前赵昕东（2008）的计算过程基本一致，在最后根据冲击项和累积影响值乘积和计算核心通货膨胀时，该四变量的结构向量自回归采用了滞后一期的累积影响来计算核心通货膨胀。

（五）动态因子指数法

在某些宏观经济变量中，存在着一些共同的、潜在的、不可观测的部分，而Bryan，Cecchetti（1993，1997）认为核心通货膨胀就是各商品价格指数中共同的、不可直接观测的趋势部分，在Stock，Watson（1988）的研究基础上，Bryan，Cecchetti（1993）提出了采用动态因子（Dynamic Factor Index，DFI）模型来提取通货膨胀中各商品价格的共同趋势部分，也即核心通货膨胀。基于动态因子的计算方法来提取共同的趋势部分估算核心通货膨胀的计算方法一般有3种：一种是将核心通货膨胀的计量模型转换成状态空间模型的形式。采用卡尔曼滤波来估算不可直接观测的核心通货膨胀。一种是采用协整—误差修正模型的调节系数的正交分解法来估算协整向量系统中的共同因子，也即核心通货膨胀。一种是利用Forni等（2000，2005）提出的广义动态因子模型，这3种方法侯成琪，龚六堂（2013）都进行过介绍，其中最常用的估算方法就是第一种状态空间模型，以我国的实际价格指数为例，由于居民消费价格指数包括8个分项价格指数。因此可以用该方法来提取构成居民消费价格指数的8项分项价格指数中的共同趋势部分。具体的模型形式可表示为：

$$\pi_t = \prod\nolimits_t + x_t \tag{3-19}$$

$$\Psi(L)\prod\nolimits_t = \delta + \zeta_t \tag{3-20}$$

$$\Theta(L)x_t = \eta_t \tag{3-21}$$

式中，$\pi_t=[\pi_{1t},\pi_{2t},\cdots\pi_{8t}]'$ 表示8项分类价格指数，Π_t 表示8类分项

价格指数中的共同趋势部分，即核心通货膨胀，称为状态向量，$x_t = [x_{1t}, x_{2t}, \cdots x_{8t}]'$ 为 8 项价格指数的随机扰动项，满足条件Π_t 和 x_t 不相关，Π_t 和 x_t 分别为式 3-20、3-21 的自回归过程，其中 L 表示滞后算子，δ 表示未知常数，ζ_t 和 η_t 为白噪声向量，式 3-20、3-21 简单来表示即为：

$$\Pi_t = \delta + \phi_1 \Pi_{t-1} + \phi_2 \Pi_{t-2} + \cdots + \phi_p \Pi_{t-p} + V_t \tag{3-22}$$

$$x_t = \vartheta_1 x_{t-1} + \vartheta_2 x_{t-2} + \cdots + \vartheta_p x_{t-p} + \eta_t \tag{3-23}$$

由于Π_t 和 x_t 都是直接观察不到的，因此要将上述动态因子模型表示为状态空间模型的形式，见式 3-24、3-25，然后采用卡尔曼滤波来估算Π_t 和 x_t ，其中观测方程由式 3-19 组成，传递方程由式 3-20、3-21 组成。

观测方程为：

$$\pi_t = \mathrm{H}\beta_t \tag{3-24}$$

传递方程为：

$$\beta_t = \mathrm{F}\beta_{t-1} + \varepsilon_t \tag{3-25}$$

赵昕东，汤丹(2012)对具体的估算过程进行过详细介绍。在所有估算方法中，动态因子法是唯一将横向截面数据和纵向时间序列数据结合在一起的估算方法。目前西方有些国家的中央银行开始尝试使用该方法来估算核心通货膨胀，但是由于该方法对于数据的要求很高，需要估计的参数太多，会造成不可识别的问题，在实际应用过程中不太容易推广。也正是基于这些原因，本书并没有采用该方法对我国的核心通货膨胀进行估算。

(六)持续性加权法

Blinder(1997)认为，由于货币政策存在时滞性，因此相对于存在的通货膨胀，中央银行更应该盯住未来的通货膨胀，根据未来通货膨胀实行相应的货币政策。持续性加权法就是依照这思路，按照预测未来通货膨胀的能力对构成消费价格指数的商品价格指数进行赋权。Smith(2007)提出的方法最接近于该思想，该方法的具体表达式为：

$$\pi_{t,t+12} = \alpha + \sum_{j=1}^{J} \beta_j \pi_{t-12,t}^{j} + \mu_t \tag{3-26}$$

式中，$\pi_{t,t+12}$ 为从第 t 期到第 $t+12$ 期的通货膨胀，$\pi_{t-12,t}^{j}$ 为第 j 种商品从第 $t-12$ 期到第 t 期的价格指数，按照 β_j 的大小对各分项商品进行权重的分配。由于对未来通货膨胀预测数据的不明确，现有的研究一般不是根据 Smith(2007)的方法按照对未来通货膨胀的预测能力来对各分项商品进行赋权，而是按照各商品价格各自的持续性进行赋权。具体模型为：

$$\pi_{jt} = \alpha_j + \sum_{i=1}^{q_j} \rho_j^i \pi_{j,t-i} + \mu_{jt} \quad (3\text{-}27)$$

式中，j 表示第 j 类商品，按照我国的实际数据，组成消费者价格指数的分项类为 8 类，则 j 为 8，持续性系数 $\gamma_j = \sum_{i=1}^{q_j} \rho_j^i$，如果 γ_j 小于零，则赋权为 0，最后对按 γ_j 的大小对 8 类分项商品和服务进行赋权，得到分类权重。目前国内还很少有学者对该方法进行研究，王宇，李季（2012）采用该方法对我国的核心通货膨胀进行了计算，本书在使用该方法进行我国核心通货膨胀估算的基础上，对该方法的估算序列进行了检验并与其他方法的估算序列进行比较。

（七）基于多部门新凯恩斯菲利普斯曲线的估算法

侯成琪等（2011）提出了与以往核心通货膨胀假设前提都不同的一种基于多部门新凯恩斯菲利普斯曲线的估算方法，该方法的特别之处在于推翻了以往核心通货膨胀的理论假设基础。在以往的核心通货膨胀估算方法中，都有一个理论假设，即认为：商品和服务价格的变动可以表示为核心通货膨胀和异质性相对价格的变化之和，用公式来表示即为：

$$\pi_t^j = \pi_t^* + x_t^j \ (j = 1, 2, \cdots, J) \quad (3\text{-}28)$$

式中，π_t^j 为第 j 种商品在 t 时期的价格变化，π_t^* 为所有商品在 t 时期的共同变化趋势，也就是核心通货膨胀，x_t^j 为第 j 种商品在 t 时期的异质性相对价格变化。侯成琪等认为，即使是以往的统计方法类的核心通货膨胀估算方法，如项目剔除法也是基于这种假设，他们认为核心通货膨胀与式 3-28 中的异质性价格变化无关，因此，总的 π_t^j 的方差等于 π_t^* 的方差和 x_t^j 的方差之和，x_t^j 的方差越大，则 π_t^j 的方差越大，相应地在核心通货膨胀中的权重就越小，这体现了波动性越大，在核心通货膨胀中占比就越小的思想。侯成琪等认为式 3-28 缺乏理论基础，并且假设核心通货膨胀对所有商品的价格变化具有相同的影响这点是有悖经济直觉的，因此他们在多部门新菲利普斯曲线的基础上，提出了各部门商品价格变化的理论公式：

$$\pi_{jt} = \beta(1 - \lambda^j / \sum_{j=1}^{J} \lambda^j \xi^j) E_t \{\pi_{t+1}^*\} + (\lambda^j / \sum_{j=1}^{J} \lambda^j \xi^j) \pi_t^* + x_{jt} \quad (3\text{-}29)$$

其中：

$$x_{jt} = \beta E_t \{\pi'_{j,t+1}\} + \lambda^j \overline{mc'}_{jt} + \lambda^j (\hat{p}_t - \hat{p}_{jt}) \quad (3\text{-}30)$$

式 3-29 中，前两项为核心通货膨胀及核心通货膨胀的预期导致的商品价格变化，最后一项为第 j 种商品在 t 期的性质相对价格变化，β 为折现因子，$\lambda^{j}\equiv(1-\beta\theta_{j})/\vartheta_{j}$，$\vartheta_{j}$ 为价格粘性指数，ξ^{j} 为第 j 部门生产的商品在总支出中占的比重，π_{t}^{*} 为核心通货膨胀，$E_{t}\{\pi_{t+1}^{*}\}$ 为通货预期，$E_{t}\{\pi_{j,t+1}^{'}\}$ 为第 j 部门的通货膨胀预期，$\overline{mc}_{jt}^{'}$ 为第 j 部门的边际成本缺口，$\hat{p}_{t}-\hat{p}_{jt}$ 为部门价格缺口。从式 3-29、3-30 中，我们可以看出计算核心通货膨胀需要估算出部门商品价格变化，部门价格缺口，核心通货膨胀的预期，所有部门共同的边际成本缺口。估算核心通货膨胀的计量经济模型系统包括了 17 个方程，9 个不可观测变量，侯成琪等使用了两阶段法和稳态权重法来估计模型，得到了核心通货膨胀序列，经过检验，认为这两种方法估算得到的核心通货膨胀序列均是有效的。

二、已有核心通货膨胀估算方法的评述

（一）SVAR 法和基于各部门新凯恩斯菲利普斯曲线方法的理论性更强

从理论上定性地来比较这几种方法，这几种方法中，SVAR 法是以垂直的长期菲利普斯曲线和货币长期中性理论为基础，侯成琪等（2011）的方法将新凯恩斯菲利普斯曲线推广到各部门，并以此作为方法的理论基础，从理论性也就是宏观的经济背景支撑上，这两种方法的理论意义较强。统计类的方法其主要思路还是将观测到的通货膨胀中，波动性强的项目赋予较小的权重或将其剔除，按照波动性来分配各分项权重，如项目剔除法、有效影响估算法、方差加权价格指数法等，此类方法更偏向于经验性的实际操作，而缺乏相应的理论基础。

（二）统计类的方法更易理解、计算更简便

从易于理解性上，统计类的方法，如项目剔除法、有效影响估算法、方差加权价格指数法要胜于动态因子法、结构向量自回归法、持续性加权法和基于各部门新凯恩斯菲利普斯曲线方法。统计类的方法基本思想是将波动性大的项目剔除或赋予较小的权重；动态因子法的基本思想是认为通货膨胀中各分项的共同趋势就是核心通货膨胀；结构向量自回归法的原理是对向量自回归模型施加基于经济理论的长期约束，对其进行结构化，从而将短暂的冲击分离出通货膨胀，其基本思想也是认为通货膨胀由核心通货膨胀和短暂的冲击组成的；持续性加权法是基于货币政策的立场，从对

通货膨胀的预测能力来讲各分类项赋予权重加权；侯成琪等提出的基于各部门新凯恩斯菲利普斯曲线的方法与以往估算方法的主要不同思想在于，该方法认为由于价格粘性等原因的存在，核心通货膨胀的对于不同商品的价格变化影响是不同的，因此，需要分部门来估算最后的核心通货膨胀。

对应于方法的理解性来说，在这几种估算方法中，统计类的方法计算过程比较简便，而基于理论模型的方法计算相对复杂。在计量模型的这几种方法中，基于各部门新凯恩斯菲利普斯曲线的方法最为复杂，该方法需要估算部门商品价格变化、部门价格缺口、核心通货膨胀的预期、所有部门共同的边际成本缺口这 4 类变量，计算量相当大，其次是动态因子法、结构向量自回归法和持续性加权法。

Wynne(1999)认为可从实效性、理论性、前瞻性、易于理解性和稳定性方面对核心通货膨胀的估算方法进行定性的比较。本书沿用 Wynne(1999)的比较标准对上述的项目剔除法、有效影响估算法、方差加权价格指数法、动态因子法、结构向量自回归法、持续性加权法和基于各部门新凯恩斯菲利普斯曲线方法进行了定性的比较，汇总结果如表 3-3 所示。

表 3-3　核心通货膨胀估算方法的定性比较

特点	项目剔除法	有效影响估计法	方差加权价格指数法	平滑法	DFI	SVAR法	持续性加权法	基于各部门新凯恩斯菲利普斯曲线方法
时效性	有	有	有	可能有	有	有	有	有
前瞻性	无	无	无	无	无	有	无	无
易于理解性	有	可能有	有	无	无	无	无	无
历史不变性	有	有	有	可能有	无	无	无	无
理论性	无	无	无	无	无	有	无	有

（三）统计类的方法推广性更强

从表 3-3 中我们可以看到，各种核心估算方法各有优缺点，但是笔者认为核心通货膨胀的编制目的是为货币政策提供依据，编制的原理在于剔除掉通货膨胀中的一些暂时波动，留下通货膨胀的长期趋势，并为当局的决策提供理论数据参考。从这个角度来说，易于推广的，容易被普通居民理解接受的，并且数据具有历史不变性，计算简便的方法更适合官方核心通货膨胀数据的编制，由此我们也可以看出，为何现在各国核心通货膨胀估算方法流行的基本上是项目剔除法，因为该方法能够满足以上应用性的要求。从理论研究角度来说，基于各部门新凯恩斯菲利普斯曲线方法是异于以往核心通货膨胀估算方法的一种创新估算方法，具有创新的理论基础，该方法充分考虑了实际应用中，核心通货膨胀对于不同商品价格的不同影响，但是该方法估算过程中涉及的部门商品价格变化、部门价格缺口、核心通货膨胀的预期、所有部门共同的边际成本缺口这4类变量本身的估算目前就存在很多争议，对于核心通货膨胀的估算容易会造成误差，新变量数据的加入也需要重新建模估算。因此，该方法从推广性上不如统计类的方法优秀。出于核心通货膨胀估算目的的考量，本书更倾向于易于理解的，计算简便的、容易推广的统计类方法。因此，基于上述理由，本书提出了国内还未有学者进行研究的方差修削法。

第二节 方差修削法的提出

方差修削法是一种统计类的估算方法，该方法是 Michael Pedersen (2009)首次提出的一种新的核心通货膨胀估算方法，Michael Pedersen 使用该方法对欧洲和美国的核心通货膨胀进行估算，结果显示该方法也可作为核心通货膨胀的估算方法之一。目前，国内还未有学者使用该方法来对我国的核心通货膨胀进行估算研究，本书将尝试性地采用该方法针对我国的实际数据情况，对我国的核心通货膨胀进行估算。

方差修削法的理论基础与有限影响估算法和方差加权指数法一样，认为价格变动的概率分布中间部分反映了长期通货膨胀，而两端是由短期冲击造成的，与有限影响估算法和方差加权指数法不同的是，有限影响估算法的权重是由价格变动以外的数据确定的，与价格的波动无关，方差加权指数法与方差修削法的对于波动的商品项目处理不同，方差加权价格指数法将这些波动项赋予权重求加权平均值，而方差修削法将这些波动大的商品项目剔除，对剩余的商品价格加权计算。与有限影响估算法和方差加权指数法相同的是，方差修削法和有限影响估算法对波动项的处理方式一样，均采用剔除波动项的方法，方差修削法和方差加权指数法的权重计算一样，均按照方差的倒数来分配权重，因此可以称方差修削法是有限影响估算法和方差加权指数法的结合。其公式可以表达为：

$$w_{i,t}^{\sigma}=\frac{1/\sigma_{i,t}^{2}}{\sum_{i=1}^{n}1/\sigma_{i,t}^{2}} \tag{3-31}$$

$$\pi_{t}^{\sigma}=\frac{1}{1-\beta}\sum_{\sum w_{i,t}^{\sigma}\leqslant 1-\beta}w_{i,t}^{\sigma}\pi_{i,t}^{\sigma} \tag{3-32}$$

式中，$\sigma_{i,t}^{2}$ 为第 i 类价格指数的方差，β 是对极端值的剔除比例。该方法的计算过程是先对居民消费价格指数的各分项价格指数进行波动性排序，然后剔除一端或两端的修削值，最后对剩余价格指数进行加权计算，关于修削值的剔除比率 β 和是否对称剔除，本书接下来将对此进行详细讨论。

方差修削法的关键在于剔除比例 β 的选择，β 的选择需要根据不同国家居民消费价格指数和各分项指数的实际数据情况来进行选择。此外和有限影响估算法一样，方差修削法的极端值剔除不一定需要对称修削，可根据数据的实际情况进行单侧或双侧对称修削。这里对极端值的剔除比例 β 本书选用 10%，因为在计算过程中发现分项价格指数的波动性相差很大，有的波动性平稳的分项价格指数权重占到百分之几十，而有的波动性很大的分项价格指数权重只占到百分之零点零几。因此，当需要剔除 10% 的极值时，有时需要剔除几项分项价格指数才能满足要求。为避免信息损失太多，本书没有采用 20% 或 30% 的极端剔除比例，如果剔除比率很高，最后参与加权的分类项可能只有一两项，最后核心通货膨胀的计算结构代表性不强。从另一方面来说，如果剔除极端值比率过低，比如只有 5%，那么最后加权时，原本波动性较大的分项价格指数信息量也会相应增大，导致得到的核心通货膨胀波动性会偏大，最终会不满足稳定性的要求，因此本书最后选用了极值剔除 10% 的比率。另外，针对单侧修削，还有个选择可以进行双侧修削，这样从理论上来说可能更容易满足无偏性，但是在实际操作过程中，如果波动极大或极小的两端都剔除掉 10%，正如本书所说各分项价格指数的波动性相差很大，往往稳定的波动性不大的价格指数占比很高，波动性较大的价格指数占比只有百分之零点零几，两端都要剔除信息损失大，最终数据的稳定性也会降低。本书在实证过程中计算过两端剔除 10% 和 5% 的核心通货膨胀，在进行有效性检验时未通过平稳性检验，而且使用单侧的方差剔除法也更容易和前文的 30% 单侧修削法进行比较。因此，本书最后选定用来进行方法比较的是 10% 单侧方差修削法。

第四章　核心通货膨胀的预测方法

第一节　已有核心通货膨胀预测方法的介绍及评述

一、已有核心通货膨胀预测方法的介绍

从文献综述中，我们可以看到，通货膨胀的预测方法主要有 3 类：一类是统计调查分析预测法；一类是参数计量建模法；一类是非参数人工智能法。其中：参数计量建模法和非参数人工智能法都属于计量建模方法，非参数人工智能法只是相对于参数计量建模法而言，没有预设明确的计量模型。

（一）统计调查分析预测法

统计调查分析预测法的核心在于将人的主观预测进行平均。该方法的操作步骤一般分为 3 步，首先选定调查对象，接着对调查对象进行样本数据采集，得到调查对象对未来的通货膨胀预测，最后对调查对象的样本数据进行平均，得到最终的通货膨胀预测数据。针对经济学家进行调查的 Livingston 预测法和针对家庭进行调查的 Michigan 预测法堪称这类方法的经典。这两种方法都始于 20 世纪 40 年代，至今仍被广泛使用。Livingston 预测法是通过向一些经济学家进行调查，了解他们对一些变量，如居民消费价格指数等的预期，并对经济学家的预测值进行分析加工，得到通货膨胀的预测数据。Michigan 预测法是通过对居民进行调查了解，得到通货膨胀的预测值。费城联邦储蓄银行从 1990 年开始每年进行 Livingston 调查获得经济学家的预测数据，密西根大学和汤姆森路透社采用 Michigan 预测法每月对消费者信心指数进行更新。国内中国人民银行

自 1995 年以来每个季度都会进行针对居民的储蓄问卷调查，调查的问题包括“你对近期市场物价趋势的看法”“您预计未来 3 个月物价水平和现在相比，是迅速上升、基本平稳还是略有下降”等。

(二)参数计量建模法

第二类参数建模方法用到的模型主要有自回归模型、结构模型和联立方程模型。自回归模型是用通货膨胀本身历史数据来预测未来通货膨胀数据的一类方法。作为最简单的自回归模型，AR(p)模型满足：

$$y_t = c + \alpha_1 y_{t-1} + \alpha_2 y_{t-2} + \cdots + \alpha_p y_{t-p} + \varepsilon_t$$

$$t = 1,2,\cdots, T \quad (4\text{-}1)$$

式中，y_t 表示时间 t 的通货膨胀测度值，c 为常数，α_1 ，α_1 ，…，α_p 为自回归模型系数，p 为滞后阶数，ε_t 是均值为 0，方差为 σ^2 的白噪声序列。

在 AR(p)模型的基础上加入白噪声序列滞后项的 ARMA(p ，q)模型满足：

$$y_t = c + \alpha_1 y_{t-1} + \alpha_2 y_{t-2} + \cdots + \alpha_p y_{t-p} + \varepsilon_t + \beta_1 \varepsilon_{t-1} + \cdots + \beta_q \varepsilon_{t-q}$$

$$t = 1,2,\cdots, T \quad (4\text{-}2)$$

其中，β_1 ，β_2 ，…，β_q 是 q 阶移动平均模型的系数，其余变量与自回归 AR(p)模型中含义一样。从自回归模型的表达式中，我们可以看到，通过自回归模型来预测通货膨胀用到的数据为通货膨胀的历史数据。

结构模型是一种多元线性回归模型，它通过一定的经济理论解释，找到影响通货膨胀的变量，建立通货膨胀测度指标数据和影响变量之间的线性方程，根据拟合而来的方程来预测未来通货膨胀数据。该方法的模型满足：

$$y_t = \mu + \gamma_{m,t-k} x_{m,t-k} + \varepsilon_t$$

$$t = 1,2,\cdots, T ; m = 1,2,\cdots, N \quad (4\text{-}3)$$

其中，y_t 表示时间 t 的通货膨胀测度值，μ 为常数项，x_m 为第 m 个影响因素，k 为第 m 个影响因素的滞后阶数，$\gamma_{m,t-k}$ 为第 m 个影响因素滞后 k 时的线性回归系数。通过结构模型的表达式，我们可以看到，使用结构模型来预测通货膨胀用到的数据为通货膨胀序列数据和影响变量序列数据。

联立方程模型的构建思路是将宏观经济变量看作一个整体，用一组联立方程来表达经济整体中的变量运行过程。传统的联立方程模型将整个宏观经济系统分成几个部分，如金融部分、实体经济部分、政策决策部门和价格部分，然后分别对于每个部分进行建模，模型中的变量相互渗透、相互影响，每个部分下面还能进行细分。因此，构建联立方程模型的规模很大，用到的变量也很多，为了模型的识别，一般根据理论或现实需要，将模型中的变量分为外生变量和内生变量，其中，结构向量自回归模型为典型的联立方程模型。

（三）非参数人工智能法

相对于统计调查预测法，参数计量模型法更能快捷方便地作出预测，但是对于精度要求较高的预测来说，参数模型容易造成偏差，新兴的人工智能方法通过对原始数据的学习，建立非参数模型，能够更加准确地预测各种类型的数据。非参数人工智能方法中，最典型的当属神经网络方法，现已有学者开始采用神经网络模型来预测通货膨胀，如薛永刚（2010）、韩丽鹏等（2011）均发现非参数神经网络方法不仅预测简便，而且预测精度高。由于本书在实证过程中，也会使用神经网络来对我国的通货膨胀进行预测，因此，接下去将对该方法进行详细的理论介绍。

神经网络全称为人工神经网络（Artificial Neural Network，ANN），是一种模仿生物结构和功能的运算模型，具有大量的节点或神经元，通过这些节点的连接，达到处理信息的目的。神经网络的数学模型最早是由心理学家 W. S. Mc Culloch 和数理逻辑学家 W. Pitts 于 1943 年建立的，当时称该模型为 MP 模型，他们开创了神经网络的时代，之后神经网络经历了高潮到低谷，低谷再到高潮的阶段，中间有不少科学家为之付出努力，一步步推动了神经网络的发展，如美国加州工学院物理学家 Hopfield 分别于 1982 年和 1984 年提出了 Hopfield 神经网络模型和连续时间 Hopfield 神经网络模型，该项模型使得 20 世纪 80 年代后期一大批学者和研究人员开始热衷神经网络的研究，Rumelhart，Hinton，Williams（1986）提出了多层前馈（Back Propagation）神经网络，这是一种按误差逆传播训练的算法，是目前运用非常广泛的神经网络模型，Broomhead，Lowe（1988）第一次提出了径向基（RBF）网络，这也是神经网络领域内的一大进步。

在神经网络的发展过程中，从不同的角度对生物神经系统有不同层次的描述和模拟，根据这种不同的描述模拟类型，形成了不同的神经网络模型，主要有感知器、线性神经网络、BP 神经网络、径向基函数网络、自组织网络和反馈网络，其中 BP 神经网络的应用最为广泛，80％－90％的神经网络模型采用的是 BP 网络或者是它的变化形式。BP 神经网络主要由输入层、隐藏层和输出层构成，其中隐藏层是一个黑箱，不同于支持向量回归，在神经网络中，我们不能得到输入层到输出层所经过的具体模型表达式。图 4-1 是 BP 神经网络的结构拓扑图。

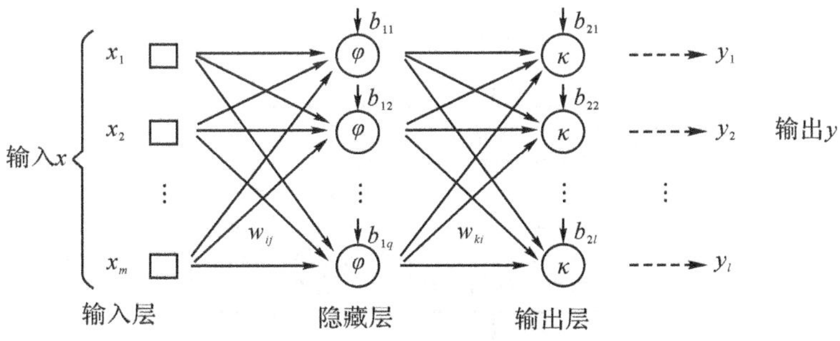

图 4-1　BP 神经网络结构图

图中，w_{ij} 表示隐藏层第 i 个节点到输入层第 j 个节点之间的权重，w_{ki} 表示输出层第 k 个节点到隐藏层第 i 个节点之间的权重，b_{1i} 表示隐藏层第 i 个节点的阈值，b_{2i} 表示输出层第 i 个节点的阈值，$\phi(x)$ 和 $k(x)$ 表示隐藏层和输出层的激励函数。信号的前向传播过程，也就是从输入层到隐藏层到输出层这一过程的公式如下：

隐藏层第 i 个节点的输入 net：

$$net_i = \sum_{j=1}^{m} w_{ij} x_j + b_{1i} \tag{4-4}$$

隐藏层的第 i 个节点输出：

$$y_{1i} = \phi(net_i) = \phi(\sum_{j=1}^{m} w_{ij} x_j + b_{1i}) \tag{4-5}$$

输出层的第 k 个节点的输入 net_k ：

$$net_k = \sum_{i=1}^{q} w_{ki} y_{1i} + b_{2k} = \sum_{i=1}^{q} w_{ki} \phi(\sum_{j=1}^{m} w_{ij} x_j + b_{1i}) + b_{2k} \tag{4-6}$$

输出层的第 k 个节点的输出：

$$y_{2k} = k(net_k) = k(\sum_{i=1}^{q} w_{ki} y_{1i} + b_{2k}) = k\left\{ \sum_{i=1}^{q} w_{ki} \phi(\sum_{j=1}^{m} w_{ij} x_j + b_{1i}) + b_{2k} \right\} \tag{4-7}$$

BP 神经网络也就是反向前馈传播网络，该网络的运作机理主要通过输出层的误差来估计输出层的直接前导层的误差，再依次估计更前一层的误差，通过不断改变调节连接节点的权重和阈值使得网络的误差平方和最小，使得修改后网络的最终输出结果能不断接近设定的期望值，当参数合适时，该网络能够收敛到较小的误差平方和。图 4-2 是神经网络的运作机理图。BP 神经网络由于其简单易行、计算量小等优点使得它成为目前神经网络方法中被采用最多的也是最成熟的训练方法之一。

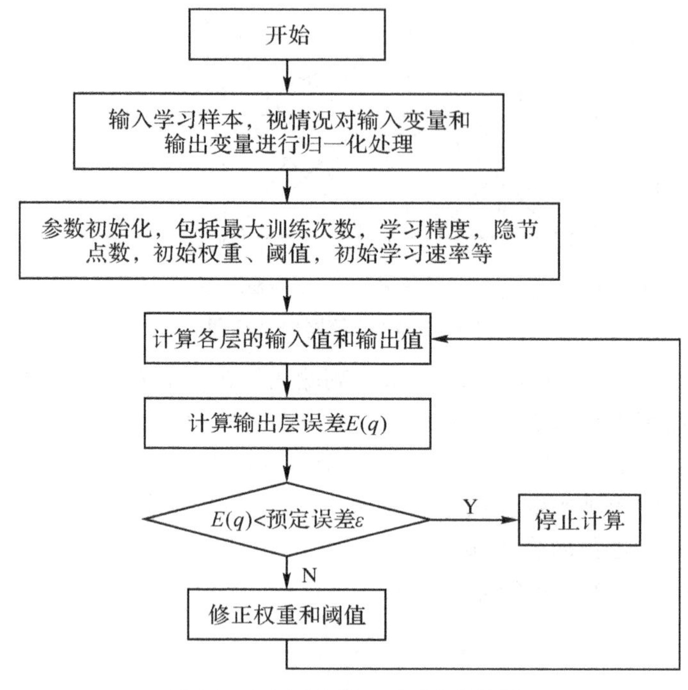

图 4-2 BP 神经网络的运算过程图

二、已有核心通货膨胀预测方法的评述

(一)统计调查分析预测法存在一定滞后性

从上文我们可以看到，核心通货膨胀的预测方法主要有统计类的方法和基于模型类的方法，其中基于模型类的方法又可分为参数计量模型法和非参数的人工智能模型法。在这几类方法中，统计类的调查分析预测方法是发展得最早、最容易被理解、接受的通货膨胀方法。从预测的角度来说，该方法可以准确如实地反映市场上对通货膨胀的预测波动，但是该方法的局限性在于，预测的结果完全依赖于样本的选取以及样本数量的选择。例如，针对经济学家进行调查的 Livingston 预测法和针对家庭进行调查的 Michigan 预测法，这两种方法首先选取的对象群体是不一样的，对经济学家的调查更偏向于从专业角度对通货膨胀的趋势感知，对居民的调查更偏向于普通日常生活对通货膨胀的预期，两者对于通货膨胀的预测在一定程度上会存在偏差；此外，样本数量的大小，是否具有代表性，也会影响到通货膨胀的预测结果。统计调查分析预测法由于其获得预测数据的周期较

长，不可避免地存在滞后性，该方法获得最后的预测数据，先要对调查对象进行调查，然后得到调查对象的回复结果，再对调查结果进行处理分析，得到最后的预测数据，整个流程持续的周期过长，会使得获得数据具有滞后性，从预测角度来说，在前瞻性方面有所欠缺。

（二）统计调查分析预测法用来预测核心通货膨胀会产生偏差

从核心通货膨胀的预测目的来说，预测核心通货膨胀为的是能够了解未来通货膨胀的潜在趋势，由于货币政策存在滞后性，了解了未来的通货膨胀潜在趋势后，可以提前提出相应的货币经济政策，制定合理的政策。核心通货膨胀反映的是市场上潜在的、长期的通货膨胀，与居民直观感受到的通货膨胀性质不一样，普通民众直观感受到的通货膨胀是与日常生活息息相关的包含了各类食品、能源项目的通货膨胀，而对居民进行调查得到的通货膨胀预期势必是一种对日常生活价格变化的主观总体感受，不能客观地反映市场上真实供需关系所决定的长期通货膨胀。如果采用统计调查分析预测法来预测核心通货膨胀，会包含部分日常波动大的商品和服务项目，含有一定的主观性，会对最终的核心通货膨胀预测结果产生偏差。因此核心通货膨胀的预测更适合用客观的方法来计算，而不是用主观的方法来调查了解。

（三）非参数人工智能法比参数计量模型预测精确度高

相比统计类的调查预测法，参数计量模型更能快捷、简单地得到预测结果，但是参数计量模型预先设置了模型形式，在拟合过程中估算出模型系数，然后根据得到的模型来预测未来数据，这样的预测方法容易产生误差，对于精度要求高的数据，如通货膨胀数据，度量通货膨胀的居民消费价格指数数值往往在100左右波动，数值大小的区分度不是很大，采用参数的计量模型很难准确到小数点一位之后，而对于通货膨胀数据而言，往往是小数点一位之后的变动才有现实意义。在实证过程中，已有相当多的学者证明了在很多领域，非参数的人工智能神经网络方法其准确性要高于参数计量模型。如在气象（王卫东等，2014）、农业（马晓丹等，2013）、机械（胡英杰等，2013）等方面，在通货膨胀领域也有学者证明了神经网络的优越预测性能，如薛永刚（2010），韩丽鹏等（2011）。因此在现有的统计类调查分析预测法、参数计量模型法和非参数人工智能模型法中，本书更倾向于使用非参数的人工智能法来预测通货膨胀。

第二节 支持向量回归的提出

神经网络是已被使用证明过具有优秀预测能力的非参数建模方法，但是从预测的角度来看，理论上，出现了比神经网络预测能力更强大的非参数支持向量回归方法。支持向量回归的理论模型设计拥有独特的结构风险最小原理，该特点使得支持向量回归的预测能力比神经网络更好，且具有全局唯一解，也就是只有一组最佳解，这也克服了神经网络不够稳定的缺点，并且支持向量回归在经济领域，尤其是通货膨胀领域的运用研究还不算多，几乎还未有学者使用支持向量回归法来对核心通货膨胀进行预测。因此，本书将使用支持向量回归来预测通货膨胀，验证支持向量回归在通货膨胀领域预测的优越性。在进行实证前，笔者将先对支持向量回归的理论和公式推导进行介绍。

支持向量回归的理论基础是支持向量机（Support Vector Machine，SVM），支持向量机是一种算法，是神经网络的扩展。虽然神经网络和支持向量回归都可以用来做非线性的回归，其结构设计和神经网络相似，但是它们基于的理论基础不相同，其回归的机理也不相同，支持向量回归拥有独特的理论设计，即结构风险最小化原理，该特性使得支持向量回归的泛化性也就是预测性要比神经网络强。该算法最早由数学家 Vapnik（1995）提出，国内的学者邓乃杨、田英杰（2004）和陈诗一（2007）都对其进行过详细解释推导。SVM 开始提出来是用来解决分类和识别问题的，这就是支持向量分类（Support Vector Classifier，SVC），后由于其泛化能力很强大，开始被扩展到回归领域，即支持向量回归（Support Vector Regression，SVR）。虽然被用作不同的用途，但是基于支持向量机的回归和分类的本质是一样的，都是通过输入属性矩阵或者自变量，经过一系列黑箱转变得到输出结果，该输出结果在分类中称为分类标签，在回归中就是因变量。通俗来说，基于支持向量机的回归就是利用已知的自变量 x 和因变量 y 数据建立模型，然后使用该模型进行预测，以达到预测误差和拟合误差平方和最小这样的一个原理。

一、支持向量回归的理论推导

支持向量回归的结构设计由输入层（Input Layer）、隐藏层（Hidden Layer）和输出层（Output Layer）构成，训练集在输入层和隐藏层之间进行非线性转换后，就可以在输出空间上进行线性回归。理论上说，只要隐藏层的维数足够高，那么支持向量回归可以趋近任何一种非线性的映射关系。输入变量和输出变量存在一个未知的映射函数关系 $g(x)$，我们通过对训练集进行训练，得到决策函数 $f(x)$，近似于 $g(x)$，再用 $f(x)$ 去做预测，式 4-8 为决策函数的表达形式，图 4-3 为支持向量回归的结构图。

$$f(x)=\sum_{l=1}^{l}w_l\phi_l(x)+b=w^T\phi(x)+b \tag{4-8}$$

式中，$\phi(x)=[\phi_1(x),\cdots,\phi_l(x)]^T$ 为从输入层到隐藏层的非线性转换方程，$\mathrm{w}=[w_1,\cdots,w_l]^T$ 代表从隐藏层到输出层的线性权重，b 代表阈值。

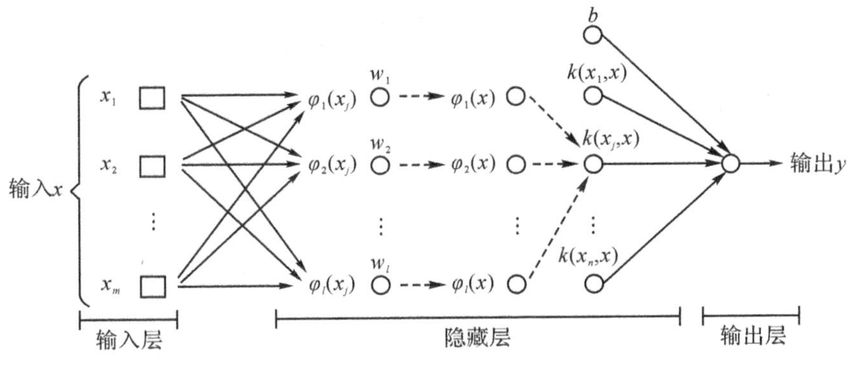

图 4-3 支持向量回归的结构图

要获得 $f(x)$，必须用训练集估计出参数 w 和 b，参数 w 和 b 可以根据最小化的结构风险函数式 4-9 估算。

$$\text{Minimize } \frac{1}{2}\|\mathrm{w}\|^2+\frac{\mathrm{C}}{n}\sum_{i=1}^{n}L_\varepsilon(y_i,f(x_i)) \tag{4-9}$$

$$L_\varepsilon(y_i,f(x_i))=\begin{cases}|y_i-f(x_i)|-\varepsilon, & |y_i-f(x_i)|\geq\varepsilon\\0, & \text{otherwise}\end{cases} \tag{4-10}$$

式中，$\|\mathrm{w}\|^2/2$ 代表置信风险，也就是分类器在未知文本上分类的结果误差，最小化该项也就是获得最大的泛化预测能力，$(1/n)\sum_{i=1}^{n}L_\varepsilon(y_i,f(x_i))$ 代表由 ε 不敏感方程决定的经验风险，所谓经验风险就是分类器在给定样本上的误差，最小化该结构风险函数反映了 SVR 的基本理论设计，最小化这两项意味着 SVR 不仅能够最小化经验风险，而且同时最大化推广能力，最终获得两者间的平衡最优解。ε 为线性 ε 不敏感损失方程中的误差参数，当预测误差小于 ε 时损失可以被忽略，该类损失方程也是 SVR 方法所特有，目的是简化样本信息量，这样即使样本维数很高，也不会给计算

和存储带来很大麻烦。当松弛变量 ξ 和 ξ' 引入结构风险函数后，式 4-9 变为式 4-11，其中松弛变量 ξ 和 ξ' 代表了预测误差超过 ε 时的真正损失，C 为惩罚参数，控制对 ε 带外样本数据的惩罚程度。

$$\text{Minimize}=\frac{1}{2}\|\mathrm{w}\|^2+\frac{C}{n}\sum_{i=1}^{n}(\xi_i+\xi_i') \tag{4-11}$$

$$\text{Subject to } w^T\phi(x)+b-y_i\leqslant\varepsilon+\xi_i \qquad \mathrm{i}=1,2,\cdots,n \tag{4-12}$$

$$\mathrm{y}_i-w^T\phi(x)-b\leqslant\varepsilon+\xi_i' \qquad \mathrm{i}=1,2,\cdots,n \tag{4-13}$$

$$\xi_\mathrm{i}\geqslant 0,\xi_\mathrm{i}'\geqslant 0 \qquad \mathrm{i}=1,2,\cdots,n \tag{4-14}$$

该表达式也被称为 SVMR 的原问题，其中，$x_\mathrm{i}\in\mathbf{R}^m$ 为 m 维的投入，即为 m 个解释变量，$y_i\in\mathbf{R}^1$ 为 1 维产出，也就是被解释变量。把所有的限制条件代入目标函数，我们可以得到原问题的拉格朗日函数式 4-15：

$$\begin{aligned}L(w,b,\xi_i,\xi_i',\alpha_i,\alpha_i')=&\frac{1}{2}\|w\|^2+C\sum_{i=1}^{n}(\xi_i+\xi_i')-\sum_{i=1}^{n}(\eta_i\xi_i+\eta_i'\xi_i')\\&-\sum_{i=1}^{n}\alpha_i(\varepsilon+\xi_i+y_i-w^T\phi(x)-b)\\&-\sum_{i=1}^{n}\alpha_i'(\varepsilon+\xi_i'-y_i+w^T\phi(x)+b)\end{aligned} \tag{4-15}$$

式中，拉格朗日乘子满足：$\eta_i\geqslant 0,\eta_i'\geqslant 0,\alpha_i\geqslant 0,\alpha_i'\geqslant 0$ 。

根据 Karush-Kuhn-Tucker(1951)最优化条件，L 对变量 w,b,ξ_i,ξ_i' 的求导函数为零：$\frac{\partial L}{\partial w}=0\rightarrow w-\sum_{i=1}^{n}(\alpha_i'-\alpha_i)\phi(x)=0$ 。

于是，$w=\sum_{i=1}^{n}(\alpha_i'-\alpha_i)\phi(x)$ 。

$$\begin{aligned}&\frac{\partial L}{\partial b}=0\rightarrow\sum_{i=1}^{n}(\alpha_i-\alpha_i')=0\\&\frac{\partial L}{\partial\xi_i}=0\rightarrow C-\eta_i-\alpha_i=0\\&\frac{\partial L}{\partial\xi_i'}=0\rightarrow C-\eta_i'-\alpha_i'=0\end{aligned} \tag{4-16}$$

将式 4-16 代入式 4-15，我们就得到了 SVR 原问题的对偶问题表达式：

$$\begin{aligned}&\text{Max}-\varepsilon\sum_{i=1}^{n}(\alpha_i'+\alpha_i)+\sum_{i=1}^{n}y_i(\alpha_i'-\alpha_i)-\frac{1}{2}\sum_{i=1}^{n}\sum_{j=1}^{n}(\alpha_i'-\alpha_i)(\alpha_j'-\alpha_j)\phi^\mathrm{T}(x_i)\phi(x_j)\\&\text{Subject to }\sum_{i=1}^{n}(\alpha_i'-\alpha_i)=0 \qquad \alpha_i',\alpha_i\in(0,C)\end{aligned} \tag{4-17}$$

理论上 w 和 b 应根据 SVR 的原问题求解，但 Scholkopf，Smola(2001)

以及邓乃杨，田英杰(2004)都指出 SVR 原问题的对偶问题比原问题更容易求解。因此，我们可以先解出对偶问题的最优解，再来求得 w 和 b。从这个对偶问题中我们可以解得拉格朗日乘子 $\alpha_i^{'}$ 和 α_i，解出式 4-16，我们得到 w 的最佳值：

$$w^* = \sum_{i=1}^{n}(\alpha_i^{'} - \alpha_i)\phi(x_i) \tag{4-18}$$

将式 4-18 代入式 4-8，我们得到：

$$f(x) = w^{*\mathrm{T}} \cdot \phi(x) + b^* = \sum_{i=1}^{n}(\alpha_i^{'} - \alpha_i)\phi^{\mathrm{T}}(x_i)\phi(x_i) + b^* \tag{4-19}$$

我们可以根据 Karush-Kuhn-Tucker 互补松弛条件来解出 b 的最佳值：

$$\begin{aligned} &\alpha_i(\varepsilon + \xi_i + y_i - w^T\phi(x) - b) = 0 \\ &\alpha_i^{'}(\varepsilon + \xi_i^{'} - y_i + w^T\phi(x) + b) = 0 \\ &\eta_i\xi_i = 0 \\ &\eta_i^{'}\xi_i^{'} = 0 \end{aligned} \tag{4-20}$$

解得 b 的最值值 b^*：

$$b^* = y_i - \sum_{i=1}^{n}(\alpha_i^{'} - \alpha_i)\phi^{T}(x_i)\phi(x_i) + \varepsilon \quad \text{for} \quad \alpha_i \in (0, \mathrm{C}) \tag{4-21}$$

$$b^* = y_i - \sum_{i=1}^{n}(\alpha_i^{'} - \alpha_i)\phi^{T}(x_i)\phi(x_i) - \varepsilon \quad \text{for} \quad \alpha_i^{'} \in (0, \mathrm{C}) \tag{4-22}$$

当解得最佳参数 w^* 和 b^*，式 4-8 有了以下的形式：

$$f(x) = \sum_{\mathrm{i}=1}^{n}(\alpha'^{*}_{i} - \alpha_i^{*})K(x_i, x) + b^* \tag{4-23}$$

在式 4-23 中，α'^{*}_{i} 和 α_i^{*} 已被解出，$K(x_i, x)$ 被定义为核函数，任何满足 Mercer 定理(Vapnik, 1995)的函数都可被定义为核函数。从以上的证明过程我们可以看到，在最后 SVR 模型的估算公式中，我们只需要选择核函数的形式就可以了，并不需要隐藏空间非线性转换函数 $\phi(x)$ 的形式和计算它们的内积，这一点，刘广利，杨志明(2002)也给出过解释，常用的核函数有线性核函数、径向基核函数(RBF)、多项式核函数、sigmoid 核函数等。核函数的表达式如表 4-1 所示。

表 4-1 常用核函数表达式

编号	核函数	表达式
1	线性核	$K(x_i, x) = x_i^T x$
2	RBF 核	$K(x_i, x) = \exp(-\gamma \| x - x_i \|^2)$
3	多项式核	$K(x_i, x) = (x_i^T x + 1)^d$
4	Sigmoid 核	$K(x_i, x) = \tanh(\gamma(x_i^T x) - c)$
6	傅里叶级数核	$K(x_i, x) = \dfrac{\sin(N + (1/2))(x - x_i)}{\sin(1/2(x - x_i))}$
7	张量积样条核	$K(x_i, x) = \prod_{m=1}^{n} K_m(x_m, x_{im})$

从上述支持向量回归的理论背景和运算过程介绍中我们可以看到支持向量回归有很多优点：比如，SVR 不需要知晓模型的形式，也不需要对数据生成过程的分布进行任何设定，且不论样本容量大小，只要对样本不断进行训练，就可以获得样本数据间最优的非线性映射关系用于预测，所以适合先验知识不清楚的应用问题。这点优于传统的基于 OLS 或 MLE 的结构模型和时间序列预测模型，这类模型通常采用参数化的线性回归模型，需要满足多种古典假设，而现实中大部分金融数据并不能满足这些假设，回归方程的选择和分布函数的设定可能产生偏差，而且费时、效率低下也降低了传统方法预测的准确性和灵敏度。SVR 既能估计大样本，而且也适合于样本容量小的情况，并且，也不需要正态分布等先验假定。但是该方法也存在着不足，支持向量回归方法的难点在于核函数以及参数的选择，这两者的选择至今没有统一公认的方法。在众多核函数中 RBF 核不仅容易执行，并且可以有效地将训练集非线性地映射到无线空间层中，非常适合处理非线性关系问题（Wei-Chiang Hong，2009）。因此，本书使用软件默认的 RBF 核。

二、支持向量回归的参数选择方法

对于参数的优化选取，已有文献中常用的方法是基于 K 折交叉验证（K-fold Cross Validation，K-CV）标准的方法。K 折交叉验证是交叉验证方法中的一种，交叉验证的基本思想是将原始数据分组：一部分作为训练集，一部分作为验证集，先使用训练集对分类器进行训练，然后再用验证集来测试根据训练得到的模型，以此作为评价分类器好坏的指标，常见的交叉验证方法有 Hold-out method、K 折交叉验证和 Leave-one-out 交叉验证。Hold-out method 是将输入的原始数据分为两部分：一部分作为训练集，另一部分作为测试集，然后通过对训练集的训练形成分类器，再用测试集验证训练出的模型，最后记录分类准确率，用来作为判断分类器优劣的标准。该方法是最基础的交叉验证方法，但是从严格意义上说，该方法又不能完全算是交叉验证方法，因为它没有用到交叉的思想，只是简单地将数据分为两组，最后验证分类器好坏的标准与对输入原始数据的分组有很大程度的关系，因此该方法从实践角度来说不太具有说服力。所谓 K 折交叉验证，就是将原数据分为 k 组（一般来说是平均分），然后将每个子集数据做一次验证集，其余的 k-1 组子集数据用来作为训练集，这样，将会得到 k 个模型，将这 k 个模型的平均分类准确率作为 k 折交叉验证分类器的性能好坏指标。该方法可以有效地避免过学习。所谓过学习，也就是训练集分类的准确率很高而测试集分类的准确率很低，用在支持向量回归上就是拟合性能好而预测性能差，因此 K 折交叉验证的这个特性使得最后得到的结果比较好。Leave-one-out（LOO）交叉验证与 k 折交叉验证的区别在于分组，Leave-one-out 交叉验证将假设原数据有 n 个样本，把每个样本都作为验证集，剩下的 n-1 个样本作为训练集，因此该方法最后可以得到 n 个模型，和 K 折交叉验证一样，最终验证集的平均分类准确率就是判断 Leave-one-out 交叉验证分类器好坏的评价标准。相比 K 折交叉验证，Leave-one-out 交叉验证训练的模型更多，基本上每一次训练都用到了几乎所有的样本，但是缺点在于运算量大耗时长。在这 3 种方法中 K 折交叉验证和 Leave-one-out 交叉验证被用得最为广泛，考虑到 Leave-one-out 交叉验证实际运用中的缺点，本书采用基于 K 折交叉验证的方法。

基于 K-CV 标准的方法有基于网格搜索（Grid Search）的 SVR 参数寻优、基于遗传算法（Genetic Algorithm）的 SVR 参数寻优和基于粒子群优化（Particle Swarm Optimization）的 SVR 参数寻优等（史峰等，2010），附录 2 中的寻参编程代码也引自史峰等（2010）。

网格搜索是目前运用最为广泛的寻参方法，网格法也就是全局搜索法，它能够找到在交叉验证意义下的最高分类准确率，也就是全局最优解，该方法在多个参数取不同值情况下所有的可能组合上来估计目标函数，但是当数据量很多时，该方法比较费时。

遗传算法属于进化算法的一种，最早由美国教授 Holland 于 1975 年提出的，该方法是一种通过模拟自然进化过程搜索最优解的方法。遗传算法开始随机选取一组可能解，这一组可能解被称为种群，种群中的每一个个体都是我们要获得的可能解，这些个体被称为染色体，通常适应函数用来评价种群中染色体的质量，质量好也就是适应度大的染色体将被遗传形成更加适应目标函数的染色体，如此一代一代地进行迭代计算，直至迭代收敛到目标函数所设定的数值为止（苏治，傅晓媛，2013），至此我们得到最佳目标解。遗传算法的基本过程如下：

1. 选择染色体的编码方式，对个体进行编码。染色体编码方式的恰当与否将会影响到接下来染色体进行的交叉和变异操作。

2. 群体初始化。遗传算法在随机给定的初始群体中进行迭代计算，初始值选择得比较优秀将会有效地提高遗传算法迭代找到最优解的能力。

3. 适应度评价。按照适应度函数来计算每个个体的适应度。以支持向量回归为例，该方法选取的适应度函数就是 MSE，也就是文中提到的交叉验证方法判断优劣的分均分类准确率。个体分类准确率越高，也就是适应度值 MSE 越低，也就代表该个体被选择的概率越大。通过选择、交叉、变异 3 种类型的算子进行遗传操作，以形成新的个体。

4. 判断适应度值。对于步骤 3 计算出来的适应度值，判断其是否满足预定的目标标准，若不满足，则返回第三步或第二步骤，继续进行迭代优化直至满足预定的目标标准，最终选择最小适应度的个体作为最优解。图 4-4 所描述的是遗传算法的具体运算过程。

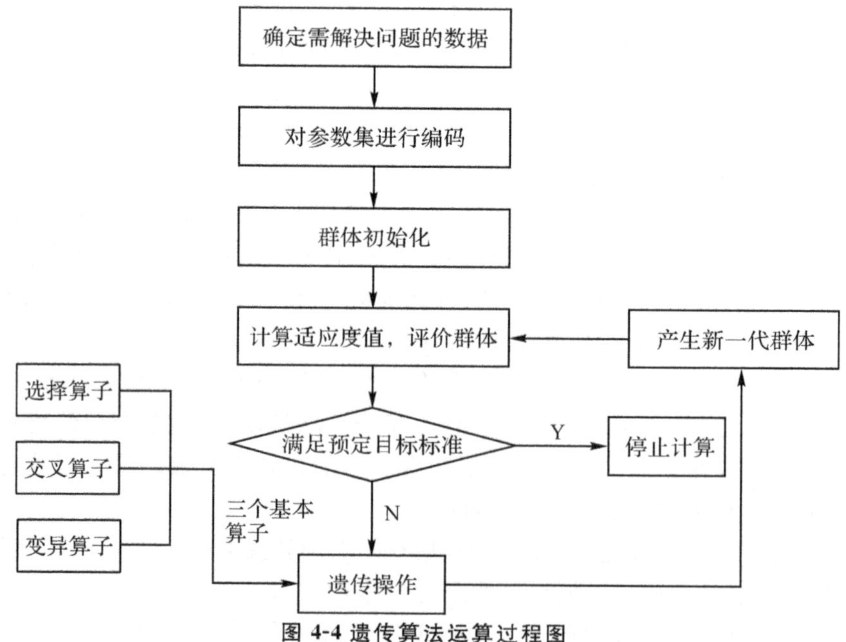

图 4-4 遗传算法运算过程图

粒子群算法和遗传算法类似，也是一种进化算法，它是由 kennedy 博士和 Eberhart 博士于 1995 年提出的，源于对鸟群捕食行为的一种研究。设定在这样一个场景下，当一群鸟在一块随机区域里捕食，这块区域里只有一个地方有食物，所有的鸟都不确定这个地方在哪里，但是他们知道当前的位置距离食物有多远。因此，这时搜索食物的最佳策略就是搜索目前离食物最近的那只鸟所在的周围区域。该算法同遗传算法一样，也是系统初始随机选择一组解，通过迭代找到最佳值，相比遗传算法，粒子群算法更为简单，它没有遗传算法中的“交叉”和“变异”操作，实现更容易，收敛速度也更快。

从理论效果上很难比较这 3 种方法的优劣性，本书拟从实证数据的角度来比较这 3 种方法的优劣，因此分别采用了这 3 种方法进行参数的选取。

支持向量回归的具体实现是通过 Matlab2010a 软件编程来完成的，具体操作过程包括 5 个步骤：

1. 数据预处理。将原始数据进行归一化处理或降维处理。

2. 确定训练集。本书进行了一次核心 CPI 拟合、一次半年核心 CPI 的预测和一次一年核心 CPI 的预测，拟合的训练集为 2001 年 1 月—2013 年 12 月的自变量和因变量，半年预测的训练集为 2001 年 1 月—2013 年 6 月的自变量和因变量，一年预测的训练集为 2001 年 1 月—2012 年 12 月的自变量和因变量。

3. 确定核函数以及最优参数。在选择 RBF 核的前提下，最优参数通过网格法、遗传算法和粒子群法分别得到，本书将通过这 3 种方法得到的参数估算核心通货膨胀，以此来比较，在本书所需的数据环境中，哪一种参数选择方法更为合适。

4. 得到拟合或预测结果。

5. 反归一化，得到最终预测数据。

第五章　核心通货膨胀的实际估算及其比较

从研究现状中我们可以看到国内对核心通货膨胀估算方法进行比较的文章还不多，本书拟在龙革生，曾令华等（2008）研究的基础上采用30％比率截尾法、SVAR法、方差修削法、持续性加权法、方差加权指数法和HP滤波法对我国的核心通货膨胀进行估算，并在此基础上对各估算结果进行有效性和预测性等性能的比较。由于30％比率截尾法计算分项权重所需数据只更新到2012年。为了数据比较的一致性，用作方法比较的核心通胀序列估算时间为2001年1月—2012年12月。

第一节　核心通货膨胀的估算

一、30％单侧截尾法

30％单侧截尾法是修削均值法（Trimmed Mean）的一个特例，通过分析价格波动的横截面数据，将价格波动数据中的一侧极端值剔除，再计算剩余价格数据的均值，最终得到核心通货膨胀的估计值。

修削均值法的公式可表示为：

$$\pi_t^{\alpha} = \frac{1}{1-2\alpha} \sum_{\alpha \leqslant \sum w_{i,t}^{s} \leqslant 1-\alpha} w_{i,t}^{s} \pi_{i,t}^{s} \quad (5\text{-}1)$$

式中，α 为修削值，$w_{i,t}^{s}$ 是经过方差大小排序后第 i 项分项价格指数的权重，但 α 并不一定是对称的，可根据情况对两端极值截取不同的比例，当只截取一端，则成为单侧修削法。

本书对我国2001年1月至2012年12月的核心通货膨胀进行了估算。计算的步骤分为3步：

首先将2001年—2012年的8个分项价格指数每隔一年12个月为一期分开，按其方差波动性由小到大排序。8项分类指数为家庭设备用品及服务（简称为家庭设备）、交通和通信（简称为交通通信）、居住、娱乐教育文化用品服务（简称为娱乐教育）、医疗保健及个人用品（简称为医疗保健）、衣着、烟酒及用品（简称为烟酒）、食品类，以下各表也依此简称。由于这种分类方法自2001年1月开始实施并且CPI统计是按月进行的，所以本书采用从2001年1月—2012年12月我国CPI指数及其8个分类价格指数的月度同比数据。本书之所以没有采用月度的环比数据，是因为月度环比数据噪声太多，无法得到稳健的分析结果。

表5-1 8大类分项价格指数的波动性排序表

2001年	家庭设备	烟酒	衣着	医疗保健	交通通信	居住	食品	娱乐教育
2001方差	0.034722	0.064097	0.064722	0.1775	0.201875	0.695556	1.8125	12.76722
2002年	家庭设备	医疗保健	娱乐教育	烟酒	居住	衣着	交通通信	食品
2002方差	0.022431	0.035764	0.096875	0.100556	0.131875	0.132222	0.346667	0.651667
2003年	娱乐教育	家庭设备	交通通信	衣着	烟酒	居住	医疗保健	食品
2003方差	0.044722	0.048542	0.102431	0.160764	0.170556	0.489097	1.316389	6.178542
2004年	衣着	烟酒	家庭设备	交通通信	娱乐教育	医疗保健	居住	食品
2004方差	0.051875	0.083889	0.091875	0.161875	0.441667	1.227431	1.810556	11.26972
2005年	烟酒	居住	衣着	家庭设备	医疗保健	交通通信	娱乐教育	食品
2005方差	0.014722	0.168542	0.255764	0.269097	0.306875	0.396389	0.703056	4.988056
2006年	居住	烟酒	医疗保健	交通通信	衣着	家庭设备	娱乐教育	食品
2006方差	0.104167	0.135764	0.145764	0.215	0.240556	0.247431	0.557431	2.272222
2007年	烟酒	家庭设备	娱乐教育	交通通信	衣着	医疗保健	居住	食品
2007方差	0.006389	0.0375	0.250764	0.334097	0.424722	0.451389	0.513542	25.49722
2008年	娱乐教育	衣着	家庭设备	烟酒	医疗保健	交通通信	居住	食品
2008方差	0.083542	0.091389	0.162222	0.165	0.345	0.375833	7.418542	40.84333
2009年	娱乐教育	烟酒	交通通信	医疗保健	衣着	家庭设备	居住	食品
2009方差	0.125208	0.126389	0.142431	0.165764	0.284722	1.614097	4.170208	5.192431
2010年	烟酒	交通通信	衣着	医疗保健	娱乐教育	家庭设备	居住	食品
2010方差	0.012431	0.103542	0.191875	0.306875	0.380208	0.435	1.034097	4.809097

续表

2011 年	娱乐教育	医疗保健	交通通信	家庭设备	烟酒	衣着	居住	食品
2011 方差	0.081389	0.145208	0.178542	0.31	0.490556	1.642222	1.953542	3.347222
2012 年	家庭设备	交通通信	居住	娱乐教育	医疗保健	衣着	烟酒	食品
2012 方差	0.122431	0.144722	0.157431	0.194097	0.212431	0.305556	0.564722	6.304097

数据来源：凤凰网的数据中心：http://app.finance.ifeng.com/data/mac/jmxf.php.

接下来计算 8 大类分项价格指数对应的权重。在编制居民消费价格指数时所用的权重是城乡居民用在各种商品服务的支出额占消费支出中的比重。随着我国人民生活水平的提高，我国的消费结构在不断发生变化。因此，各类权重要随着消费结构的变化而调整，一般是按上年的权重来计算本年的消费价格指数。我国在计算居民消费价格指数时，各种商品服务的权重并未公开，学者在计算权重时，一种是根据商品大类的价格变化数据来反推权重，另一种是根据居民消费性支出来推算，本书使用的是第二种（中国人民银行武汉分行、国家统计局湖北调查总队联合课题组，2006；王金玲，2008）。另外，我国数据还没有居民人均消费支出的月度数据，因此还不能做到月度权重的推算，这里只能推算到年度的分项价格权重。具体计算是将上一年农村居民人均消费支出构成和上一年城镇居民人均消费性支出构成，按照农村人口比重和城镇人口比重加权计算，得出上一年的居民消费支出构成，用来作为当年的居民消费价格指数各分项指数的权重，表 5-2、5-3、5-4 分别为农村、城镇居民家庭人均生活消费支出构成和农村、城镇的人口比重，表 5-5 为根据表 5-2、5-3、5-4 数据加权计算而来的，居民在各分项大类中的消费比重。

表 5-2　农村居民家庭人均生活消费支出构成(%)

年份	食品	衣着	居住	家庭设备	交通通信	娱乐教育	医疗保健	烟酒
2000	49.13	5.75	15.47	4.52	5.58	11.18	5.24	3.14
2001	47.71	5.67	16.03	4.42	6.32	11.06	5.55	3.24
2002	46.25	5.72	16.36	4.38	7.01	11.47	5.67	3.14
2003	45.59	5.67	15.87	4.20	8.36	12.13	5.96	2.21
2004	47.23	5.50	14.84	4.08	8.82	11.33	5.98	2.21
2005	45.48	5.81	14.49	4.36	9.59	11.56	6.58	2.13
2006	43.02	5.94	16.58	4.47	10.21	10.79	6.77	2.23
2007	43.08	6.00	17.80	4.63	10.19	9.48	6.52	2.30

续表

年份	食品	衣着	居住	家庭设备	交通通信	娱乐教育	医疗保健	烟酒
2008	43.67	5.79	18.54	4.75	9.84	8.59	6.72	2.09
2009	40.97	5.82	20.16	5.13	10.09	8.53	7.20	2.11
2010	41.09	6.03	19.06	5.34	10.52	8.37	7.44	2.15
2011	40.40	6.50	18.40	5.90	10.50	7.60	8.40	2.30

数据来源:国家统计局统计数据库。

表 5-3　城镇居民家庭人均生活消费支出构成(%)

年份	食品	衣着	居住	家庭设备	交通通信	娱乐教育	医疗保健	烟酒
2000	39.44	10.01	11.31	7.49	8.54	13.40	6.36	3.44
2001	37.94	10.05	10.32	8.27	8.61	13.00	6.47	5.35
2002	45.40	4.97	5.67	5.62	12.11	13.87	8.78	3.59
2003	44.76	5.08	5.80	7.52	10.95	11.45	10.99	3.45
2004	37.73	9.56	10.21	5.67	11.75	14.38	7.35	3.34
2005	36.69	10.08	10.18	5.62	12.55	13.82	7.56	3.50
2006	35.78	10.37	10.40	5.73	13.19	13.83	7.14	3.56
2007	36.29	10.42	9.83	6.02	13.58	13.29	6.99	3.58
2008	37.89	10.37	10.19	6.15	12.60	12.08	6.99	3.72
2009	36.52	10.47	10.02	6.42	13.72	12.01	6.98	3.87
2010	35.67	10.72	9.89	6.74	14.73	12.08	6.47	3.71
2011	36.32	11.05	9.27	6.75	14.18	12.21	6.39	3.83

数据来源:国家统计局统计数据库。

表 5-4　农村和城镇人口比重

年份	城镇人口(万)	农村人口(万)	城镇人口比重(%)	农村人口比重(%)
2000	45906	80837	0.3622	0.6378
2001	48064	79563	0.3766	0.6234
2002	50212	78241	0.3909	0.6091
2003	52376	76851	0.4053	0.5947
2004	54283	75705	0.4176	0.5824
2005	56212	74544	0.4299	0.5701
2006	58288	73160	0.4434	0.5566

续表

年份	城镇人口(万)	农村人口(万)	城镇人口比重(%)	农村人口比重(%)
2007	60633	71496	0.4589	0.5411
2008	62403	70399	0.4699	0.5301
2009	64512	68938	0.4834	0.5166
2010	66978	67113	0.4995	0.5005
2011	69079	65656	0.5127	0.4873

数据来源:国家统计局统计数据库。

表5-2、5-3、5-4分别为农村、城镇居民家庭人均生活消费支出构成和农村、城镇的人口比重,按照公式:居民人均消费支出项目比重=农村人均生活消费支出项目比重×农村人口比重+城镇人均生活消费支出项目比重×城镇人口比重,我们得到了居民消费指数中各分项大类的人均消费支出比重,如表5-5所示。将计算得到的8大类分项人均消费支出比重向后推迟一年作为当年计算核心通货膨胀各分项大类的权重。

表5-5 居民消费指数中各分项大类人均消费支出比重(%)

年份	食品	衣着	居住	家庭设备	交通通信	娱乐教育	医疗保健	烟酒
2000	45.62	7.29	13.96	5.60	6.65	11.98	5.65	3.25
2001	44.03	7.32	13.88	5.87	7.18	11.79	5.90	4.03
2002	45.92	5.43	12.19	4.86	9.00	12.41	6.88	3.32
2003	45.25	5.43	11.79	5.55	9.41	11.85	8.00	2.71
2004	43.26	7.20	12.91	4.74	10.04	12.60	6.55	2.68
2005	41.70	7.65	12.63	4.90	10.86	12.53	7.00	2.72
2006	39.81	7.90	13.84	5.03	11.53	12.14	6.93	2.82
2007	39.97	8.03	14.14	5.27	11.74	11.23	6.74	2.89
2008	40.95	7.94	14.62	5.41	11.14	10.23	6.85	2.86
2009	38.82	8.07	15.26	5.75	11.84	10.21	7.10	2.96
2010	38.38	8.37	14.48	6.04	12.62	10.22	6.96	2.92
2011	38.31	8.83	13.72	6.34	12.39	9.96	7.37	3.08

注:表中数据根据表5-2～5-4数据计算而来。

最后按照表5-1中各分项大类中的波动性排序,对波动性大的分项权重的一端剔除30%的比重,计算剩余分项大类的加权平均值得到最后的核心通货膨胀指数。计算结果如图5-1所示。

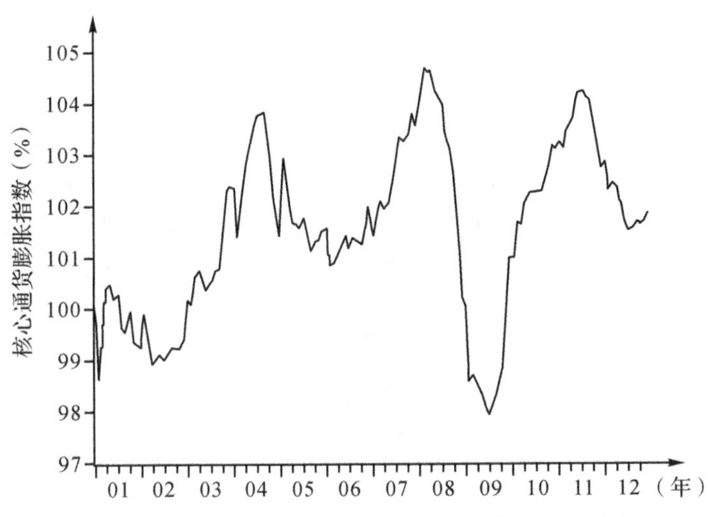

图 5-1　30%单侧修削法估算的核心通货膨胀序列图

图 5-1 为 30%单侧截尾法产生的核心通货膨胀估算结果。表 5-6 给出了 2012 年 12 月 30%单侧截尾法的具体算例，表 5-6 中首先对构成价格指数的 8 项分类指数按波动性由小到大排序，然后分别列出其对应权重，计算其累计权重和经过 30%单侧截尾后的权重，最后使用加权平均法计算核心通货膨胀。

表 5-6　30%单侧截尾法的具体算法（以 2012 年 12 月为例）

分项价格指数	家庭设备	交通通信	居住	娱乐教育	医疗保健	衣着	烟酒	食品
2012 年 12 月	101.7	100	103	101.1	101.7	101.9	101.5	104.2
按 2012 年方差排序	0.1	0.1	0.2	0.2	0.2	0.3	0.6	6.3
权重（%）	6.3	12.4	13.7	10.0	7.4	8.8	3.1	38.3
累计权重（%）	6.3	18.7	32.4	42.4	49.8	58.6	61.7	100.0
30%比率单侧截尾（%）	6.3	12.4	13.7	10.0	7.4	8.8	3.1	8.3
30%单侧截尾法计算	(101.7×6.3+100×12.4+103×13.7+101.1×10.0+101.7×7.4+101.9×8.8+101.5×3.1+104.2×8.3)/(100−30)=101.9							

数据来源：凤凰网的数据中心和根据国家统计局数据计算得来的数据。

二、方差加权指数法

方差加权指数法是由 Dow(1994)最早提出的,该方法是基于这样一个理论假设:在价格变动的概率分布中,中间价格的变动反映了价格水平的长期趋势,而处于分布两端的价格变动则主要是由外来冲击造成的,因此该方法对中间的商品价格变化即波动小的商品赋予更多权重,对波动大的商品赋予较小的权重。

方差加权指数法表示为如下:

$$w_{i,t}^{e} = \frac{1/\sigma_{i,t}^{2}}{\sum_{i=1}^{n} 1/\sigma_{i,t}^{2}} \tag{5-2}$$

$$\pi_{t}^{e} = \sum_{i=1}^{n} w_{i,t}^{e} \pi_{i,t} \tag{5-3}$$

式中,$\sigma_{i,t}^{2}$ 为第 i 类价格指数的方差,$\pi_{i,t}$ 为时间 t 第 i 分项价格指数。

相比方差修削法,该方法少去了需要外部数据作为各分项价格指数权重这一步,该方法只需要以分项价格的方差的倒数作为权重,对方差大的大类赋予权重也就大,对方差小的大类赋予的权重也就小。该方法用到的信息量少,完全按照数据的波动性来,不过计算过程相比其他各种方法最为简便。本书每隔 12 个月对 8 类分项价格指数的方差进行计算,基于方差加权指数法的理论假设,将方差的倒数占总方差倒数和的比重作为各分项价格指数的权重,最后根据各分项大类价格指数的加权平均计算得到核心通货膨胀。用到的数据有 2001 年 1 月—2012 年 12 月月度 8 类价格指数,数据来源于凤凰网的数据中心。每一年 8 分项价格指数的权重如表 5-7 所示,最后的计算结果如图 5-2 所示。

表 5-7 方差加权指数法的 8 大类分项价格指数权重(%)

年份	食品	烟酒	衣着	家庭设备	医疗保健	交通通信	娱乐教育	居住
2001	0.7609	21.5169	21.3092	39.7203	7.77	6.8318	0.108	1.9828
2002	1.3655	8.8496	6.7301	39.6724	24.8819	2.5669	9.1858	6.7479
2003	0.2388	8.6512	9.1781	30.3967	1.1209	14.4049	32.9927	3.0168
2004	0.1707	22.9331	37.086	20.9397	1.5674	11.8847	4.3559	1.0626
2005	0.2255	76.4158	4.3986	4.1807	3.666	2.8381	1.6002	6.675
2006	1.1311	18.9302	10.6838	10.3869	17.6315	11.9537	4.6105	24.6724

续表

年份	食品	烟酒	衣着	家庭设备	医疗保健	交通通信	娱乐教育	居住
2007	0.0199	79.5634	1.1968	13.5553	1.1261	1.5215	2.0271	0.9898
2008	0.0599	14.8341	26.7825	15.0881	7.0946	6.5125	29.2983	0.3299
2009	0.5746	23.6065	10.479	1.8485	17.9991	20.9478	23.8291	0.7155
2010	0.1986	76.8509	4.9788	2.1961	3.113	9.2262	2.5126	0.9238
2011	0.9497	6.48	1.9357	10.2543	21.8915	17.8044	39.0572	1.6272
2012	0.4347	4.8526	8.9685	22.3831	12.9001	18.9354	14.1186	17.4069

数据来源：凤凰网的数据中心：http://app.finance.ifeng.com/data/mac/jmxf.php?symbol=01

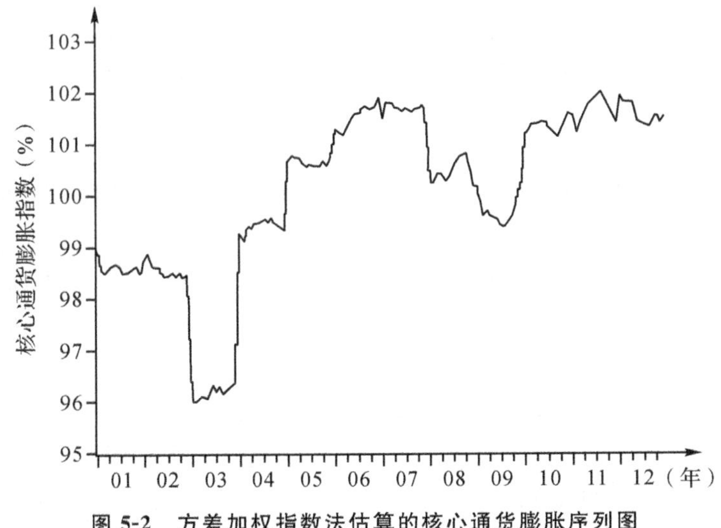

图 5-2　方差加权指数法估算的核心通货膨胀序列图

三、结构向量自回归法

SVAR 方法是通过对 VAR 模型施加基于经济理论的长期约束，把通货膨胀划分为核心通货膨胀和非核心通货膨胀两个部分。在文献回顾里我们可以看到国外有学者建立了两变量的 SVAR 模型，国内的赵昕东(2008)建立了包括价格指数、食品价格指数与产出的三变量 SVAR 模型，田新民，武晓婷(2012)在三变量结构向量自回归模型的基础上，建立了包括产出、通货膨胀、货币供应量和食品价格的四变量结构向量自回归模型，从理论上来说，四变量的结构向量自回归模型考虑的冲击因素更多，也更全面，但是也正是由于变量的增加，使得模型的限制约束条件由原来的 3

项变成了 6 项，使得真实数据未必能满足理论上的限制条件，因而最终四变量的向量自回归模型得出的核心通货膨胀序列效果不如三变量的向量自回归模型。下面本书将对三变量 SVAR 模型和四变量 SVR 模型得到的核心通货膨胀分别给出估算结果。

计算过程中需要用到的数据有月度产出数据、月度食品价格指数、月度通货膨胀指数和月度货币供给量 M_2。由于 GDP 没有月度数据，根据短时期里消费和收入成固定比率，我们用社会零售商品总额同比增长率（y_t）来代替产出增加指标，通货膨胀以居民消费价格指数（π_t）代替，货币供给量的变化采用 M_2 同比增长率（π_t^m）来反映，食品价格同比增长率（π_t^f）也就是食品价格指数被用来反映食品类商品的价格变化水平。社会零售商品总额数据、食品价格指数数据和 CPI 数据均来源于凤凰网的数据中心，M_2 数据来源于中国人民银行统计数据。下面先给出三变量结构向量自回归模型的估算过程。

根据上一章结构向量自回归模型计算核心通货膨胀的方法介绍，我们要估算出供给、暂时和需求的冲击，无法直接得到向量自回归模型的估算结果，但是可以通过以下步骤得到。

首先建立非限制性 VAR 模型。要建立三变量的 VAR 模型就需对原社会零售商品总额同比增长率、居民消费价格指数和食品价格指数进行平稳性检验。检验结果如表 5-8 所示。

表 5-8　VAR 三变量模型的序列平稳性检验

检验变量	检验类型 (c,t,k)	ADF 检验值	1%显著性水平临界值	5%显著性水平临界值	10%显著性水平临界值	结论
y_t	(c,0,1)	−1.979183	−3.476805	−2.881830	−2.577668	非平稳
π_t^f	(c,0,12)	−2.742012	−3.480818	−2.883579	−2.578601*	非平稳
π_t	(c,0,12)	−2.535558	−3.480818	−2.883579	−2.578601	非平稳
Δy_t	(c,0,0)	−19.65057	−3.476805***	−2.881830**	−2.577668*	平稳
$\Delta\pi_t^f$	(c,0,11)	−5.164380	−3.480818***	−2.883579**	−2.578601*	平稳
$\Delta\pi_t$	(c,0,11)	−5.454462	−3.480818***	−2.883579**	−2.578601*	平稳

注：* 表示在该显著性水平上拒绝单位根假设；检验类型中的 c 表示带有常数项，t 表示带有趋势项，k 表示采用的滞后阶数，根据 AIC、SC 最优信息准则确定。当 ADF 检验值的绝对值超过临界值的绝对值时，则拒绝原假设，表示时间序列是平稳的。

从表 5-8 的结果来看，原序列社会零售商品总额同比增长率（y_t）、食品价格同比增长率（π_t^f）和通货膨胀率（π_t）的原序列在 5%的显著水平下均不平稳，而原序列社会零售商品总额同比增长率的一阶差分（Δy_t）、食品价格同比增长率的一阶差分（$\Delta\pi_t^f$）和通货膨胀率的一阶差分（$\Delta\pi_t$）序列在1%的显著水平下均平稳，可以认定原序列的一阶差分序列为显著平稳。从理论上来说，原序列不平稳并非不能建立SVR模型，只是由于原序列稳定的数据构建的VAR模型容易达到模型稳定性的要求，而相对来说，处理过的原序列，例如，进行过一阶差分或取对数的原序列在最后得到模型的解释能力上会差一些。因此，在原序列不平稳而建立的SVR模型稳定的情况下，不需要对原序列进行处理，但是在原序列不平稳而建立的SVR模型也不稳定的情况下需要对原序列进行处理。在这里，我们遇到三变量原序列不平稳的情况下，先对原序列建立VAR模型，对原序列建立的VAR模型经过检验，我们发现该模型不稳定，因此我们对原序列数据进行了一阶差分，再建一阶差分数据的VAR模型。原序列一阶差分建立的VAR模型结果为：

$$\begin{bmatrix}\Delta y_t\\ \Delta\pi_t^f\\ \Delta\pi_t\end{bmatrix}=\begin{bmatrix}0.000590\\ 0.050296\\ 0.017661\end{bmatrix}+\begin{bmatrix}-0.496675 & -0.004868 & 0.013310\\ -10.01771 & 0.204159 & -0.119626\\ -6.676096 & -0.022659 & 0.286792\end{bmatrix}\begin{bmatrix}\Delta y_{t-1}\\ \Delta\pi_{t-1}^f\\ \Delta\pi_{t-1}\end{bmatrix}+\begin{bmatrix}\varepsilon_{1t}\\ \varepsilon_{2t}\\ \varepsilon_{3t}\end{bmatrix}$$

对该VAR模型，我们接下来进行稳定性检验如图5-3所示，看该模型是否稳定，当VAR模型的AR根均小于1，在单位圆内，那么该模型是稳定的，然后对其做滞后期选择检验如表5-9所示，以确定真正的滞后期，以便在最后的VAR模型中选择正确的滞后阶数。

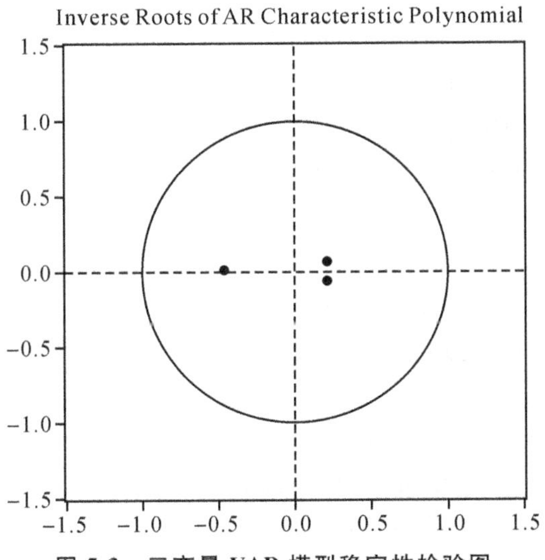

图5-3　三变量VAR模型稳定性检验图

从图 5-3 的 VAR 模型稳定性检验来看，该 VAR 模型的 AR 根均在单位圆内，AR 根均小于 1，模型稳定。

表 5-9 三变量 VAR 模型滞后期选择

滞后期	最终预测误差	AIC 准则	SC 准则	HQ 信息准则
0	2.86e−05	−1.947281	−1.882719	−1.921045
1	2.04e−05 *	−2.287289 *	−2.029043 *	−2.182345 *
2	2.11e−05	−2.255091	−1.803159	−2.071438

注：* 代表不同的准则选择的最佳滞后期。

从表 5-9 的最佳滞后期选择结果来看，不同的准则下选择的最佳滞后期均为 1，因此该一阶差分 VAR 模型不需要更改。按照第三章介绍的 SVAR 方法，我们已经得到了 $x_t = \mathrm{A} + \phi(L)x_{t-1} + \varepsilon_t$ 。接下来我们需要在 VAR 模型的基础上施加 3 个长期约束条件：总需求冲击与暂时冲击在长期不影响产出的变化，总需求冲击在长期不影响食品价格的变化，即第三章中三变量 SVAR 模型介绍中的 $\mathrm{S}_{12}(L) = 0, \mathrm{S}_{13}(L) = 0, \mathrm{S}_{23}(L) = 0$ ，以此来得到 SVAR 模型。对 VAR 模型进行约束后，我们可以得到长期响应矩阵模型（ $S(L)$ ）和 S(0)的估算结果。结果如下：

$$\mathrm{S}(0) = \begin{bmatrix} 0.016793 & 2.38\mathrm{E}-05 & -0.003172 \\ 0.668644 & 1.619038 & 0.028508 \\ 0.327226 & 0.545536 & 0.169964 \end{bmatrix}$$

$$\mathrm{S}(\mathrm{L}) = \begin{bmatrix} 0.012037 & 0 & 0 \\ 0.639684 & 1.928609 & 0 \\ 0.325813 & 0.703631 & 0.238309 \end{bmatrix}$$

得到 $S(L)$ 和 S(0)后，根据 $S(0)v_t = \varepsilon_t$ ，我们可以得到 v_t ，$v_t = S(0)^{-1} \times \varepsilon_t$ ，其中 ε_t 在最初的 VAR 模型中可以直接得到，$S(0)^{-1}$ 的计算结果如下：

$$\mathrm{S}(0)^{-1} = \begin{bmatrix} 53.19261 & -0.35536 & -1.052327 \\ -21.3726 & 0.797433 & -0.53263 \\ -33.81 & -1.87536 & 5.567165 \end{bmatrix}$$

排除掉暂时冲击对通货膨胀的影响，则 $\Delta\pi_t$ 中的核心通货膨胀变动成分为：

$$\Delta\pi_t^* = S_{31}(L)v_{1t} + S_{33}(L)v_{3t} \tag{5-4}$$

S_{31} 和 S_{33} 在 $S(L)$ 中可以对应找到，至此我们已经得到核心通货膨胀的变动值，我们根据假设核心通货膨胀是总通货膨胀的无偏估计，即核心通货膨胀与总通货膨胀的均值应该相等。依照式 5-5 和 5-6 进行均值调整，得到核心通货膨胀的绝对量：

$$\pi_i^* = \sum_{k=1}^{i} \Delta\pi_k^* \qquad i=1,\cdots,t \tag{5-5}$$

$$\pi_t^* = \pi_i^* + (\overline{\pi_t} - \overline{\pi_t}^*) \tag{5-6}$$

式中，$\overline{\pi_t}$ 为 CPI 的均值，$\overline{\pi_t}^*$ 为核心 CPI 变化量的累加均值。

在我们得到三变量 SVR 模型的核心通货膨胀后，再来测算四变量 SVAR 模型的核心通货膨胀，计算步骤与三变量核 SVR 模型基本一致。

首先，对原序列社会零售商品总额同比增长率（y_t）、食品价格同比增长率（π_t^f）、通货膨胀率（π_t）和 M_2 同比增长率（π_t^m）的原序列和一阶差分序列进行平稳性检验，检验结果如表 5-10 所示。

表 5-10 VAR 四变量模型的序列平稳性检验

检验变量	检验类型 (c,t,k)	ADF 检验值	1%显著性水平临界值	5%显著性水平临界值	10%显著性水平临界值	结论
y_t	(c,0,1)	−1.979183	−3.476805	−2.881830	−2.577668	非平稳
π_t^f	(c,0,12)	−2.742012	−3.480818	−2.883579	−2.578601*	非平稳
π_t	(c,0,12)	−2.535558	−3.480818	−2.883579	−2.578601	非平稳
π_t^m	(c,0,0)	−2.346511	−3.476472	−2.881685	−2.577591	非平稳
Δy_t	(c,0,0)	−19.65057	−3.476805***	−2.881830**	−2.577668*	平稳
$\Delta\pi_t^f$	(c,0,11)	−5.164380	−3.480818***	−2.883579**	−2.578601*	平稳
$\Delta\pi_t$	(c,0,11)	−5.454462	−3.480818***	−2.883579**	−2.578601*	平稳
$\Delta\pi_t^m$	(c,0,0)	−11.83507	−3.476805***	−2.881830**	−2.577668*	平稳

注：* 表示在该显著性水平上拒绝单位根假设；检验类型中的 c 表示带有常数项，t 表示带有趋势项，k 表示采用的滞后阶数，根据 AIC、SC 最优信息准则确定。当 ADF 检验值的绝对值超过临界值的绝对值时，则拒绝原假设，表示时间序列是平稳的。

从表 5-10 中我们可以看到四变量序列的原值均是不平稳的，其一阶差分均是平稳序列，在对原值建立的 VAR 模型进行稳定性检验后，我们得到原序列的 VAR 模型也是不稳定的。因此，和三变量的 VAR 模型一样，也需要建立一阶差分的 VAR 模型。原序列一阶差分模型结果如下：

$$\begin{bmatrix} \Delta y_t \\ \Delta\pi_t^m \\ \Delta\pi_t \\ \Delta\pi_t^f \end{bmatrix} = \begin{bmatrix} 0.000588 \\ 0.000160 \\ 0.017709 \\ 0.050296 \end{bmatrix} + \begin{bmatrix} -0.504587 & 0.059210 & 0.013844 & -0.005018 \\ -0.081418 & -0.005935 & -0.017602 & 0.005015 \\ -6.505355 & -1.277710 & 0.275269 & -0.019426 \\ -10.01606 & -0.012332 & -0.119737 & 0.204190 \end{bmatrix}$$

$$\begin{bmatrix} \Delta y_{t-1} \\ \Delta\pi_{t-1}^m \\ \Delta\pi_{t-1} \\ \Delta\pi_{t-1}^f \end{bmatrix} + \begin{bmatrix} \varepsilon_{1t} \\ \varepsilon_{2t} \\ \varepsilon_{3t} \end{bmatrix}$$

接下来，对该 VAR 模型进行稳定性和滞后期的选择，结果如图 5-4、5-11 所示。

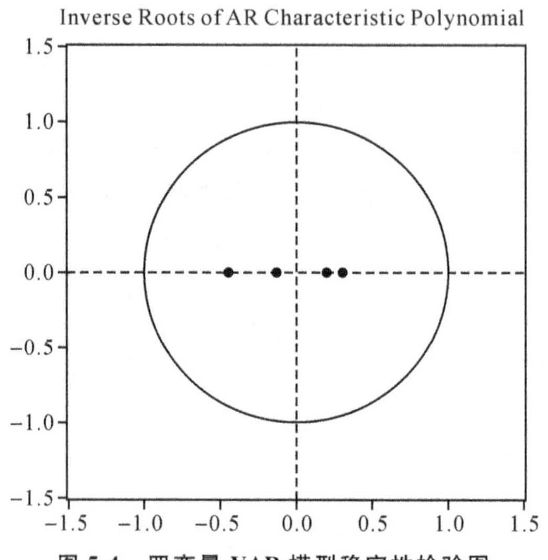

图 5-4　四变量 VAR 模型稳定性检验图

从图 5-4 的 VAR 模型稳定性检验图中，我们可以看到，该四变量 VAR 模型的 AR 根均在单位圆内，AR 根数值均小于 1，因此该模型是稳定的。

表 5-11　四变量 VAR 模型滞后期选择

滞后期	最终预测误差	AIC 准则	SC 准则	HQ 信息准则
0	4.51e−09	−7.866071	−7.779989	−7.831090
1	3.02e−09 *	−8.267031 *	−7.836620 *	−8.092124 *
2	3.21e−09	−8.204987	−7.430247	−7.890154

注：* 代表不同的准则选择的最佳滞后期。

根据表 5-11 的滞后期检验，我们得到，按照四种准则进行的最佳滞后期选择，VAR 模型的最佳滞后期均为 1 期。因此该 VAR 模型的最终滞后期为 1 期，模型不需再进行更改。接下来我们需要在 VAR 模型的基础上施加 6 个长期约束条件：需求冲击对产出的长期累积影响为零、货币冲击对产出的长期累积影响为零、食品价格冲击对产出的长期累积影响为零，这 3 项长期约束的理论基础是产出中性理论，从长期来看，需求和食品价格的正向冲击和负向冲击对货币供应量的叠加效应为零。因此，需求冲击对货币供应量的长期累积影响为零、食品价格冲击对货币供应量的长期累积影响也为零。此外，在粮食丰收的年份，食品的价格会下降，导致 CPI 也会下降，而在粮食歉收的年份食品的价格会上升，导致 CPI 的价格也会上升，从长期来看，食品价格对通货膨胀正向和负向的累积影响可算作为零。因此食品价格的冲击对通货膨胀率的累积影响为零。相对应地，按照第三章中，四变量结构向量自回归的理论模型来看，就是 $S_{12}(L)=0$，$S_{13}(L)=0$，$S_{14}(L)=0$，$S_{23}(L)=0$，$S_{24}(L)=0$，$S_{34}(L)=0$。在施加约束条件后，我们以此得到 SVAR 模型，从而我们可以得到长期响应矩阵模型 $S(L)$ 和 S(0) 的估算结果，结果如下：

$$S(0)=\begin{bmatrix} 0.016849 & 0.000641 & -0.000717 & 0.002959 \\ 0.000306 & 0.011618 & 0.003345 & -0.002957 \\ 0.326251 & -0.194397 & 0.540451 & 0.011454 \\ 0.665493 & -0.414732 & 1.502168 & 0.469247 \end{bmatrix}$$

$$S(L)=\begin{bmatrix} 0.011997 & 0 & 0 & 0 \\ -0.003295 & 0.014062 & 0 & 0 \\ 0.331254 & -0.280180 & 0.697946 & 0 \\ 0.635461 & -0.479207 & 1.782584 & 0.589647 \end{bmatrix}$$

得到 $S(L)$ 和 S(0) 后，根据 $S(0)v_t=\varepsilon_t$，我们可以得到 v_t，$v_t=S(0)^{-1}\times\varepsilon_t$，其中 ε_t 在最初的 VAR 模型中可以直接得到，$S(0)^{-1}$ 的计算结果如下：

$$S(0)^{-1}=\begin{bmatrix} 53.1738 & 1.8288 & 1.0290 & -0.3489 \\ 13.1422 & 73.4951 & -1.6031 & 0.4194 \\ -27.9137 & 25.7576 & 0.7654 & 0.3197 \\ 25.5617 & -20.0929 & -5.3264 & 1.9733 \end{bmatrix}$$

在得到 v_t 后，排除掉暂时冲击对通货膨胀的影响，则 $\Delta\pi_t$ 中的核心通货膨胀变动成分为：

$$\Delta\pi_t^*=S_{31}(L)v_{1t}+S_{32}(L)v_{2t}+S_{33}(L)v_{3t} \tag{5-7}$$

S_{31}、S_{32} 和 S_{33} 在 $S(L)$ 中可以对应找到，至此我们已经得到核心通货膨胀的变动值，按照核心通货膨胀与总通货膨胀的均值相等的原假设，根据式 5-5 和 5-6 的调整，我们可以得到按四变量建立 SVAR 模型的最终核心通货膨胀估算序列。

正如上文所说，四变量建立 SVAR 模型从理论上来说更全面，但是从我们的估算结果来看，四变量 SVAR 的估算效果不如三变量 SVAR 的估算效果。图 5-5 是三变量建立 SVAR 模型和四变量建立 SVAR 模型的估算结果对比图，另外图 5-5 中还加入了 CPI 的真实值，以作估算序列的对照。

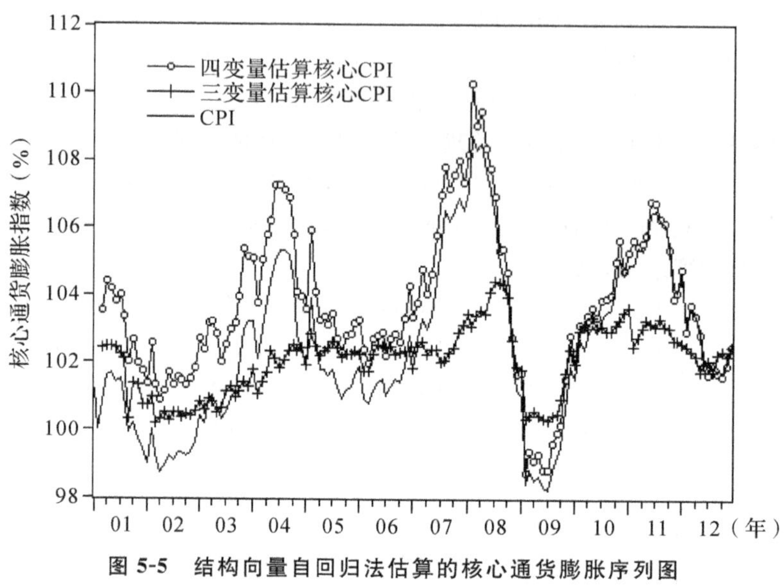

图 5-5　结构向量自回归法估算的核心通货膨胀序列图

图 5-5 中根据三变量建立 SVAR 模型估算出的核心通货膨胀整体表现得比较平稳，而根据四变量建立 SVAR 模型估算出来的核心通货膨胀整体波动比较大，在 2008 年以后，与 CPI 的真实数据更为接近，但在有些年份，例如 2007 年下半年—2008 年上半年，四变量估算的核心 CPI 波动性比 CPI 还要大，因此波动性这么大的一个指标其趋势性势必要差很多，从核心通货膨胀估算通胀趋势的目的来说，四变量建模估算的方法不算最佳。从图上直观来看，四变量建模的估算序列波动性比较大，从实际方差的计算结果来看，从 2001 年—2012 年四变量建模的估算序列方差为 5.1，三变量建模的估算序列方差为 1.0，实际 CPI 序列的方差为 5.9，从实际方差的计算结果我们也可以看到三变量建模的估算序列稳定性要高于四变量建模的估算。此外，本书在实证过程中，对四变量建模的核心 CPI 序列进行了文献综述中 Marquesa et al.(2003)的有效性检验，检验结果得到该估算序列未通过有效性的三项检验。因此，本书最后决定采用三变量建模的估算序列来和其他估算方法得到的序列进行比较。

四、HP 滤波法

测定长期趋势的方法有很多种，而 Hodrick-Prescott(HP)滤波方法是被广泛用来测定经济时间序列长期趋势的一种方法。该方法最早是用作分析美国战后的经济周期，后被广泛运用于经济领域，HP 滤波法的运用非常灵活，它不像其他长期趋势测定方法，如平均法那样依赖对经济周期中波峰和波谷的确定，HP 滤波法把经济周期看作是一单调增加变动趋势的偏离，假设 π_t 为通货膨胀，π_t^{core} 为通货膨胀的长期趋势即核心通货膨胀，π_t^s 为波动成分，则 $\pi_t = \pi_t^{core} + \pi_t^s$，计算 HP 滤波就是将 π_t^{core} 从 π_t 中分离出来，π_t^{core} 通常为最小化 $\sum_{t=1}^{T}\{(\pi_t - \pi_t^{core})^2 + \lambda[c(L)\pi_t^{core}]^2\}$ 的解，其中，$c(L)$ 是延迟算子多项式。目前我国国内很少有学者使用 HP 滤波法来计算核心通货膨胀。因此，本书尝试性地使用该方法来得到通货膨胀的长期趋势部分即核心通货膨胀。

使用 HP 滤波法估算核心通货膨胀的数据只用到了 2001 年 1 月—2012 年 12 月的居民消费价格指数，估算出该指数的长期趋势也就得到了核心通货膨胀数据。该估算过程通过 Eviews 实现，对于该方法的软件实现，最重要的是参数 λ 的取值，一般来说，对于年度数据，该参数取 100；对于季度数据，该参数取值 1600；对于月度数据，该参数取值 14400。在 λ 取值 14400 的情况下，我们得到了估算结果，如图 5-6 所示。

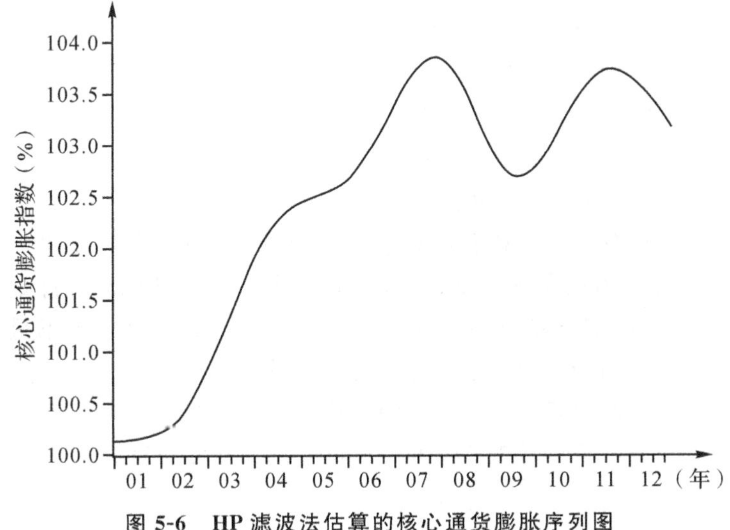

图 5-6　HP 滤波法估算的核心通货膨胀序列图

从图 5-6 中我们可以看到，HP 滤波法估算出来的核心通货膨胀正如其定义的那样，整个趋势是单调增加的，整个波动曲线相当光滑，但是在较短的时间区间内波动幅度变化太大，从理论上来说解释力度不强，并且从实际操作上来说，不利于政策的连贯性，但该方法的优势在于操作简单。

五、持续性加权法

持续性加权法的核心在于估计 CPI 各成分的持续性，并根据持续性的强弱来分配权重，其中对持续性系数为负值的部分赋予权重为 0。计算过程中，由于构成 CPI 的 8 类分项价格指数平稳性不一，因此采用的是 Colin (2010)使用的 AR 模型：

$$\pi_{i,t} = \alpha_{i,t} + \sum_{j=1}^{qi} \rho_{i,j} \pi_{i,t-j} + \varepsilon_{i,t} \tag{5-8}$$

式中，$\pi_{i,t}$ 表示第 i 项价格指数，q_i 表示依据 AIC 准则确定最优滞后阶数，持续性用 $\sum_{j=1}^{qi} \rho_{i,j}$ 来表示。持续性加权法用的数据为家庭设备用品及服务价格指数、交通和通信价格指数、居住价格指数、娱乐教育文化用品服务价格指数、医疗保健及个人用品价格指数、衣着价格指数、烟酒及用品价格指数、食品类价格指数和居民消费价格指数 9 项价格指数，数据来源于凤凰网的数据中心。

由于通货膨胀的持续性对于结构性的变化非常敏感。因此，在计算持续性系数前，先对居民消费价格指数和 8 大类分项指数的 AR(q) 模型进行 Quandt-Andrew 结构突变检验（Andrews，1993)，Quandt-Andrew 分割点检验是模型稳定性检验的一种，该方法是对确定模型形式的方程检验是否存在一个或多个结构分割点，适用于未知突变点的检测情况。Quandt-Andrew 检验是通过 Chow 分割点检验得到 k 个检验统计量，然后将这 k 个检验统计量汇总到一个检验统计量，最终检验得到 3 类指标和 2 个统计量，3 类指标分别为最大统计量指标、Ave 统计量指标和 Exp 统计量指标，2 个统计量分别为 LR F 统计量和 Wald F 统计量。限于篇幅，本书只选用了 2 个统计量中的 LR F 统计量，对最终结果没有影响。

当检验结果的 P 值小于 0.05，即拒绝原假设，也就是方程有结构断点。本书对于这 9 项价格指数的 Quandt-Andrew 结构突变检验结果如表 5-12 所示。

表 5-12　CPI 和各分项价格指数序列的结构断点检验

	最大 LRF 统计值	P	ExpLRF	P	AveLRF	P
家庭设备	3.7226	0.9999	1.2524	0.9806	2.4316	0.9414
交通和通信	13.6660	0.1545	4.5579	0.1389	6.3796	0.1412

续表

	最大 LRF 统计值	P	ExpLRF	P	AveLRF	P
居住	7.3723	0.4749	2.1509	0.3397	3.4457	0.3067
娱乐教育	1.2891	1	0.2845	1	0.5515	1
医疗保健	5.5061	0.7322	1.0968	0.7697	1.6638	0.8054
衣着	7.4309	0.4675	1.1438	0.7471	1.3336	0.9090
烟酒	3.1631	0.9983	0.9530	0.9697	1.7945	0.9468
食品	2.9153	1	0.6084	1	1.1420	1
CPI	2.5802	0.9423	0.3620	0.9616	0.6156	0.953

注:根据凤凰网数据中心的数据检验而来。

从表 5-12 的检验结果来看,各分项价格指数没有结构断点。接下来我们再根据持续性来计算各类权重,由于各分项价格指数的持续性在短期内观察不出来。因此本书在计算各序列持续性时,没有每隔 12 个月进行一次持续性计算,而是将 2001 年 1 月—2012 年 12 月整个时间作为测度持续性的估算区间。计算过程中本书对持续性系数为负值的部分赋予权重为 0,对其余剩下的滞后项系数进行加总作为每个序列持续性的测度,然后对每个分项序列按持续性分配权重,交通和通信、烟酒及用品、医疗保健及个人用品、衣着、家庭设备用品及服务、娱乐教育文化用品服务、居住、食品类的权重分别为 8.90%、13.53%、13.78%、11.76%、13.30%、11.45%、15.84%、11.46%,最后使用加权平均法估算核心通货膨胀,估算结果如图 5-7 所示。

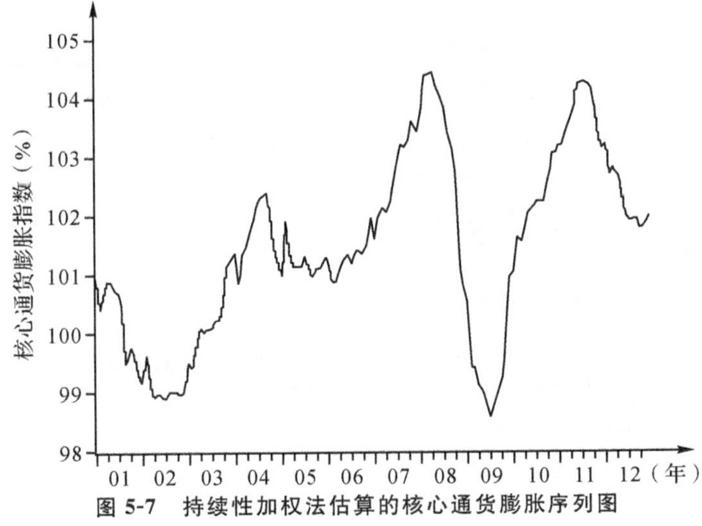

图 5-7　持续性加权法估算的核心通货膨胀序列图

六、方差修削法

方差修削法是修削均值法和方差加权指数法的结合，该方法的核心在于按各分项价格指数的波动性来分配权重，波动性大的赋予权重小，波动性小的赋予权重大，在此基础上剔除一端或两端一定比例的分项价格指数，再对剩余价格指数进行加权。Michael Pedersen(2009)首次使用该方法对欧洲和美国的核心通货膨胀进行估算，结果显示该方法也可作为核心通货膨胀的估算方法之一。目前国内还没有学者对该方法进行进一步的研究。因此本书将使用该方法对我国的核心通货膨胀进行估算。

方差修削法的公式可表示为：

$$w_{i,t}^{\sigma} = \frac{1/\sigma_{i,t}^{2}}{\sum_{i=1}^{n} 1/\sigma_{i,t}^{2}} \tag{5-9}$$

$$\pi_{t}^{\sigma} = \frac{1}{1-\beta} \sum_{\sum w_{i,t}^{\sigma} \leqslant 1-\beta} w_{i,t}^{\sigma} \pi_{i,t}^{\sigma} \tag{5-10}$$

式中，$\sigma_{i,t}^{2}$ 为第 i 类价格指数的方差，β 是对极端值的剔除比例。

方差修削法的计算过程需要 3 个步骤：首先，和方差加权指数法一样，方差修削法需要计算出每一年 8 项分类指数的波动性，然后，和方差加权指数法不同的是，接下来方差修削法需要按照波动性的大小进行排序，其中各分项价格指数的权重是方差倒数的比重，最后对波动性大的一端除掉一定的比率，将剩下的分项价格指数按照加权法计算得到最终的核心通货膨胀。

在第三章的核心通货膨胀估算方法介绍中，本书已对极端剔除比例 β 和选择修削的方向进行了说明，最后选定用来进行方法比较的是 10%单侧方差修削法。表 5-13 为 8 分项价格指数所占的权重，如表 5-14 所示为以 2012 年 12 月为例，方差修削法单侧修削 10%的具体算例，如图 5-8 所示为方差单侧修削 10%方法计算的核心通货膨胀。单侧修削 10%的核心通货膨胀估算用到的数据和方差加权指数法一样，是 8 分项大类的价格指数，数据来源于凤凰网的数据中心。

表 5-13 方差修削法的 8 大类分项价格指数权重

2001 年	家庭设备	烟酒	衣着	医疗保健	交通通信	居住	食品	娱乐教育
2001 年	0.397203	0.215169	0.213092	0.074536	0	0	0	0

续表

2002 年	家庭设备	医疗保健	娱乐教育	食品	烟酒	居住	衣着	交通通信
2002 年	0.396723	0.248819	0.091858	0.013655	0.088496	0.060449	0	0
2003 年	娱乐教育	家庭设备	交通通信	衣着	烟酒	居住	医疗保健	食品
2003 年	0.329927	0.303967	0.144049	0.091781	0.030276	0	0	0
2004 年	衣着	烟酒	家庭设备	交通通信	娱乐教育	医疗保健	居住	食品
2004 年	0.37086	0.229331	0.209397	0.090412	0	0	0	0
2005 年	烟酒	居住	衣着	家庭设备	医疗保健	交通通信	娱乐教育	食品
2005 年	0.764158	0.06675	0.043986	0.025106	0	0	0	0
2006 年	居住	烟酒	医疗保健	交通通信	衣着	家庭设备	娱乐教育	食品
2006 年	0.246724	0.189302	0.176315	0.119537	0.106838	0.061285	0	0
2007 年	烟酒	家庭设备	娱乐教育	交通通信	衣着	医疗保健	居住	食品
2007 年	0.795634	0.104366	0	0	0	0	0	0
2008 年	娱乐教育	衣着	家庭设备	烟酒	医疗保健	交通通信	居住	食品
2008 年	0.292983	0.267825	0.150881	0.148341	0.03997	0	0	0
2009 年	娱乐教育	烟酒	交通通信	医疗保健	衣着	家庭设备	居住	食品
2009 年	0.238291	0.236065	0.209478	0.179991	0.036175	0	0	0
2010 年	烟酒	交通通信	衣着	医疗保健	娱乐教育	家庭设备	居住	食品
2010 年	0.768509	0.092262	0.039229	0	0	0	0	0
2011 年	娱乐教育	医疗保健	交通通信	家庭设备	烟酒	衣着	居住	食品
2011 年	0.390572	0.218915	0.178044	0.102543	0.009926	0	0	0
2012 年	家庭设备	交通通信	居住	娱乐教育	医疗保健	衣着	烟酒	食品
2012 年	0.223831	0.189354	0.174069	0.141186	0.129001	0.042558	0	0

注：根据凤凰网数据中心的数据计算而来

从表 5-13 中我们可以看到，在 8 个分项价格指数中，历年来，波动性较大的项目为食品、居住、家庭设备等。本书分别对这些波动大的项目给予剔除或减少权重的处理。

表 5-14　10%单侧方差修削的具体算法(以 2012 年 12 月为例)

分项价格指数	家庭设备	交通通信	居住	娱乐教育	医疗保健	衣着	烟酒	食品
2012 年 12 月	101.7	100	103	101.1	101.7	101.9	101.5	104.2

续表

分项价格指数	家庭设备	交通通信	居住	娱乐教育	医疗保健	衣着	烟酒	食品
按 2012 年方差排序	0.12	0.14	0.16	0.19	0.21	0.31	0.56	6.30
方差倒数	8.33	7.14	6.25	5.26	4.76	3.22	1.78	0.16
方差倒数的权重	0.23	0.19	0.17	0.14	0.13	0.09	0.05	0
累计权重	0.23	0.42	0.59	0.73	0.86	0.95	1	1
10%比率单侧截尾	0.23	0.19	0.17	0.14	0.13	0.04	0	0
30%单侧截尾法计算	(101.7×0.23+100×0.19+103×0.17+101.1×0.14+101.7×0.13+101.9×0.04+101.5×0+104.2×0)/(1−0.1)=101.5							

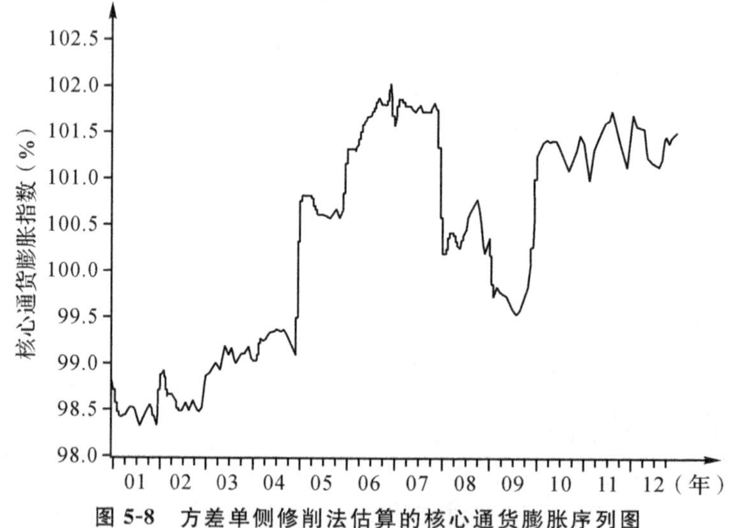

图 5-8　方差单侧修削法估算的核心通货膨胀序列图

以上是本书使用的 6 种方法估算核心通货膨胀指数的具体实证过程。图 5-9 为根据 30%单侧截尾法、方差加权指数法、三变量结构向量自回归法、持续性加权法、HP 滤波法、10%方差单侧修削这 6 种方法估算出来的核心通货膨胀序列比照图，其中，时间跨度为 2001 年 1 月—2012 年 12 月。

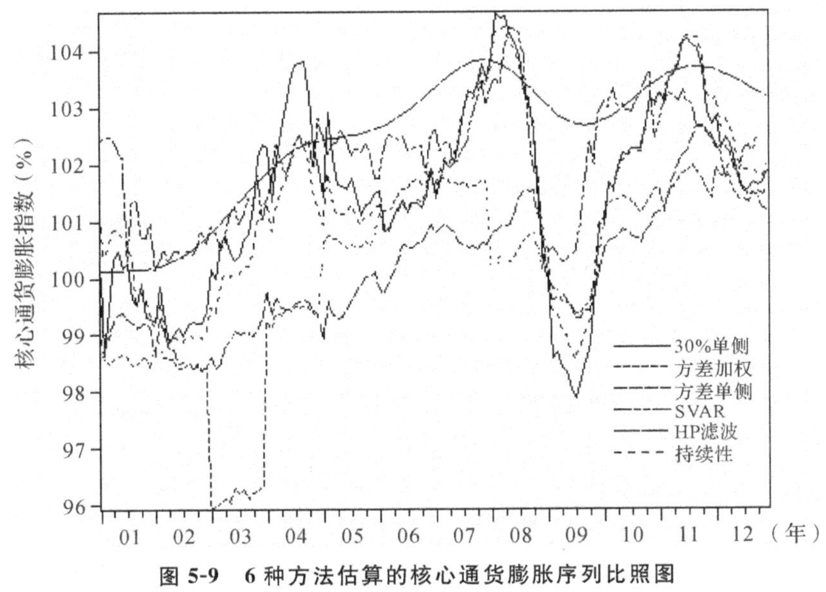

图 5-9 6 种方法估算的核心通货膨胀序列比照图

第二节 基于各种估算方法的结果比较

本书使用了 30％单侧截尾法、方差加权指数法、方差修削法、结构向量自回归法、HP 滤波法和持续性加权法这 6 种方法，估算了我国 2001 年 1 月—2012 年 12 月的核心通货膨胀，对于这几种方法定性的比较，已有学者对其进行过详尽介绍，但是定量的比较还不算丰富，本书接下来将对 6 种方法得的核心通货膨胀序列进行定量的比较。对这几种估算结果的评价主要还是集中在序列有效性、序列平稳性、序列与 CPI 的协整性、与 CPI 和货币供给的相关性和对 CPI 的预测性这几方面。

一、序列有效性检验

首先要进行检验的是有效性，在综述中我们可以看到 Marquesa et al.(2003)，侯成琪，龚六堂，张维迎(2011)认为，一个有效的核心通货膨胀度量应该满足 3 个条件：

首先，$x_t=\pi_t-\pi_t^*$ 是平稳序列，其中 π_t^* 为核心通货膨胀，π_t 为通货膨胀。侯成琪等(2011)认为，由于 x_t 是由与货币事件无关的冲击而导致的，因此 x_t 应该是个平稳的序列，不应该有趋势性，这就要求核心通货膨胀能够完全解释通货膨胀中含有趋势性的成分。

第二，$\Delta\pi_t$ 存在误差修正机制，即 π_t^* 是 π_t 的吸引子，如果 $\pi_t > \pi_t^*$ 则未来的 π_t 会下降；如果 $\pi_t < \pi_t^*$ 则未来的 π_t 会上升，这要求在式 5-11 中的误差修正项系数 $\gamma < 0$：

$$\Delta\pi_t = \sum_{i=1}^{m}\alpha_i\Delta\pi_{t-i} + \sum_{i=1}^{n}\beta_i\Delta\pi_{t-i}^* + \gamma(\pi_{t-1} - \pi_{t-1}^*) + \varepsilon_t \quad (5\text{-}11)$$

第三，π_t^* 是弱外生性的，即 π_t 不是 π_t^* 的吸引子，更严格的是 π_t^* 是强外生性的，即在通货膨胀 π_t 不是核心通货膨胀 π_t^* 的吸引子前提下，π_t 的滞后差分项对 π_t^* 没有影响，这要求在方程(5-12)中误差修正项的系数 λ 以及 π_t 的滞后差分项系数 a_i ($i=1,2,\cdots,r$)等于零：

$$\Delta\pi_t^* = \sum_{i=1}^{r}a_i\Delta\pi_{t-i} + \sum_{i=1}^{s}b_i\Delta\pi_{t-i}^* + \lambda(\pi_{t-1} - \pi_{t-1}^*) + \eta_t \quad (5\text{-}12)$$

本书对 30% 比率单侧截尾法、方差加权指数法、方差修削法、SVAR、HP 滤波法、持续性加权法产生的序列进行了 3 项有效性检验，结果如表 5-15 所示，其中检验模型的滞后期根据 AIC 准则确定。

表 5-15 核心通货膨胀序列的有效性检验

原假设	x_t 有单位根		$\gamma=0$		$\lambda = a_1 = \cdots = a_r = 0$
30%单侧截尾法	T=−2.57	P=0.1028	γ=−0.10	P=0.0252	P_λ=0.8024，P_{a1}=0.987
方差加权指数法	T=−2.00	P=0.2851	γ=−0.03	P=0.0668	P_λ=0.2077，P_{a1}=0.5931
方差单侧修削法	T=−3.31	P=0.0162	γ=−0.04	P=0.0217	P_λ=0.8302，P_{a1}=0.3315
三变量 SVAR 法	T=−3.20	P=0.0222	γ=−0.08	P=0.0199	P_λ=0.1946，P_{a1}=0.6759
HP 滤波法	T=−3.04	P=0.0336	γ=−0.22	P=0.0006	P_λ=0.0000，P_{a1}=0.0123
持续性加权法	T=−3.16	P=0.0249	γ=−0.07	P=0.0508	P_λ=0.5693，P_{a1}=0.1593

注：用作有效性检验的序列均根据凤凰网的数据中心和国家统计局网站数据计算而来。

根据序列有效性的选择标准，首先要求 x_t 是平稳序列。本书对 6 种方法计算得到的序列进行了第一项，和通货膨胀差值序列的单位根检验，检验的原假设是 x_t 有单位根，要满足 x_t 的平稳性就需要拒绝原假设，在 5% 的显著水平下只有方差单侧修削法、三变量 SVAR 法、HP 滤波法和持续性加权法通过了该项平稳性检验。有效性的第二项标准要求误差修正项系数 γ 小于零，该项检验的原假设为 γ 等于 0，在 10%的显著水平下，30%单侧截尾法、方差加权指数法、方差单侧修削法、三变量 SVAR 法、HP 滤波法和持续性加权法拒绝了原假设，即估算的方程系数显著被接受，这几项序列的方程系数均小于零，因此 30%单侧截尾法、方差加权指数法、方差单侧修削、三变量 SVAR、HP 滤波和持续性加权法通过了第二项 π_t^* 是 π_t 吸引子的检验。有效性的第三项标准要求 $\lambda = a_1 = \cdots = a_r = 0$，检验结果显示，除了 HP 滤波法，其他方法均接受原假设，即 $\lambda = a_1 = \cdots = a_r = 0$。

在这3项有效性检验中，我们可以发现只有方差单侧修削法、SVAR和持续性加权法序列完全通过了3项检验。

二、序列稳定性以及与CPI的协整性比较

有效性检验后，对通过检验的方差单侧修削法、SVAR和持续性加权法序列进行平稳性、与CPI的协整性检验，结果如表5-16所示。

表5-16 方差单侧修削法、SVAR、持续性加权法的稳定性检验

序列	均值	最小值	最大值	标准差	平稳性	
					原序列	一阶差分
CPI	102.4	98.2	108.7	2.44	T=−2.54 P=0.11	T=−5.45 P=0
方差单侧修削	100.3	98.3	102.0	1.19	T=−1.44 P=0.5619	T=−11.82 P=0
SVAR	102.1	100.2	104.4	1.00	T=−2.39 P=0.1469	T=−12.81 P=0
持续性加权	101.4	98.6	104.4	1.54	T=−2.69 P=0.0791	T=−4.05 P=0.0016

注：用作稳定性检验的序列均根据凤凰网的数据中心和国家统计局网站数据计算而来。

从表5-16中的标准差来看，方差单侧修削法、SVAR法和持续性加权法序列的波动性都要小于CPI，三者的均值也都小于CPI，最大值均比CPI要小，因此这三序列都表现得比CPI序列平稳，符合核心通胀是通货膨胀剔除暂时波动的定义，从标准差的数据大小来看，三变量SVAR法的稳定性最高，方差单侧修削法的稳定性其次，最后是持续性加权法。序列平稳性检验中我们采用了单位根检验，检验的原假设H0是序列有单位根。从ADF单位根检验的结果来看，三序列和CPI一样，都接受了原假设，原序列是不平稳的，一阶差分序列的单位根检验都是拒绝原假设，也就是说这三序列和CPI都是一阶单整的，因此3种方法估算的核心通货膨胀序列和CPI都是同阶的，这与Freeman(1998)对项目剔除法、中位数法和龙革生，曾令华等(2008)对项目剔除法等方法的考察结果一致。

在ADF检验的基础上我们进行三序列与CPI的协整性检验，协整性检验一般分为两种Johansen和AEG检验。本书采用的是AEG协整检验，该检验分为两步：第一步建立CPI与核心CPI的线性回归模型；第二步对线性回归模型的残差进行单位根检验，残差平稳证明两序列具有协整关

系。如表 5-17 所示为方差单侧修削法、SVAR、持续性加权法三序列与 CPI 的协整检验结果。

表 5-17 方差单侧修削法、SVAR、持续性加权法与 CPI 的协整性检验

检验序列	AEG 统计量	1%临界值	5%临界值	10%临界值	概率值(P 值)
方差单侧修削	−3.3152	−3.4775	−2.8821	−2.5778	0.016
SVAR	−3.2020	−3.4816	−2.8839	−2.5788	0.0221
持续性加权	−3.1565	−3.4808	−2.8836	−2.5786	0.0249

注:用作协整性检验的序列均根据凤凰网的数据中心和国家统计局网站数据计算而来。

检验结果表明,三序列与 CPI 线性方程的残差均平稳,即三序列和 CPI 均存在协整关系,也就是说 CPI 分别与该三序列存在长期稳定的均衡关系。因此,从稳定性和与 CPI 的均衡关系角度来看,这三序列均满足检验要求。

三、与 CPI、货币供给的相关性和对 CPI 的预测性比较

方差单侧修削法、SVAR 和持续性加权序列均通过了有效性、稳定性和协整性检验,最后通过与 CPI、货币供给相关性和对 CPI 的预测性来比较这 3 种估算方法。

本书使用 Colin Bermingham(2010)的式 5-13 来预测 CPI,其中 π_t 是时间 t 的 CPI,π_t^* 是时间 t 的核心通货膨胀,滞后项数根据 AIC 准则确定为 1。预测结果的优劣用均方根误差(RMSE)和平均绝对误差(MAE)来衡量,其中 π_t' 是通货膨胀的在 t 期的预测值,比较结果如表 5-18 所示。

$$\pi_{t+h} - \pi_t = \alpha_0 + \alpha_1(\pi_t^* - \pi_t) + \varepsilon_t \tag{5-13}$$

$$\mathrm{MAE} = \frac{1}{n}\sum_{t=1}^{n}|\pi_t' - \pi_t| \tag{5-14}$$

$$\mathrm{RMSE} = \sqrt{\frac{1}{n}\sum_{t=1}^{n}(\pi_t' - \pi_t)^2} \tag{5-15}$$

表 5-18 三序列和 CPI、货币供给的相关性及预测性比较

	CPI	货币供给	RMSE	MAE
方差单侧修削序列	0.505***, P=0.000	0.654***, P=0.000	0.6611	0.5007
SVAR 序列	0.793***, P=0.000	0.400***, P=0.000	0.6633	0.5027
持续性加权序列	0.954***, P=0.000	0.508***, P=0.000	0.6688	0.5092

注:* * *、* *、* 分别表示在 1%、5%、10%的显著水平下显著。

从表 5-18 中我们可以看出，方差单侧修削法、SVAR 和持续性加权法列与 CPI 和货币供给量在 1%的显著水平下显著相关，其中，持续性加权法序列与 CPI 的正相关性最强，SVAR 序列与 CPI 相关性其次，方差单侧修削法序列与 CPI 的相关性最弱。此外，方差单侧修削法序列与货币供给量的相关性最强，持续性加权法其次，SVAR 序列与货币供给的相关性最弱。从预测角度来看，三序列的 RMSE 和 MAE 比较接近，预测效果相当，方差单侧修削法序列略优于 SVAR 和持续性加权法。

从以上方差单侧修削法、SVAR 和持续性加权法的有效性、平稳性、与 CPI 的协整性、与 CPI 和货币供给的相关性和对 CPI 的预测性这几方面的比较来看，这 3 种估算方法得到的序列均满足基本要求，在平稳性方面 SVAR 方法最佳，与 CPI 相关性方面持续性加权法最强，与货币相关性和预测通货膨胀方面方差修削法最佳，但是本书的最终目的是用来预测核心通货膨胀，以达到预测通货膨胀趋势的目的，因此选用方差修削法相对比较适合。此外，从计算过程来看，方差修削法计算简便，易于理解，当一年 12 个月数据均可得时，每隔 12 个月进行一次估算，当一年 12 个月数据未满足时，几个月份也可以用来估算，对于数据的要求没有那么高，估算结果具有时效性，在这点上 SVAR 和持续性加权法每当数据得到补充，就需要重新建模、重新估算，以往的估算数据都要推翻，不满足历史不变性，从运用角度来说，SVAR 和持续性加权法实际操作性不如方差单侧修削法。因此，本书在对比了 30%单侧截尾法、方差加权指数法、方差修削法、结构向量自回归法、HP 滤波法和持续性加权法这六种估算方法后，将采用方差单侧修削法来估算我国 2001 年 1 月—2013 年 12 月的核心通货膨胀。

第六章　核心通货膨胀的实际预测

第一节　影响核心通货膨胀的自变量选择

西方的凯恩斯理论认为货币供给量的变化引起利率的变化，从而引起投资的变化，进而影响总需求、产出或物价，当实际货币供给超过均衡货币供给时，就会出现流动性过剩现象，造成通货膨胀；反之就会出现流动性不足，造成通货紧缩，从这个观点来看，货币供给量、利率这些宏观经济变量可以影响通货膨胀。在对核心通货膨胀的影响因素进行梳理后，我们发现汇率、股票市场价格这些因素也会影响通货膨胀。因此本书立足于金融市场，选择了其中的货币供给、利率、股票价格和汇率这 4 类指标来定量地与核心 CPI 数据进行格兰杰因果检验，测度这些指标是否能够影响核心通货膨胀。

一、格兰杰因果检验理论

格兰杰检验是由 2003 年诺贝尔经济学奖得主 Clive WJ Granger (1969)所开创的用于判断经济变量之间因果关系的一种检验。在现实生活中，许多经济变量有着相互影响的关系，但是，这些经济变量之间是否有先导和滞后的关系，并且当其中两个变量存在着先导和被影响的关系时，能否从统计学上考察这种关系是单向的还是双向的？也就是一个变量过去的行为能否影响当前的另一个变量？或者说双方过去的行为相互影响着对方当前的行为？Granger 因果检验就是在这种问题的背景下出现的，Granger 因果检验的实质是检验一个变量的滞后变量是否可以引入到其他变量方程中。如果一个变量受到其他变量的滞后影响，则称他们具有 Granger 因果关系。

对于变量 X 和 Y,格兰杰因果检验要求估计以下回归:

$$Y_t = \sum_{i=1}^{m}\alpha_i X_{t-i} + \sum_{i=1}^{m}\beta_i Y_{t-i} + \mu_{1t} \tag{6-1}$$

$$X_t = \sum_{i=1}^{m}\lambda_i Y_{t-i} + \sum_{i=1}^{m}\delta_i X_{t-i} + \mu_{2t} \tag{6-2}$$

假设白噪声 μ_{1t} 和 μ_{2t} 是互不相关的,式 6-1 假定 y 取值与 y 和 x 过去值有关,式 6-2 假定 x 取值与 y 和 x 的过去值有关。式 6-1 的零假设为 $\alpha_1 = \alpha_2 = \cdots = \alpha_m = 0$,式 6-2 的零假设为 $\beta_1 = \beta_2 = \cdots = \beta_m = 0$。在式 6-1 中若 x 的滞后项系数显著不为零,而式 6-2 中 y 的滞后项系数显著为零,就成 x 是 y 的 Granger 原因。在式 6-1 中若 x 的滞后项系数显著为零,而式 6-2 中 y 的滞后项系数显著不为零,就成 y 是 x 的 Granger 原因。同理,当式 6-1 中 x 的滞后项系数和式 6-2 中 y 的滞后项系数均显著不为零,则称 x 和 y 互为 Granger 因果关系,当这两项系数均显著为零,则称 x 和 y 互相独立,彼此不存在 Granger 因果关系。

格兰杰因果检验的步骤分为 3 步,首先是平稳性检验,一般采用单位根检验。对于格兰杰因果检验的时间序列必须是平稳的,否则容易出现伪回归现象,对于平稳的序列可以直接进行格兰杰因果检验,对于原序列不平稳的可以对原序列数据进行处理。例如,差分或取对数,以达到序列平稳的目的,但是这样做出来的结果也是处理过的序列之间是否存在格兰杰因果检验,对于有些检验目的,这种做法的解释能力会变差。对于不平稳又不处理的时间序列数据,需要进行第二步,协整性检验,在满足变量间存在协整关系,也就是长期为稳定关系的序列可以进行格兰杰因果检验,不满足协整关系的序列不能进行下一步格兰杰因果检验。在进行格兰杰因果检验时,需要填写滞后期,关于滞后期的选择,赵卫亚(2006)认为格兰杰因果检验的检验结果对于滞后期的选择非常敏感,不同的滞后期可能会得到不一样的结果。因此,在实际应用过程中,可以尝试选择多个不同的滞后期,如果检验结果一致,做出的结论比较可信。事实上,在不少文献中,也有学者是采用这种尝试性的滞后期选择法,如庞皓,陈述云(1999),赵鹏,韩东林(2009)等,但是高铁梅(2009)采用的是 AIC 准则和 SC 准则来确定滞后期。本书在采用前一种方法尝试不同滞后期时得到的检验结果的确不一致。因此采用后一种方法,先对核心 CPI 和各自变量进行 VAR 建模,然后根据最佳滞后期选择里的 5 种判别标准来选择滞后期。

二、格兰杰因果检验实证结果

本书采用了货币供给、利率、股票价格和汇率这4类影响因素与核心CPI数据进行格兰杰因果检验，其中货币供给因素本书选用了指标M_0、M_1、M_2，考虑到核心通货膨胀指标是个同比增长指标，为了保持指标变动的一致性，本书对M_0、M_1和M_2分别进行了同比增加计算，其中M_0表示流通中的现金，指的是除了银行体系以外的各个单位的库存现金和居民手中持有的现金和，M_1是狭义的货币供应量，一般指M_0再加上各个企业、机关、团体、部队、学校等单位在银行的活期存款，M_2是指广义的货币供应量，一般是在M_1的基础上再加上各个企业、机关、团体、部队、学校等单位在银行的定期存款和城乡居民个人在银行的各项储蓄存款以及证券客户保证金，M_2减去M_1就是单位的定期存款各个人的储蓄之和，这部分货币通常称为准货币，比M_2涵义更广的货币指标是M_3，也就是最广义的货币供应量，它定义为M_2加上具有高流动性的证券和其他资产。此外，考虑到外汇储备也会影响到市场上的货币量，本书对外汇储备数据（单位：亿美元）进行了同比增加计算，得到了外汇储备同比增加指标，用来作为货币供给量变动指标之一，数据来源于中国人民银行统计数据和中国社会科学院金融统计数据库。股票价格因素本书选用了上证最低价格、上证最高价格、上证开盘价格、上证收盘价格、深证最低价格、深证最高价格、深证开盘价格、深证收盘价格指标来表示，数据来源于凤凰网的数据中心。利率指标本书选用了活期存款利率（%）和中国银行隔夜拆借利率（%），数据来源于中国证券期货统计年鉴和中国人民银行统计数据。汇率选用的是每日汇率的月平均计算（100外币兑本币），数据来源于凤凰网。核心通货膨胀是根据方差修削法估算得来的。数据的时间跨度均为2001年1月—2013年12月。表6-1是这几项指标的单位根检验结果。

表 6-1　影响通货膨胀的自变量和核心 CPI 的单位根检验结果

检验变量	检验类型 (c,t,k)	ADF 检验值	1%显著性水平临界值	5%显著性水平临界	结论
核心 CPI 一阶差分	(c,0,0)	−12.32407	−3.473096	−2.880211	平稳
上证最低一阶差分	(c,0,0)	−9.664462	−3.473096	−2.880211	平稳
上证最高一阶差分	(c,0,1)	−5.780854	−3.473382	−2.880336	平稳
上证开盘一阶差分	(c,0,1)	−6.789190	−3.473382	−2.880336	平稳
上证收盘一阶差分	(c,0,1)	−6.583356	−3.473382	−2.880336	平稳
深证最低一阶差分	(c,0,0)	−9.861490	−3.473096	−2.880211	平稳
深证最高一阶差分	(c,0,0)	−8.514734	−3.473096	−2.880211	平稳
深证开盘一阶差分	(c,0,1)	−6.680297	−3.473382	−2.880336	平稳
深证收盘一阶差分	(c,0,5)	−4.713347	−3.474567	−2.880853	平稳
M_0 一阶差分	(c,0,13)	−2.932267	−3.477144	−2.881978	平稳
M_0 同比增加	(c,0,11)	−3.109125	−3.476143	−2.881541	平稳
M_1 二阶差分	(c,0,11)	−6.572586	−3.476805	−2.881830	平稳
M_1 同比增加	(c,0,4)	−3.278689	−3.473967	−2.880591	平稳
M_2 二阶差分	(c,0,10)	−9.617969	−3.476472	−2.881685	平稳
M_2 同比增加一阶差分	(c,0,0)	−12.41715	−3.473096	−2.880211	平稳
汇率一阶差分	(c,0,1)	−4.484118	−3.473382	−2.880336	平稳
存款活期利率一阶差分	(c,0,0)	−12.20926	−3.473096	−2.880211	平稳
中国银行隔夜拆借利率	(c,0,0)	−4.245220	−3.472813	−2.880088	平稳
外汇储备一阶差分	(c,0,2)	−4.178176	−3.473672	−2.880463	平稳
外汇储备同比增加一阶差分	(c,0,0)	−9.655609	−3.473096	−2.880211	平稳

注：* 表示在该显著性水平上拒绝单位根假设；检验类型中的 c 表示带有常数项，t 表示带有趋势项，k 表示采用的滞后阶数，根据 AIC、SC 最优信息准则确定。当 ADF 检验值的绝对值超过临界值的绝对值时，则拒绝原假设，表示时间序列是平稳的。

本书对核心通货膨胀和综述中影响核心通货膨胀的指标进行了单位根稳定性检验，我们发现 M_0 同比增加、M_1 同比增加和中国银行隔夜拆借利率的原序列平稳，其余指标原序列均不平稳，其中上证最低价格指数、上证最高价格指数、上证开盘价格指数、上证收盘价格指数、深证最低价格指数、深证最高价格指数、深证开盘价格指数、深证收盘价格指数、M_0、M_2 同比增加、汇率、人民币存款活期利率、外汇储备、外汇储备同比增加和核心通货膨胀这 15 项指标的一阶差分序列均平稳，M_1 和 M_2 的二阶差分序列平稳。由于核心通货膨胀的原序列不平稳。因此，我们需要将该序列和其他一阶单证序列进行协整性检验，检验结果如表 6-2 所示。

表 6-2　核心通货膨胀和影响变量的协整性检验

序　列	原假设	概率值	结　论
上证最低	None	P=0.0148	上证最低和核心 CPI 存在协整关系
	At most 1	P=0.0832	
上证最高	None	P=0.0239	上证最高和核心 CPI 存在协整关系
	At most 1	P=0.0898	
上证开盘	None	P=0.0387	上证开盘和核心 CPI 存在协整关系
	At most 1	P=0.0909	
上证收盘	None	P=0.0078	证收盘和核心 CPI 存在协整关系
	At most 1	P=0.0644	
深证最低	None	P=0.0415	深证最低和核心 CPI 存在协整关系
	At most 1	P=0.1194	
深证最高	None	P=0.0286	深证最高和核心 CPI 存在协整关系
	At most 1	P=0.1021	
深证开盘	None	P=0.0618	深证开盘和核心 CPI 存在协整关系
	At most 1	P=0.1144	
深证收盘	None	P=0.0190	深证收盘和核心 CPI 存在协整关系
	At most 1	P=0.0928	
M_0	None	P=0.8207	M_0 和核心 CPI 不存在协整关系
	At most 1	P=0.8822	
M_2 同比增加	None	P=0.0505	M_2 同比增加 M_0 和核心 CPI 不存在协整关系
	At most 1	P=0.0619	
汇率	None	P=0.0587	汇率和核心 CPI 存在协整关系
	At most 1	P=0.7115	
人民币存款活期利率	None	P=0.2559	人民币存款活期利率 M_0 和核心 CPI 不存在协整关系
	At most 1	P=0.0930	
外汇储备	None	P=0.2725	外汇储备 M_0 和核心 CPI 不存在协整关系
	At most 1	P=0.5175	

续表

序列	原假设	概率值	结论
外汇储备同比增加	None	P=0.3348	外汇储备同比增加 M_0 和核心 CPI 不存在协整关系
	At most 1	P=0.3165	

注：None 表示原假设序列与核心 CPI 不存在协整关系，At most 1 表示原假设序列与核心 CPI 至少存在一项协整关系。

在对核心通货膨胀和上证最低价格指数、上证最高价格指数、上证开盘价格指数、上证收盘价格指数、深证最低价格指数、深证最高价格指数、深证开盘价格指数、深证收盘价格指数、M_0、M_2 同比增加、汇率、人民币存款活期利率、外汇储备、外汇储备同比增加这 14 个指标进行协整检验后，我们发现上证最低价格指数、上证最高价格指数、上证开盘价格指数、上证收盘价格指数、深证最低价格指数、深证最高价格指数、深证开盘价格指数、深证收盘价格指数、汇率和核心 CPI 存在着协整关系，它们均拒绝了序列和核心 CPI 不存在协整关系的原假设，而同时 M_0、M_2 同比增加、人民币存款活期利率、外汇储备、外汇储备同比增加和核心 CPI 不存在协整关系，此处的 M_2 同比增长和核心 CPI 不存在协整关系的概率值为 0.0505，在 10%的概率水平下本可以判断拒绝原假设，即 M_2 同比增长和 CPI 存在协整关系，但是 M_2 同比增长和核心 CPI 至少存在一种协整关系的概率为 0.0619，也即拒绝了该原假设，在最终的格兰杰因果检验中，确实得到了 M_2 同比增长不是核心 CPI 格兰杰原因的结果。因此，此处判定 M_2 同比增长和核心 CPI 不存在协整关系不影响最终结果。在得到上证最低价格指数、上证最高价格指数、上证开盘价格指数、上证收盘价格指数、深证最低价格指数、深证最高价格指数、深证开盘价格指数、深证收盘价格指数、汇率这 9 个变量序列和核心 CPI 存在着协整关系后，我们将对这些序列和核心 CPI 进行格兰杰因果检验，其中检验的滞后期根据建立的 VAR 模型中 LR(Sequential Modified LR Test Statistic)、FPE(Final Prediction Error)、AIC(Akaike Information Criterion)、SC(Schwarz Information Criterion)和 HQ(Hannan-Quinn Information Criterion)这 5 项判断准则来确定，滞后期判断结果如表 6-3 所示。

表 6-3 影响核心通货膨胀的自变量滞后期选择

	滞后期	LR	FPE	AIC	SC	HQ
上证最低	5	16.09923*	2744.538*	13.59257*	14.03810	13.77359
上证最高	2	24.99855	2608.684	13.54230	13.74482*	13.62458*
上证开盘	1	808.7723	4281.908	14.03790	14.15941*	14.08727*
上证收盘	5	13.37256*	3780.166	13.91273	14.35826*	14.09375
深证最低	5	17.28936*	40059.79*	16.27333*	16.71886	16.45435
深证最高	2	30.38613*	33373.53*	16.09122*	16.29374*	16.17350*
深证开盘	1	849.4162	55521.57	16.60027	16.72178*	16.64964*
深证收盘	1	849.9827	53607.83	16.56519	16.68670*	16.61456*
汇率	2	44.72721	0.277929	4.395311	4.597826*	4.477592*

注：* 表示在该准则下选择的最佳滞后期。

本书节选了各自变量最佳滞后期的判断结果，由表 6-3 可知，上证最低价格指数、上证收盘价格指数和深证最低价格指数的最佳滞后期为 5 期，上证最高价格指数、上证开盘价格指数、深证最高价格指数、深证开盘价格指数、深证收盘价格指数和汇率的最佳滞后期价格指数分别为 2、1、2、1、1、2。在得到各个自变量在 VAR 模型中对核心 CPI 的最佳滞后期后，我们将对它们和核心 CPI 进行格兰杰因果检验，检验的最终结果如表 6-4 所示。

表 6-4 自变量序列与核心 CPI 的格兰杰因果检验结果

原假设	滞后期	检验统计概率	结论
上证最低不是核心 CPI 的格兰杰原因	5	P=0.0212	上证最低是核心 CPI 的格兰杰原因
核心 CPI 是上证最低的格兰杰原因		P=0.0146	核心 CPI 不是上证最低的格兰杰原因
上证最高不是核心 CPI 的格兰杰原因	2	P=0.0734	上证最高不是核心 CPI 的格兰杰原因
核心 CPI 不是上证最高的格兰杰原因		P=0.0212	核心 CPI 是上证最高的格兰杰原因

续表

原假设	滞后期	检验统计概率	结论
上证开盘不是核心 CPI 的格兰杰原因	1	P=0.3439	上证开盘不是核心 CPI 的格兰杰原因
核心 CPI 不是上证开盘的格兰杰原因		P=0.0326	核心 CPI 是上证开盘的格兰杰原因
上证收盘不是核心 CPI 的格兰杰原因	5	P=0.0140	上证收盘是核心 CPI 的格兰杰原因
核心 CPI 不是上证收盘的格兰杰原因		P=0.0605	核心 CPI 不是上证收盘的格兰杰原因
深证最低不是核心 CPI 的格兰杰原因	5	P=0.0456	深证最低是核心 CPI 的格兰杰原因
核心 CPI 不是深证最低的格兰杰原因		P=0.0272	核心 CPI 是深证最低的格兰杰原因
深证最高不是核心 CPI 的格兰杰原因	2	P=0.1501	深证最高不是核心 CPI 的格兰杰原因
核心 CPI 不是深证最高的格兰杰原因		P=0.0378	核心 CPI 是深证最高的格兰杰原因
深证开盘不是核心 CPI 的格兰杰原因	1	P=0.8681	深证开盘不是核心 CPI 的格兰杰原因
核心 CPI 不是深证开盘的格兰杰原因		P=0.0429	核心 CPI 是深证开盘的格兰杰原因
深证收盘不是核心 CPI 的格兰杰原因	1	P=0.6673	深证收盘不是核心 CPI 的格兰杰原因
核心 CPI 不是深证收盘的格兰杰原因		P=0.0487	核心 CPI 是深证收盘的格兰杰原因
汇率不是核心 CPI 的格兰杰原因	2	P=0.5255	汇率不是核心 CPI 的格兰杰原因
核心 CPI 不是汇率的格兰杰原因		P=0.0009	核心 CPI 是汇率的格兰杰原因

从表 6-4 的格兰杰因果检验来看，核心 CPI 基本上都是这些自变量序列的格兰杰原因，即核心通货膨胀水平影响着股票市场和汇率市场，而这些变量中只有上证最低价格、上证收盘价格和深证最低价格的滞后 5 期是核心 CPI 的格兰杰原因，在 10%的显著性水平下，上证最高价格指数也能算作是核心通货膨胀的格兰杰原因，但是本书的最终目的是要通过自变量

的滞后期来预测核心通货膨胀，而上证最高价格指数的最佳滞后期仅为 2 期。也就是说，在预测过程中，最为自变量只能外推两期，从预测角度来说，这样的指标现实意义不大。因此本书在利用股票历史数据进行核心通货膨胀预测的过程中，剔除了该指标。

本书在对 4 类通货膨胀的影响因素进行检验后发现，影响核心通货膨胀的原因只有上证最低价格、上证收盘价格和深证最低价格这几项股票价格指数，而通常意义上被认作是通货膨胀主要原因的货币供应量反而被剔除。对于此，目前大致上有 3 类假说可以用来解释为何货币供应量不能影响通货膨胀（陈彦斌等，2009）。第一类是虚拟经济说。该说法认为随着金融市场的发展，金融的创新速度加快，货币资金不像以往那样直接流入流通市场，而是进入了金融领域，如证券市场、地下金融和地下经济，这使得货币供应量在短期和中期内都没有转化成市场的通货膨胀。第二类是货币化假说。该假说认为，我国目前正处于经济转型期，商品和服务使用货币来进行交易占总货币供应量的比重越来越大，因此增加的货币供应量不仅要满足经济增长的需求，还要满足由于市场扩张导致的交易需求量上升。第三类假说是财政假说。该假说认为政府增加了货币供应量来平衡财政上的赤字，该行为一方面会导致物价水平的上升，另一方面会导致居民的财富缩水，使得居民家庭会减少对商品和服务的需求，这样又会使得物价下降。这三方面的原因，使得原有的货币数量论不再成立。

需要说明的是，从理论上来说，格兰杰因果检验检验的是统计意义上时间的先后顺序，只能反映某一变量的滞后期是否能影响另一变量的现在值，但并不代表变量间一定存在现实意义上的因果关系，变量之间是否具有因果关系需要根据理论、经验和模型结果来判定。从核心通货膨胀的影响因素分析中，我们可以看到股票市场对通货膨胀具有影响，从格兰杰因果检验中，我们看到上证最低价格的滞后 5 期、上证收盘价格的滞后 5 期和深证最低价格的滞后 5 期可以影响核心居民消费价格指数。本书接下来将通过模型实践进一步判断股票市场是否对通货膨胀有影响。本书将以上证最低价格的滞后 5 期、上证收盘价格的滞后 5 期和深证最低价格的滞后 5 期作为自变量来预测核心通货膨胀，来比较未加入这几项自变量的预测效果，从而验证股票市场价格是否和核心通货膨胀存在因果关系。

第二节　预测模型的构建与筛选

通过对核心通货膨胀预测方法的梳理，我们发现统计类的调查预测法不仅在前瞻性和代表性上有欠缺，而且会造成核心通货膨胀预测的偏差。相比统计调查预测法，计量建模法就能克服这些缺点，对时间序列进行预测最经典的计量建模方法就是基于最小二乘估计的线性回归方法，但是在理论和实际建模中，已有学者提出了精度更高的人工智能神经网络方法。在人工智能预测领域内，存在着一种比神经网络预测性能更强的支持向量回归方法，该方法继承了神经网络的优点，例如，不需要经济假设条件，对于数据量没有一定的要求，计算精度高等；此外，支持向量回归的结构风险最小化特性使得它比神经网络预测性能更强，而目前尚未有学者使用支持向量回归来对核心通货膨胀进行预测。因此，本书将采用线性回归、神经网络和支持向量回归来分别预测核心通货膨胀，验证支持向量回归方法优越的预测性能。在上一节里，我们提到变量间是否存在因果关系，还需要实际的模型结果来论证。因此，本书在线性回归里，将不加入自变量和加入自变量的线性回归方法进行比较，以得出，上述股票市场价格是否能够影响通货膨胀水平，加入股票市场指标后，是否能够更好地预测通货膨胀。

一、模型构建与数据

利用 SVR 方法所估计的非线性回归模型为：

$$y_t = g(y_{t-j}, x_{1,t-j}, x_{2,t-j}, \cdots, x_{i,t-j}) + \varepsilon_t$$

$$t=1,2,3,\cdots,T \tag{6-3}$$

利用 MLE 方法估计的线性回归模型为：

$$y_t = \alpha + \beta_1 y_{t-j} + \varepsilon_t$$

$$t=1,2,3,\cdots,T \tag{6-4}$$

$$y_t = \alpha + \beta_1 y_{t-j} + \gamma_1 x_{1,t-j} + \gamma_2 x_{2,t-j} + \cdots \gamma_i x_{i,t-j} + \varepsilon_t$$

$$t=1,2,3,\cdots,T \tag{6-5}$$

式中，y_t 表示第 t 期核心 CPI，i 表示第 i 项自变量，j 表示各变量滞后期，式 6-4 表示未加入各金融变量的线性回归模型，式 6-5 表示加入各金融变量的线性回归模型，模型中核心通货膨胀作为自变量的滞后期根据 AIC 和 SC 准则，选择为 1 期。用到的数据包括方差修削法估算的 2001 年 1

月—2013 年 12 月的核心通货膨胀和 2001 年 1 月—2013 年 12 月的上证最低价格、上证收盘价格和深证最低价格。本书进行了一次核心 CPI 拟合、一次半年核心 CPI 的预测和一次一年核心 CPI 的预测，来分别比较线性回归、BP 神经网络和支持向量回归的预测能力。

二、模型的实现

支持向量回归实现是通过 matlab 来完成的，支持向量回归实现的工具箱是 libsvm(a library for support vector machines)，该工具箱是由台湾大学林智仁教授研发的支持向量机，它简便易用，可以解决多种情况下的分类和回归问题。对于参数的选择，本书选用了网格法、遗传算法和粒子群法，如图 6-1、6-2、6-3 所示是以拟合为例，这 3 种寻参方法的过程，需要选择的参数包括惩罚因子 C 和 RBF 核函数参数 γ。

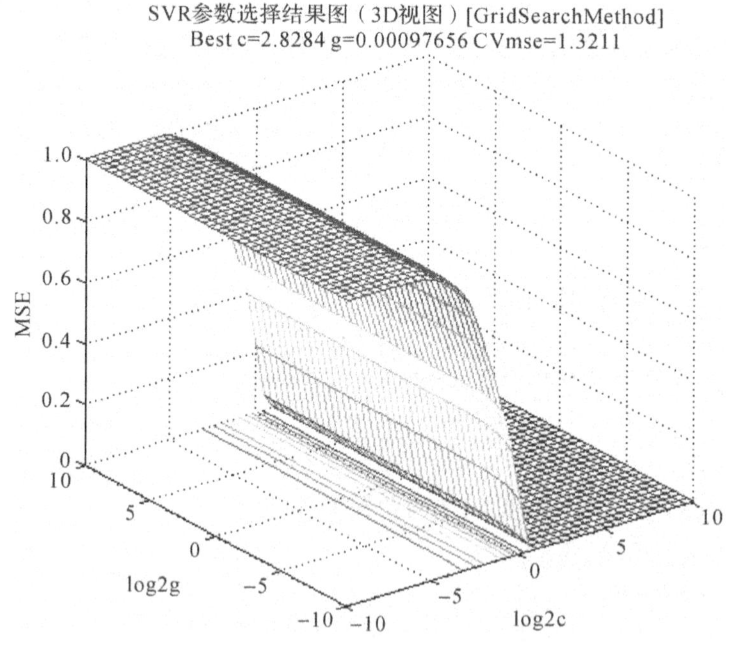

图 6-1 网格法搜索最优参数

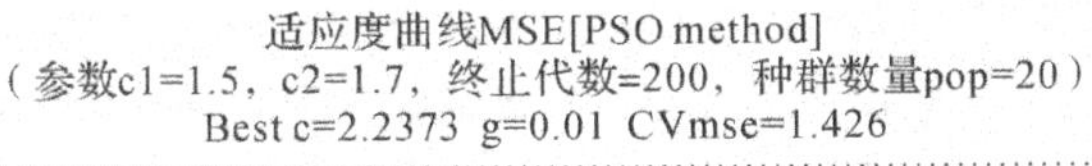

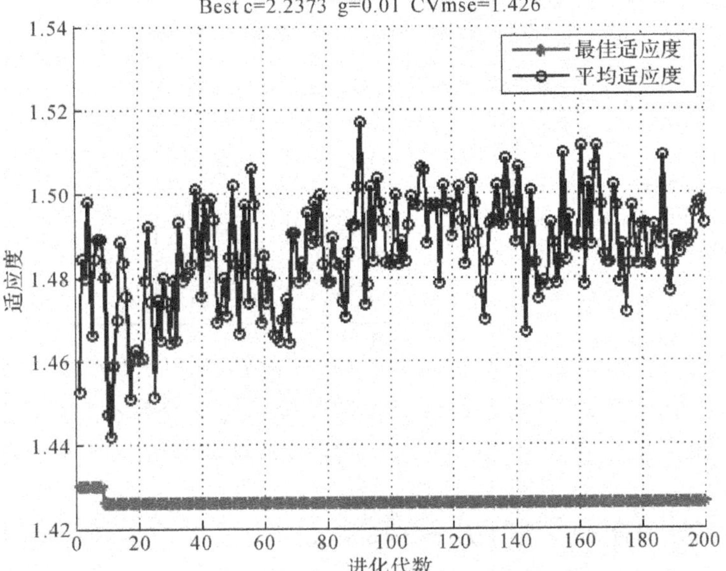

图 6-2　粒子群法搜索最优参数

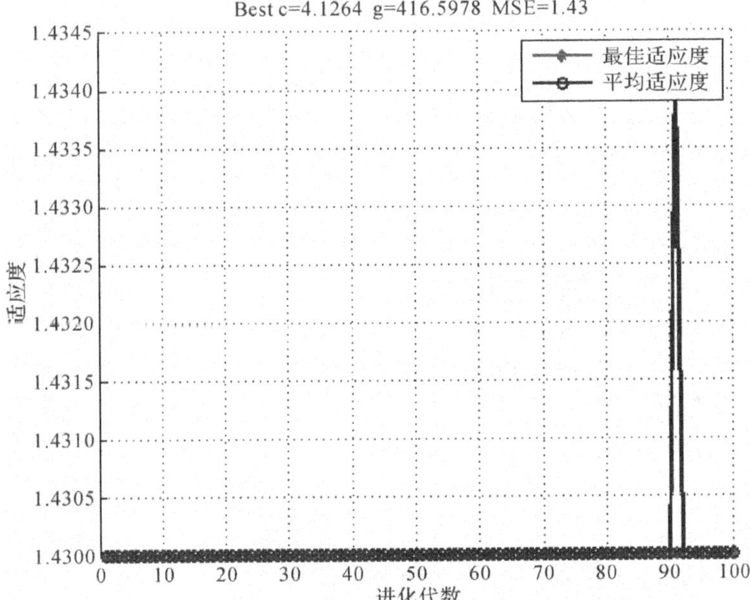

图 6-3　遗传算法搜索最优参数

通过使用网格法、遗传算法和粒子群法寻参，我们得到了一次拟合、一次半年预测和一次一年预测核心 CPI 的最优参数，其中，表 6-5 是网格法、遗传算法和粒子群法这 3 种方法 3 次寻参得到的最优参数 C 和 γ。

表 6-5　网格法、PSO 法和 GA 法搜索到的最优参数

寻参方法	拟合最佳 C	拟合最佳 γ	预测半年最佳 C	预测半年最佳 γ	预测一年最佳 C	预测一年最佳 γ
Grid 寻参法	2.8284	0.00097656	2.8284	0.00097656	2.8284	0.00097656
PSO 寻参法	2.2373	0.01	2.2384	0.01	3.0316	0.0100
GA 寻参法	4.1264	416.5978	14.4271	883.7212	4.2266	728.0490

使用 BP 神经网络进行预测时，本书选择的隐藏层节点数为 5，测试误差精度为 0.00004，BP 神经网络预测最需要确认的变量为各隐藏层和输出层的权重和阈值。以下为神经网络进行拟合和预测时，得到的权重和阈值。

神经网络拟合 2001 年 1 月—2013 年 12 月核心 CPI 时的权重和阈值：

$$w_1 = \begin{bmatrix} 2.8739 & -9.0050 & -0.7149 & 0.5358 \\ 1.7841 & 2.7746 & 2.8747 & -4.9795 \\ 1.8894 & 0.2654 & 2.6469 & 2.0403 \\ 0.6529 & -0.6366 & -2.4569 & 2.0597 \\ 3.4916 & 4.1547 & 1.1632 & 5.0240 \end{bmatrix} \qquad b_1 = \begin{bmatrix} -6.2497 \\ -0.8519 \\ -0.7685 \\ -0.659 \\ 2.7406 \end{bmatrix}$$

$$w_2 = [0.1493 \quad 0.4607 \quad 0.1415 \quad 0.6049 \quad 0.2296] \qquad b_2 = 0.5625$$

神经网络预测 2013 年 7 月—2013 年 12 月核心 CPI 时的权重和阈值：

$$w_1 = \begin{bmatrix} 3.9261 & 5.7718 & -4.3033 & -4.3673 \\ 2.5694 & -3.4170 & -8.5977 & 7.4409 \\ -2.8670 & -11.3406 & -7.4347 & -12.6404 \\ 4.5057 & 7.5352 & -7.1096 & -0.7774 \\ -2.1119 & 0.2771 & 0.9599 & -2.1114 \end{bmatrix} \qquad b_1 = \begin{bmatrix} -3.1001 \\ -7.3791 \\ 11.4167 \\ 2.3937 \\ 0.2444 \end{bmatrix}$$

$$w_2 = [0.2072 \quad -0.0173 \quad 0.1686 \quad 0.3117 \quad -0.4532] \qquad b_2 = -0.1672$$

神经网络预测 2013 年 1 月—2013 年 12 月核心 CPI 时的权重和阈值：

$$w_1 = \begin{bmatrix} 3.1396 & 1.1210 & -2.0620 & -0.7456 \\ -4.3223 & 2.5118 & 4.8488 & -1.9801 \\ 6.6787 & 2.2646 & 0.0481 & -6.3538 \\ 2.4131 & -4.4850 & 2.9350 & 2.7972 \\ 0.6293 & -2.3296 & -2.7169 & 4.8434 \end{bmatrix} \qquad b_1 = \begin{bmatrix} 7.6904 \\ 1.5023 \\ -4.6795 \\ 0.1647 \\ 2.6723 \end{bmatrix}$$

$w_2 = [1.0552 \quad -0.2473 \quad 0.1655 \quad 0.4556 \quad 1.1029] \quad b_2 = -2.0551$

根据式 6-4，6-5 本书分别对加入未加入股票价格自变量滞后 5 期作为自变量(线性回归 1)和加入股票价格滞后 5 期作为自变量(线性回归 2)的序列进行了线性回归，SVR 的回归使用了 3 种方法寻参得到惩罚因子 C 和 RBF 核参数 γ，将 3 组参数代入 SVR 预测命令中，我们得到了不同的预测结果。为了使预测结果的比较不会因为样本选择的不同而发生变化，本书进行了 3 次预测，包括一次拟合、一次半年期预测和一次一年期预测，预测结果使用均方根误差(RMSE)和平均绝对误差(MAE)来评价，拟合效果比较如表 6-6、6-7、6-8 所示。

表 6-6　3 种方法拟合效果比较

拟合方法	RMSE	MAE
线性回归 1	0.203048	0.402794
线性回归 2	0.061025	0.151241
神经网络	0.055242	0.146739
SVR(Grid 寻参法)	0.0000994	0.00996
SVR(PSO 寻参法)	0.0001	0.010003
SVR(GA 寻参法)	0.00009979	0.009987

表 6-7　3 种方法预测 6 期效果比较

拟合方法	RMSE	MAE
线性回归 1	0.109098	0.310858
线性回归 2	0.015268	0.108937
神经网络	0.010219	0.074702
SVR(Grid 寻参法)	0.00009998	0.00999774
SVR(PSO 寻参法)	0.000102	0.010081
SVR(GA 寻参法)	0.00009996	0.00999774

表 6-8 3 种方法预测 12 期效果比较

拟合方法	RMSE	MAE
线性回归 1	0.189504	0.403714
线性回归 2	0.02466	0.110275
神经网络	0.013531	0.097956
SVR(Grid 寻参法)	0.000100261	0.010012091
SVR(PSO 寻参法)	0.00010166	0.01007876
SVR(GA 寻参法)	0.000100	0.009979

从表 6-6、6-7、6-8 中我们可以看到,3 张表中的线性回归 2 方法的均方根误差和平均绝对误差都要小于线性回归 1 的均方根误差和平均绝对误差,从该数据我们可以看到加入上证最低价格、上证收盘价格和深证最低价格这 3 项指标的滞后 5 期作为自变量可以使预测效果更好,这也验证了上一节中,上证最低价格、上证收盘价格和深证最低价格这 3 项指标确实和核心通货膨胀存在着格兰杰因果关系。另外,BP 神经网络预测的均方根误差和平均绝对误差都要小于线性回归 1 和线性回归 2 的均方根误差和平均绝对误差,从这个数据来看,BP 神经网络的非线性回归要优于基于最小二乘方法的线性回归,但是 BP 神经网络由于权重、阈值和节点数的不同,预测的结果不稳定,该方法还有改进的余地。最后支持向量回归方法在 3 次预测过程中均方根误差和平均绝对误差都要小于线性回归和神经网络,并且,支持向量回归比 BP 神经网络优越的一点就是,支持向量回归在全局只有唯一最佳解,得到的结果唯一稳定,从以上 3 次的预测结果来看,支持向量回归的方法预测能力要比神经网络和线性回归优秀。另外,对于支持向量回归的寻参方法来说,在第一次拟合过程中,网格法得到的拟合误差最小,在第二次预测半年期核心通货膨胀的过程中,遗传算法要比网格法和粒子群法预测误差稍微小一些,在第 3 次预测 12 期的核心通货膨胀时,遗传算法也是要比网格法和粒子群法预测性能稍好一些,虽然这 3 种方法整体上拟合的误差相差不大,几乎没有太大差别,但是,遗传算法的简便快速大大缩短了寻参的时间,我们最终将采用遗传算法来进行支持向量回归的最佳参数寻找。

第三节 基于支持向量回归的核心通货膨胀预测

在上一节中，本书对支持向量回归、神经网络和线性回归的预测结果进行比较后，我们验证了SVR优秀的预测能力，接下来本书将进一步对核心通货膨胀的短期趋势进行预测。

根据公式6-3和格兰杰因果检验结果中，上证最低价格、上证收盘价格和深证最低价格的滞后5期与核心CPI存在因果关系，本书以核心CPI的滞后1期和上证最低价格、上证收盘价格和深证最低价格的滞后5期作为自变量来预测未来5期的核心CPI，预测方案采用递推式预测，在预测得到2014年1月的核心CPI后，将其与2013年9月的上证最低价格、上证收盘价格和深证最低价格作为自变量预测得到2014年2月的核心CPI，再用2月的核心CPI结合2013年10月的上证最低价格、上证收盘价格和深证最低价格作为自变量预测得到2014年3月的核心CPI，以此类推直至预测到2014年5月的核心CPI。

由于支持向量回归的理论结构风险最小化，也就是经验风险和置信风险的和最小，从实际运用上来说就是支持向量回归把样本数据分为两部分：一部分用来训练；一部分用来验证。训练部分也就相当于我们预测时的建模数据，验证部分也就相当于我们预测时的预测参照数据，结构风险最小化就要求计算出拟合出的数据和建模数据的误差与预测出的数据和预测参照数据的误差，并使两种误差的平方和最小。在以往的支持向量回归预测研究里，大部分的文献做的都是期内的预测，就是预测参照数据已知的这种类型预测，因为在参照数据未知情况下，Matlab建模的格式是不完整的，置信风险也是不可估算的，也就无从谈起结构风险值，因此很少有文献使用支持向量回归来外推预测未来数据。本书在使用该方法时外推预测数据的预测参照数据采用的是线性回归的数据结果，从风险结构的含义上来说，采用线性回归数据的意义就变成了拟合部分的均方误差和真实预测数据与线性回归数据均方误差和最小。理论上来说，当采用线性回归出的数据作为参照数据来预测核心通货膨胀，再将预测出的核心通货膨胀作为参照数据，进行下一轮的预测得出第二轮的核心通货膨胀预测值，再将这一轮的预测值作为参照数据，一直迭代，直至数据收敛至唯一的终值不变，就得到最终的核心通货膨胀数据，但是在实际软件操作中，第一轮得到的核心通货膨胀预测值作为参照数据代入，第二轮得到的预测值与第一轮预测值不变，没有存在理论上迭代收敛的过程，分析其原因，可能是由于建模使用的数据量太大，而预测由于是递推进行，因此每期只外推一个数据，得到一个预测结果，对整体模型的影响不大，所以才使得理论上收敛的情况没有发生。最终的预测结果见表 6-9，图 6-4 为 2001 年 1 月—2013 年 12 月 CPI 与 2001 年 1 月—2014 年 5 月核心 CPI 的比照图。

表 6-9 SVR 预测短期核心 CPI 趋势数据

2014 年 1 月	2013 年 2 月	2013 年 3 月	2014 年 4 月	2014 年 5 月
101.83	101.75	101.69	101.59	101.53

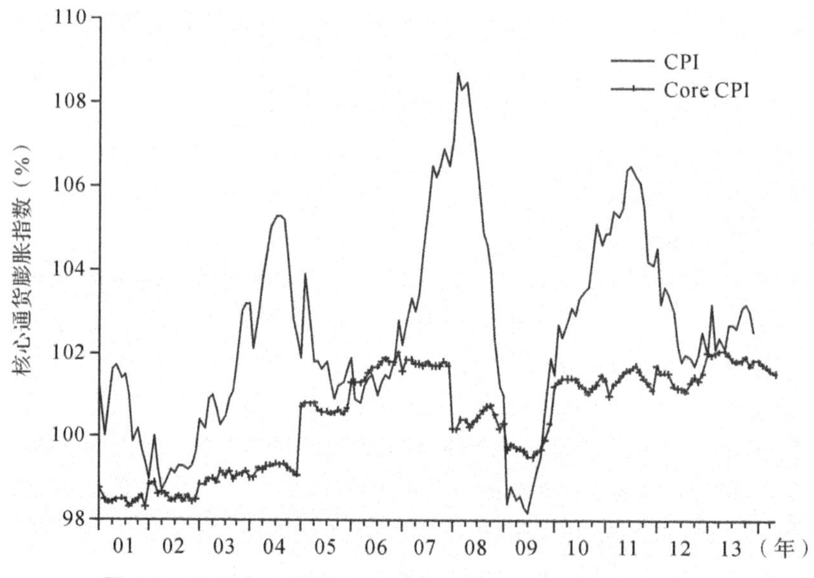

图 6-4 2001 年 1 月至 2013 年 12 月 CPI 和 2001 年 1 月至 2014 年 5 月核心 CPI 比照图

第七章　结论、建议与展望

第一节　研究结论

本书研究的主要内容是核心通货膨胀的估算与预测，第一章主要介绍了本书进行该项研究的原因和意义，第二章对通货膨胀与核心通货膨胀的产生背景、概念界定、特征和影响因素这些理论部分进行了梳理，在第三章和第四章中，本书对核心通货膨胀的估算方法和预测方法进行了介绍和评述，并在此基础上尝试性地提出了方差修削法和支持向量回归法，第五章和第六章是本书的实证部分，在这两章中，本书对核心通货膨胀的估算方法和预测方法进行了比较，并在此基础上使用支持向量回归方法来预测未来 5 期的核心通货膨胀，在这一系列的实证过程中，本书得到了以下 6 点结论。

一、统计类的方法比基于模型的方法快捷简便

按照汤丹，赵昕东(2011)的分法，在 30%截尾法、方差加权指数法、方差修削法、HP 滤波法、结构向量自回归法、持续性加权法这 6 种方法中，前 4 种方法属于统计类的方法，后 2 种方法属于基于模型的方法。从宏观经济背景理论上来说，结构向量自回归法最具经济意义，其次是持续性加权法、30%截尾法、方差加权指数法、方差修削法，这几种方法虽没有宏观经济理论作为支撑背景，但也有其独特的构建含义，最后是 HP 滤波法，HP 滤波法只是从计量经济模型的角度来剔除了时间序列中的波动，留下了长期趋势部分，因此从理论含义上说，HP 滤波不如其他几种方法。从实际计算操作角度来说，结构向量自回归的计算最为复杂，对应于它的理论基础，本书需要构建具有约束条件的结构向量自回归模型，并且在数据不满足条

件假设的情况下对原数据进行了处理，最后对处理数据的结果还需进行还原，相比30％截尾法、方差加权指数法、方差修削法复杂一些，其次是持续性加权法，该方法需要测度各个分项价格指数的持续性，对各个分项价格指数需要分别建模，计算其持续性系数，基于统计方法的30％截尾法、方差加权指数法、方差修削法相对要简单得多，HP滤波法使用的是Eviews，软件中有直接的命令可操作，因此操作步骤也很方便。另外，本书对方差修削法进行计算时，关于修削权重和修削方向都进行过讨论，本书认为，在单侧修削和双侧修削中，单侧修削的效果要比双侧修削的效果好，单侧修削的权重以10％为佳。在计算结构向量回归法的核心通货膨胀时，本书分别使用了三变量和四变量的结构向量自回归法，限制约束条件分别为3项和6项，根据估算结果的波动性和统计意义上的一些指标，得出三变量的结构向量自回归法要比四变量的结构向量自回归法好，这些是核心通货膨胀估算过程中得出的一些小结论，这些结论也从侧面验证了统计类的方法使用要比建模类的方法简便。

二、10％单侧方差修削法估算核心通货膨胀效果最佳

本书在第五章核心通货膨胀的估算实证中使用了30％截尾法、方差加权指数法、方差修削法、结构向量自回归法、HP滤波法、持续性加权法这6种方法来估算核心通货膨胀序列，其中方差修削法使用了10％单侧修削和10％对称修削，结构向量自回归使用了价格指数、食品价格指数、产出三变量的结构向量自回归法和产出、通货膨胀、货币供应量、食品价格的四变量结构向量自回归法。在得到估算结果的基础上进行了序列有效性、序列稳定性、与居民消费价格指数协整性、与居民消费价格指数的相关性、与货币供给量的相关性、对居民消费价格指数预测能力的比较。比较结果显示，方差单侧修削10％法、三变量结构向量自回归法和持续性加权法的估算序列通过了有效性检验。稳定性ADF检验结果显示该三序列和居民消费价格指数一样，均为原序列不稳定，一阶单整，在对三序列和居民消费价格指数的协整性检验中得到三序列与居民消费价格指数均存在协整关系，也即存在长期稳定的均衡关系，三序列的稳定性和与CPI的协整关系均满足检验要求。进一步地，本书对通过检验要求的三序列进行了与居民消费价格指数相关性、与货币供给量相关性、与居民消费价格指数预测能力的比较，结果显示，持续性加权法序列与居民消费价格指数的相关性最强，方差单侧修削法序列与货币供应量的相关性最强，方差修削法序列对通货膨胀的

预测能力最强。由于本书接下来要对通货膨胀进行趋势预测，综合对比以上三序列的比较结果，本书认为方差单侧修削法最佳。

三、上证最低、上证收盘和深证最低价格能够影响核心CPI

本书采用了货币供给、利率、股票和汇率这四类影响因素来与核心居民消费价格指数进行格兰杰因果检验，以得出影响通货膨胀的经济变量。其中，货币供给采用了 M_0、M_1、M_2、外汇储备来衡量，考虑到核心居民消费价格指数为同比增长指标，本书对 M_0、M_1、M_2 和外汇储备也分别进行了同比增加的计算，利率采用了活期存款利率和中国银行隔夜拆借利率来作为代表指标，股票价格因素采用了上证最低价格、上证最高价格、上证开盘价格、上证收盘价格、深证最低价格、深证最高价格、深证开盘价格、深证收盘价格，汇率因素选用了每日汇率指标来表示。格兰杰因果检验需要经过稳定性检验、协整检验、滞后期选择和最后的格兰杰因果检验这 4 个步骤。稳定性检验后，我们发现除了 M_0 同比增加、M_1 同比增加和中国银行隔夜拆借利率外，其余指标序列均不平稳，其中与核心居民消费价格指数一样，一阶平稳的指标有上证最低价格指数、上证最高价格指数、上证开盘价格指数、上证收盘价格指数、深证最低价格指数、深证最高价格指数、深证开盘价格指数、深证收盘价格指数、M_0、M_2 同比增加、汇率、人民币存款活期利率、外汇储备、外汇储备同比增加。接下来对这些一阶平稳序列和核心居民消费价格指数进行协整性检验，检验结果得到，上证最低价格指数、上证最高价格指数、上证开盘价格指数、上证收盘价格指数、深证最低价格指数、深证最高价格指数、深证开盘价格指数、深证收盘价格指数、汇率和核心 CPI 存在着协整关系。对这些与 CPI 存在协整关系的变量进行格兰杰因果检验前，需要进行滞后期选择，根据判断准则得到，上证最低价格指数、上证收盘价格指数和深证最低价格指数的最佳滞后期为 5 期，上证最高价格指数、上证开盘价格指数、深证最高价格指数、深证开盘价格指数、深证收盘价格指数和汇率的最佳滞后期价格指数分别为 2、1、2、1、1、2。最后根据格兰杰因果检验结果，我们可以看到通货膨胀水平影响着股票市场和汇率市场，但是对通货膨胀能够造成影响的指标只有上证最低价格、上证收盘价格和深证最低价格。在接下来的通货膨胀预测过程中，加入上证最低价格、上证收盘价格和深证最低价格滞后 5 期的方程预测效果要比没有加这些影响变量的方程预测效果好，从实证的角度也验证了上证最低价格、上证收盘价格和深证最低价格可以影响通货膨胀水平。

四、遗传算法选择支持向量回归参数的效果较好

在第六章核心通货膨胀的预测实证中，本书采用了支持向量回归、神经网络和线性回归对我国的核心居民消费价格指数进行了预测比较。其中使用支持向量回归进行预测时，需要选择核函数的参数和惩罚因子这两项最优参数，由于最优参数的选择目前没有统一明确的最优方法。本书采用网格法、遗传算法和粒子群法分别进行了最优参数选择，然后将 3 组最优参数代入支持向量回归方程来预测我国的居民消费价格指数，预测结果显示，在这 3 种寻参方法中，遗传算法寻参不仅提高了寻参效率，缩短了寻参时间，而且选择的参数预测效果较好。因此本书在实证的基础上得出，遗传算法适合用来寻找支持向量回归的最优参数。

五、支持向量回归的预测效果最佳

本书使用线性回归、神经网络和支持向量回归对我国的核心居民消费价格指数进行了一次 2001 年 1 月—2013 年 12 月的拟合、一次 2013 年 7 月—2013 年 12 月的预测和一次 2013 年 1 月—2013 年 12 月的预测。预测结果的优劣评价采用预测核心居民消费价格指数值与真实估算核心居民消费价格指数值的均方根误差和平均绝对误差。从拟合和预测结果来看，首先，加入影响通货膨胀因素的线性回归要比没有加入这些自变量的线性回归预测结果好；其次，神经网络的预测效果整体上要比线性回归好；最后，支持向量回归的预测效果整体上要比神经网络好。此外，值得一提的是，由于 BP 神经网络的权重、阈值、节点数选择不唯一，使得最后的预测效果不稳定，而支持向量回归的结构风险最小化特性使得该方法的预测结果唯一、稳定。因此支持向量回归无论从理论的构建上还是从最后的实证效果来看，都要优于 BP 神经网络。

六、未来 5 个月我国通货膨胀水平将呈现下降趋势

本书在对比了核心通货膨胀的估算方法后得出，单侧方差修削 10％法比较适合用来估算我国的核心居民消费价格指数，在对比了核心通货膨胀的预测方法后得出，加入各影响变量的采用遗传算法寻参的支持向量回归

方法更适合用来预测我国的核心居民消费价格指数；在此基础上，本书使用支持向量回归方法来外推预测我国 2014 年 1 月—5 月的通货膨胀趋势。从图 6-4 中我们可以看到，居民消费价格指数经历了 2001 年 4 月—2001 年 12 月，2002 年 1 月—2005 年 2 月，2005 年 3 月—2008 年 12 月，2009 年 1 月—2012 年 12 月这 4 个阶段的价格波动，在这 4 个阶段的价格波动周期中，居民消费价格指数分别经历了通货膨胀急速爬升，升至通货膨胀水平高峰，然后再急速下降的过程。与居民消费价格指数相对应的核心居民消费价格指数整体波动性要比居民消费价格指数小，表现得比较平稳，这也基本符合“核心通货膨胀是通货膨胀剔除暂时波动序列”的定义。此外，核心居民消费价格指数的整体波动趋势与居民消费价格指数接近，在居民消费价格指数高的年份和月份中，核心居民消费价格指数也相对较高，表现出通货膨胀，在居民消费价格指数低的年份和月份中，核心居民消费价格指数也相对较低，表现出通货紧缩。另外，核心通货膨胀从总体 2001 年—2013 年的序列数据来看，呈现一个缓慢上升的趋势过程，对于这种现象，我们可以解释为这些年我国仍然还处于市场化进程发展过程中，因此国家采用的是适度的经济宽松原则，在这种发展背景下，央行会增加货币的投放量以刺激投资和消费，拉动内需，增加就业，在有些经济稍显低迷的年份，国家甚至会采用增加财政赤字的方法来拉动内需、盘活经济，因此核心通货膨胀整体上呈现上升趋势也是符合我国现实经济发展情况的。最后，本书对 2014 年 1 月—2014 年 5 月的通货膨胀趋势预测结果显示，在未来的几个月中，我国的通货膨胀水平将呈现下降趋势，也即国内不存在严重的通货膨胀压力。结合表 6-9 中的实际预测数据来看，未来的通货膨胀水平基本上还是保持稳定，即便有所下降，幅度也不是很大。从核心居民消费价格指数的定义来说，该指数反映的是潜在的长期的通货膨胀趋势，因此该预测结果表现的是在未来的近半年间，受到长期供求关系影响导致的潜在通货膨胀水平和物价上涨幅度会略有下降，我国在这段时间内不存在显著的通货膨胀压力，但是不排除在这几个月中，中国人民银行突然大量增发货币或加大财政赤字力度，导致通货膨胀水平的上升，这种类型的通货膨胀水平是可观测的，会受到临时外界影响冲击的居民消费价格指数，与本书所要测度的核心居民消费价格指数定义不同，关于这点，我们需要去区分开来。

第二节　基于预测结果的政策建议

相比于2012年的通货膨胀水平，我国现阶段的通货膨胀水平不算高，经济学上的定义一般认为每年的物价上涨率在2%和3%之间，都属于温和的通货膨胀。温和的通货膨胀是指不严重扭曲相对价格和收入的物价上涨。在经济发展过程中，温和的通货膨胀可以适度刺激经济的增长，在经济处于有效需求不足、生产要素还未充分利用、劳动者还未充分就业的情况下，实际的经济增长率要低于潜在的经济增长率，这个时候，政府可以通过增发货币和扩大财政赤字来拉动内需，使得市场提供更多的就业机会，加大整个经济的产出。而我国目前正处于这种温和的通货膨胀阶段，并且在对2014年上半年的通货膨胀水平进行预测时，我们发现在这个阶段中，我国不存在严重的通货膨胀压力，因此面对这种物价水平趋势，我们要做的是继续保持这种非扩张性和非紧缩性的稳健型货币经济政策，而不是采用紧缩性财政经济政策来抑制通货膨胀或大量增发货币来刺激经济的发展。因此在采用稳健型的货币和经济政策前提下，本书提出以下政策建议。

一、实行稳健型的货币政策

稳健型的货币经济政策要求政策从“宽松”过渡到“中性”，落实到具体实施政策时，我们可以采用控制信贷规模和优化信贷结构来实现(白树英，2011)。

(一)控制信贷规模

中央经济会议指出，实行稳健型的货币政策需要遵循“调节有度”原则，把新增贷款规模控制在一个合理的范围内，使其适度增长并降低流动性过剩的压力。信贷规模的控制手段有提高存款准备金率、上调银行利率等量化手段和加大中央银行“窗口指导”来引导金融机构采取相应风险防范措施的行政手段。我国从2013年至今年的货币经济措施也正反映了该调整思路，2013年5月欧洲央行和泰国等其他国家纷纷下调了基准利率，然而，中国人民银行并未向下调整我国的基准利率，我国高达3.3%的存款利率和国外低至0.25%的存款利率存在很大的落差，这种情况导致了大量热钱流入我国。在这种情况下，理论上，我国应该下调银行存款利率，但是央行没有采取扩张性的货币政策，相反地，而是通过其他公开市场业务来谨慎收缩市场货币量，例如，实行正向回购、发行国债和发行央行票据等措施来调整经济的健康运行。在下半年央行仍然没有调整基准利率，但是7月19日，央行宣布放开贷款利率下限，同时取消农村信用社贷款利率上限，使得利率市场化又向前迈进了一步，接下来虽然没有完全放开存款利率，但是光大银行等中小股份商业银行开始将中长期的定期存款利率上浮到顶，至11月份各大银行的存款利率基本上浮到顶。此外进入2014年后，央行已经连续实施了几次大规模的正向回购，在2014年3月18日的公开市场操作中，央行实施了1000亿元的28天正向回购。通过这些方式，央行在稳步缩紧市场的流动性，控制市场的信贷规模。

(二)优化信贷结构

实行稳健型的货币政策就需要提高信贷资金的利用率，这就要求在控制信贷规模、平稳信贷投放量的基础上，调整优化信贷结构。信贷结构是指信贷资金在对不同地区、不同产业和行业、不同期限上的投放运用配置、配比。由于国有商业银行长期以来的经营习惯和为国家经济体制转轨承担的改革成本，导致国有商业银行存在着不少信贷结构上的缺陷。具体表现为信贷资产的经济成分不合理、信贷政策和国家的产业金融政策不协调、信贷结构不合理等情况。经济成分不合理主要表现为：国有和集体所有制的客户贷款占比要达90%及以上，而个体、私营、股份制等客户所占贷款比例不足8%。信贷政策和国家的产业金融政策不协调主要表现为：国家鼓励发展新能源、新材料、新医药、节能环保等新兴产业，但是银行的信贷资金进入新兴产业必然会伴随着高风险的问题。因此，银行信贷一般会倾向于投入传统的行业，结果导致新兴行业得不到银行的信贷支持，发展缓慢，同时银行也就失去了获得新兴产业高额利润的机会；长期以来，我国实行的是以初级制造业和出口加工业为主的粗放式经济发展模式，但是随着2007—2009年全球金融危机的爆发，出口下降，很多行业的产能过剩问题开始显现，这种以消耗自然资源和破坏环境为代价的经济发展模式已不能适应社会经济的发展，而在过去，由于银行的信贷投放惯性，使得经济发展模式进行转变的同时，银行的信贷风险也在逐渐加大。银行的信贷结构不合理主要表现为“一高三低”的问题，其中“一高”为中长期贷款比例不断提高，导致银行经营压力增大，“三低”为银行对流通和服务业的贷款比例低、银行信贷对中型企业的支持力度较低、电子化消费的信贷力度低。

信贷结构上的缺陷导致了不良贷款比例过大、贷款质量和效益下降、贷款风险增加，因此调整优化信贷结构已成为我国目前商业银行最紧迫和重要的课题，它是商业银行提高自身资产质量效益和整个国民经济均衡发展的前提。

在优化信贷结构的过程中，需要遵循“区别对待，有控有扶”的政策。对于局部容易引发风险的行业，如房地产业，需要控制信贷发放，降低金融风险，对于国家扶持的战略政策和新兴的、绿色的、高科技项目给予更多的信贷支持。按照国家西部开发、振兴东北和中部崛起的区域发展战略，银行应当加大金融的创新力度，促进东西部的互动和产业承接，调整区域间的信贷配比，配合国家节能减排的实施战略，大力推进节能减排和环境保护，实施绿色信贷，对于绿色经济、低碳经济、环保产业、技术改造等方面的行业加大信贷力度，充分体现银行在引导社会资金流向和资源配置上的社会责任。另外，银行应当将信贷政策逐渐转向服务实体经济，按照国家的产业政策和发展规划来配置资源，对国家重点建设项目和扶持项目加大资金支持，限制高排放、高能耗、产业过剩行业的信贷投放，来促进经济的健康发展。最后，我国应当建立和完善信贷担保机制。规范发展，解决农村和中小企业的贷款担保难问题，促进农业的结构调整，加快农业产业的发展步伐，降低企业的融资成本并提高中小企业的融资效率，同时，降低银行的信贷风险。

二、调整经济结构，转变经济增长方式

长久以来，我国的经济发展方式存在着一定的弊端，带来了一系列的社会、环境和经济问题。例如，高投资、高浪费、高消耗导致的经济低效率问题，产能过剩问题，经济的高速发展带来的一系列环境污染问题，社会各阶层的发展不协调问题，各个区域和城乡之间的发展不平衡问题，进出口贸易的不平衡问题，等等，这些问题的产生根源在于经济结构的不合理，导致的最终结果就是新的经济增长点减少，发展遇到了瓶颈期。在现阶段，一方面需要寻找新的经济增长点，促进经济发展，另一方面又要稳定整个市场，实行稳健型的货币经济政策，稳定物价水平。因此，调整经济结构，转变经济的增长方式已是亟须解决的问题。解决该问题，需要遵循协调性原则、促进经济健康发展原则、促进就业原则和可持续发展原则，具体措施可以从以下几方面入手。

(一)抑制过热的投资需求

在过去的几十年里,由于我国的经济结构问题,使得经济的增长很大程度上依赖于投资的增加,在市场还未达到饱和的前提下,投资的增加势必会带来经济的增长,但是市场经济发展到一定程度,各种产品需求已达到饱和,这时,投资的增加将会带来产能过剩的问题,2008 年的“4 万亿经济刺激计划”导致了接下来的几年房价飙升、通货膨胀严重、很多行业的产能过剩等问题,因此现阶段,我们需要抑制过热的投资需求。投资过热的主要原因有:长久以来的高投资惯性、地方政府的“唯 GDP 论”导致的盲目追求经济增长速度和房地产行业的高利润吸引了大量投资这几方面。因此相对于这些原因,我们可以从以下几方面解决。

首先,降低政府的投资热情。以往的经济发展中,地方政府往往依靠投资来拉动当地的经济发展,但是这样的发展模式会造成盲目的、没有长期规划的、不计投入产出比的经济投资,最终会导致资源配置效率低下、产能过剩,因此要降低政府的投资热情,首先需要转变政府的经济增长方式。具体可以通过税收制度的改革来避免地方政府直接搞投资,加强地方政府在养老、医疗和教育等方面的收支管理,以防地方政府不经详细统筹,搞形象工程,对于新型的、绿色的、科技的发展项目,国家应给予地方政府政策支持,让政府有动力和积极性去推进这些项目,转变以往粗放型的经济增长方式。

其次,健全完善干部选拔考评体系,形成新的正确的政绩观,改变以往的这种“唯 GDP 论”考核体系。2013 年 6 月,在全国组织工作会议上,习近平在谈到选人用人问题时,提到“要改进考核方法手段,既看发展又看基础,既看显绩又看潜绩,把民生改善、社会进步、生态效益等指标和实绩作为重要考核内容,再也不能简单以国内生产总值增长率来论英雄了”。

最后,均衡发展各个行业。在过去几年中,房地产业经历了它的辉煌时期,地方政府对土地收入的依赖相当大,卖地收入是地方政府的主要收入来源之一,房地产业的高额利润吸引了大量的投资,地方政府由于土地获利也有卖地的动力和积极性,因此在买卖双方的推动下,使得房价呈螺旋式上升,造成了很多城市房价的虚高。因此,国家要抑制房地产业的过热投资就需要采取一些行政手段来加大对建筑用地的监管,杜绝开发商的囤地、捂盘现象,对一些大中城市采取限购措施。此外,增加新的投资渠道,将有些过热行业的投资引导到其他行业中去,实现行业的均衡健康发展。

这两年，我国政府已经意识到了投资过热的问题，在经济结构调整上、货币政策实施上和舆论导向上已经有了转变，以实现经济的软着陆。

（二）促进消费、扩大内需

投资、消费和出口是拉动经济的“三驾马车”。长期以来，我国的最终消费增长比率始终要滞后于国民经济的增长比率，拉动经济的三驾马车主要依靠的是投资和消费。一定限度内的投资和出口能够促进生产能力的增加、改善国家的经济地位、提高国家的抗风险能力，但是过高的投资和出口、内需不足会产生产能过剩、经济效益低下、通货膨胀、经济结构失衡等问题，尤其在目前世界经济环境不景气的情况下，我国的出口也受到了影响，扩大内需成为调整经济结构、转变经济增长方式、促进经济发展的必然选择。

提高居民的消费能力，首要的是提高居民收入，缩小地区间的收入差距，尤其是增加消费倾向高的中低收入者收入。其次，需要完善居民的消费结构，坚持以投资带动消费，消费促进投资，进一步优化和调整投资结构，使得投资更多地向经济、社会发展的薄弱环节倾斜，向保障、改善民生的领域倾斜，向自主创新、节能环保的行业倾斜，实现投资和消费的良性循环。最后，需要创造一个良好的消费环境。完善居民的消费政策，鼓励发展家政、医疗保健、社会养老等服务业，开拓新的消费空间，发展网络购物等新的消费业态，鼓励、扩大消费上信贷投入。降低物流和出行成本，保证消费品的质量安全，维护消费者的权益，让更多的高端消费产生在国内而不是在海外实现。

三、稳定居民的通货膨胀预期

目前，我国处于温和的、良性的通货膨胀阶段。在这个阶段中，适度的通货膨胀是有利于解决就业和促进经济发展的，从未来几个月的通货膨胀预测情况来看，也不存在显著的通货膨胀压力。因此现阶段没有必要采取降低通货膨胀预期的手段，而是应该稳定居民的通货膨胀预期。通货膨胀预期是经济主体根据得到的信息来判断未来通货膨胀趋势的一种现象，当经济主体认为接下来将发生严重的通货膨胀，那么他们将会把这种预期运用到实际的经济生活中，对商品进行抢购造成人为的短缺，推动物价的上涨，导致真实的通货膨胀。2014 年 2 月我国的居民消费价格指数为 102.0，处于 2013 年至今的最低水平，因此我国的政策更应该围绕稳定通货膨胀预期进行。具体来说，可以从以下几方面着手。

(一)提高政策的透明度

在相当长的一段时间内，许多国家的中央银行认为制定货币政策应该仅限于圈内人知晓，只有这种意料外的政策才会对公众产生效果，但是近年来，越来越多的研究表明，公众的通货膨胀预期并非完全理性，而是通过学习来向理性预期逐步靠拢，中央银行货币政策的透明度提高后，公众能够更加准确地掌握货币政策信息，形成合理的通货膨胀预期，降低抑制通货膨胀的成本。因此，中央银行应当提高货币政策的透明度，更好地引导公众的通货膨胀预期，让公众理解中央银行的政策目的。但是，对于政策的理解，每个人都是不一样的，因此仅提高政策的透明度而不加以解释，也不足以让公众了解政策信息和目的，因此中央银行的语言表达也很重要，需要做到尽可能的信息对称，向消费者提供中央银行决策的依据信息。

(二)改进中央银行与公众的沟通

提高政策的透明度仅仅是向公众披露相关政策信息，但是公众对政策信息的理解应对还需要一个过程，在这个过程中，就需要中央银行做到与消费者保持一个良好顺畅的沟通。中央银行与公众保持沟通的关键在于明确政策的目标准则(周平，2009)，明确中央银行的目标准则可以让公众在货币政策变化的情况下，选择适合自己的投资手段和方法，这样一方面可以让公众规避风险、减少损失、获得利益，另一方面同时达到了中央银行货币政策的目标。此外，在沟通过程中还应该选择最佳的沟通策略。由于文化水平、传统习惯、金融制度等均存在差异，因此不存在统一的最佳沟通模式，对于不同的公众人群，应该采取不同的沟通策略，随着经济环境的不断变化，沟通策略也应相应地发生调整改变，以此达到提高沟通效率的目的。

(三)提高公众的信息获取能力和分析能力

目前我国公众对于金融知识的了解还不够，从信息的公布到受众群体对于信息的了解很有可能会产生误差，公众对于央行政策信息的错误理解难免会存在。在媒体传播业如此发达的今天，有些信息在传播过程中，会出现信息接收者按照自己的理解将信息进行加工再传递，如果市场不能够有效地处理信息，那么将会导致市场的混乱(张蓓，2008)。因此，在这种情况下，需要加强对公众的金融知识普及教育，提高经济主体对市场信息的分析能力，使得中央银行的货币政策信息尽可能被公众理解，以便形成符合实际情况的预期。

（四）加强政策的执行力度

政策信息公布后，如果在实施过程中，执行力度打了折扣，那么将会引起公众的不信任感，这将直接导致公众对于中央银行政策的预期产生偏差，将会引起市场上的信息混乱，后果非常严重。因此执行力度的加强是通货膨胀预期能够准确实现的保障。具体来说，可以通过加强信贷资金的流向和财政资金的运用监管，控制股市、楼市的信贷资金流入量；保持与生活密切相关的产品，尤其是食品和资源性产品价格的稳定；控制国际热钱的流入等几方面来加强中央银行的政策执行力度。

第三节　研究展望

本书尝试性地采用了10%单侧方差修削法来估算我国的核心通货膨胀，并使用支持向量回归方法对我国的核心通货膨胀进行了预测，虽然采用10%单侧方差修削法估算的序列通过了各项检验，如序列有效性、平稳性和协整性等，使用支持向量回归方法的预测结果与线性回归和BP神经网络相比，也要优秀一些，但是对于估算方法、自变量的选择、支持向量回归核函数和参数的选择还有很多值得改进的地方。

首先，本书采用了30%截尾法、方差加权指数法、结构向量自回归法、HP滤波法、持续性加权法、方差修削法这6种方法来估算核心通货膨胀，经过一系列的定量检验，认为方差修削法虽然能够通过有效性检验，计算简便，也能满足及时性的要求，并用此方法估算了我国2001年1月—2013年12月的核心通货膨胀，但是10%的单侧修削法也不是没有缺陷。该方法不具有像结构向量自回归那样的宏观经济理论支持，并且单侧方差修削10%也未考虑是否会造成序列的有偏性。总体来说该方法在理论意义上有所欠缺，在后续研究中，我们可以进一步探讨是否有改进的或更好的核心通货膨胀估算方法。

其次，本书对影响核心通货膨胀的自变量只选用了3项股市指标，并且3项股市指标有重复的信息。出于月度自变量数据的局限，本书只选择了金融市场上的货币供给、利率、股票和汇率这4类影响因素，采用了这4类影响因素下的近20项指标，但在层层检验步骤中，考虑到序列的平稳性、与核心居民消费价格指数的协整性和滞后期，最后只留下了 3 个股票价格指标来作为通货膨胀的影响变量。从现实情况来说，货币供应量等能够显著影响通货膨胀的指标反而没有被判定为核心通货膨胀的影响因素，M_0、M_1、M_2、M_0 同比增长、M_1 同比增长、M_2 同比增长在第一轮的稳定性检验中，由于很多指标与核心通货膨胀的平稳阶数不同而被剔除，其中另外一些指标在与核心通货膨胀的协整性检验中被剔除。陈彦斌等(2009)虽然对这种货币供应量不能影响通货膨胀的情况给出了解释，但是从另一方面来说，纯粹依靠格兰杰因果检验等计量检验来过滤核心通货膨胀的影响因素有失妥当，即便有些影响因素被剔除，但不代表不能影响核心通货膨胀，例如在稳定性和协整性关系中被剔除的变量，只能说明，这些变量不满足进行格兰杰因果检验的条件，但不代表这些变量对核心通货膨胀没有影响。因此，在进一步的研究中，可以使用其他方法，如相关系数等来过滤核心通货膨胀的影响因素。此外，本书本次选用的是直接可以取得的月度数据，而货币缺口、生产总值缺口等能够影响通货膨胀的数据，由于是年度的数据，与研究所需的数据类型不匹配，而没有进行计算，在进一步的研究中，可以尝试计算月度的货币缺口、生产总值缺口等相关指标，并纳入影响变量中，看此类变量是否能够更好地预测核心通货膨胀。

最后，本书在对核心通货膨胀预测时，选用的支持向量回归核函数选为 RBF 核，选用的参数选择方法为遗传算法。目前支持向量回归方法的核函数和参数选择研究突飞猛进，该领域还有不少值得探索的课题。因此，对于核心通货膨胀的预测方法还存在不少值得改进探讨的地方，在进一步的研究中，可尝试更为先进的核函数和参数选择方法。

参考文献

[1] 阿克利. 宏观经济理论[M]. 上海:上海译文出版社,1981.

[2] 爱德华·夏皮罗. 宏观经济学[M]. 北京:中国社会科学出版社,1985.

[3] 艾慧. 中国当代通货膨胀理论研究（1979—1996)[D]. 上海:复旦大学,2004：20—21.

[4] 白树英. 中国新一轮通货膨胀的原因及对策研究[D]. 太原:山西财经大学，2011：32—33.

[5] 陈诗一. 汇率预测：一个新的非参数支持向量回归方法[J]. 数量经济技术经济研究，2007，24(5)：142—150.

[6] 陈彦斌,唐诗磊,李杜. 货币供应量能预测中国通货膨胀吗？[J]. 经济理论与经济管理,2009，(2)：22—28.

[7] 程建伟. 通货膨胀预测的几种方法[J]. 价格理论与实践,2006(3)：48—49.

[8] 邓乃扬,英杰. 数据挖掘中的新方法:支持向量机[M]. 北京:科学出版社，2004.

[9] 封思贤，谢启超,张文正. FCI 对我国通胀的预测效果分析[J]. 中国软科学，2012，(7)：61—70.

[10] 高铁梅. 计量经济分析方法与建模:EViews 应用及案例[M]. 北京：清华大学出版社，2009.

[11] 韩丽鹏,谢秀娥,郭晓杰. 我国通货膨胀率模拟及预测—基于线性模型和非线性模型的比较分析[J]. 价格理论与实践,2011，(2)：63—64.

[12] 侯成琪,龚六堂. 核心通货膨胀理论综述[J]. 经济学(季刊),2013,12(2)：549—576.

[13] 侯成琪,龚六堂,张维迎. 核心通货膨胀:理论模型与经验分析[J]. 经济研究，2011,(2)：4—18.

[14] 胡英杰，裴旭明,张国民,等. 基于 BP 神经网络的粮食颗粒群流量预测[J]. 机械科学与技术，2013，32(10)：1537—1541.

[15] 黄慧慧,蔡则祥. 中国输入型通货膨胀的特征及机理分析[J]. 南京审计学院学报,2008,(4):21—24.

[16] 黄燕,胡海鸥. 近年来我国核心消费价格指数的估算与分析[J]. 价格理论与实践,2004,(11):11—12.

[17] 霍华德·谢尔曼. 停滞膨胀:激进派的失业和通货膨胀理论[M]. 北京:商务印书馆,1984.

[18] 简泽. 中国核心通货膨胀的估计[J]. 数量经济技术经济研究,2006,22(11):3—13.

[19] 金山,汪前元. 不完全汇率传递下的货币政策工具规则分析[J]. 财经论丛,2012,(1):55—61.

[20] 靳云汇,于存高. 中国股票市场与国民经济关系的实证研究(上)[J]. 金融研究,1998,(3):40—45.

[21] 李时兴. 核心消费价格指数的编制与实证分析[J]. 云南财经大学学报,2007,(2):79—80.

[22] 刘广利,杨志民. 一种新的支持向量回归预测模型[J]. 吉首大学学报(自然科学版),2002,23(3):28—31.

[23] 刘金全,王风云. 资产收益率与通货膨胀率关联性的实证分析[J]. 财经研究,2004,(1):123—128.

[24] 刘元春. 中国通货膨胀成因的研究[M]. 北京:中国人民大学出版社,2008.

[25] 刘雅南. 企业商品价格指数精度改进的区域策略—以潍坊为例[D]. 济南:山东大学,2007:4—10.

[26] 龙革生,黄山,湛泳. 基于共同趋势的我国核心通货膨胀估计[J]. 统计与决策,2008,(11):125—127.

[27] 龙革生,曾令华,黄山. 我国核心通货膨胀的实证比较研究[J]. 统计研究,2008,25(3):20—26.

[28] 鲁宾逊,伊特韦尔. 现代经济学导论[M]. 北京:商务印书馆,1982.

[29] 马晓丹,刘刚,周薇,等. 基于量子遗传模糊神经网络的苹果果实识别[J]. 农业机械学报,2013,44(12):227—232.

[30] 米尔顿·弗里德曼. 自由选择:个人声明[M]. 北京:商务印书馆,1982.

[31] 潘方卉. 基于预期,持续性和波动性的通货膨胀动态机制研究[D]. 长春:吉林大学,2012:17—18.

[32] 庞皓,陈述云. 格兰杰因果检验的有效性及其应用[J]. 统计研究,

1999，11(2)：42—46.

[33] 萨缪尔森. 经济学:(上册)[M]. 北京:商务印书馆，1979.

[34] 史峰,王小川,郁磊,等. MATLAB 神经网络 30 个案例分析[M]. 北京：北京航空航天大学出版社，2010.

[35] 宋保庄. 我国利率的影响因素及其实证分析[D]. 郑州:河南大学，2008：28—29.

[36] 苏治,傅晓媛. 核主成分遗传算法与 SVR 选股模型改进[J]. 统计研究,2013，30(5)：54—62.

[37] 孙求华. 通货膨胀与股票市场走势研究—基于中国 CPI 和上证综合指数，深证综合指数的协整检验与格兰杰检验[J]. 知识经济，2012，(12)：82—82.

[38] 谭本艳. 我国核心通货膨胀问题研究[D]. 武汉:华中科技大学,2009：30—39.

[39] 谭屹然,石柱鲜,赵红强. 我国核心通货膨胀率的测定研究—小波方法的应用与比较[J]. 工业技术经济，2011，(5)：143—147.

[40] 汤丹,赵昕东. 核心通货膨胀的度量方法及其应用[J]. 宏观经济研究,2011,(7):28—34.

[41] 汤丹,赵昕东. 中国核心通货膨胀的估计—基于贝叶斯 GibbsSampler 状态空间模型[J]. 经济评论,2011，(5)：39—46.

[42] 田新民,武晓婷. 中国核心通货膨胀的 SVAR 模型估计与政策应用[J]. 中国工业经济,2013，(12)：5—17.

[43] 王金玲. 我国核心通货膨胀率的估算及其应用分析[D]. 石家庄:河北大学,2008：14—15.

[44] 王卫东,李净,张福存,等. 基于 BP 神经网络的太阳辐射预测[J]. 干旱区资源与环境,2014,28(2)：185—189.

[45] 王宇,李季. 持续性加权核心通货膨胀的测度及其货币政策涵义[J]. 国际金融研究,2012,(4):24—31.

[46] 肖争艳,陈彦斌. 中国通货膨胀预期研究:调查数据方法[J]. 金融研究,2004,(11)：1—18.

[47] 肖争艳,姚一旻,唐诗磊. 我国通货膨胀预期的微观基础研究[J]. 统计研究,2011，28(3)：8—14.

[48] 许志宏. 中国通货膨胀的动态特征与预测研究[D]. 长春:吉林大学，2008：56—64.

[49] 薛永刚. 基于神经网络的通货膨胀预测模型研究[J]. 商业时代，

2010，(18)：71—72.

[50] 薛永刚，曾艳铭. 货币政策变量与股票价格的动态关联性研究[J]. 山西财经大学学报，2008，30(3)：101—106.

[51] 叶阿忠，李子奈. 我国通货膨胀的GARCH模型[J]. 系统工程理论与实践，2000，10(10)：46—48.

[52] 易纲，王召. 货币政策与金融资产价格[J]. 经济研究，2002，(3)：13—20.

[53] 张蓓. 提高透明度，稳定通货膨胀预期[J]. 中国金融，2009，(15)：48—49.

[54] 张德生，张小静，武新乾. 通货膨胀的非参数回归模型[J]. 西安工业大学学报，2007，27(1)：95—98.

[55] 张权. 我国通货膨胀的测度及其影响因素的实证分析—兼论我国现阶段的通货膨胀形势[J]. 华东经济管理，2011，(6)：35—38.

[56] 张延群. 中国核心通货膨胀率的度量及其货币政策涵义[J]. 金融研究，2011，(1)：64—72.

[57] 张卫平. 中国通货膨胀预测：基于AR和VAR模型的比较[J]. 统计与决策，2012，(4)：11—15.

[58] 张又懿. 核心通货膨胀衡量方法的比较[J]. 中国外资，2011，(20)：222.

[59] 赵鹏，韩东林. 固定资产投资与CPI格兰杰因果关系检验研究[J]. 现代商贸工业，2009，21(14)：124—125.

[60] 赵卫亚. 计量经济学教程[M]. 上海：上海财经大学出版社，2006.

[61] 赵昕东. 基于SVAR模型的中国核心通货膨胀的估计与应用[J]. 统计研究，2008，25(7)：45—51.

[62] 赵昕东，汤丹. 基于CPI分项目价格指数的中国核心通货膨胀估计及政策选择研究[J]. 统计研究，2012 (7)：31—36.

[63] 郑文姜. 我国通货膨胀成因及动态分析[D]. 长沙：湖南大学，2012：22—38.

[64] 周平. 中央银行信息披露对通货膨胀预期的影响研究[D]. 长沙：湖南大学，2009：6—8.

[65] 中国人民银行武汉分行，国家统计局湖北调查总队联合课题组. 关于建立中国核心CPI问题的研究[J]. 金融研究，2006，(2)：137—145.

[66] 朱芳，张文丽. 我国核心CPI与货币政策有效性分析[J]. 暨南学报(哲学社会科学版)，2010，32(4)：46—52.

[67] Ander Ang, Geert Bekaert, Min Wei. Do macro variables, asset markets, or surveys forecast inflation better? [J]. Journal of Monetary Economics, 2007, 54(4): 1163—1212.

[68] Andrews D W K. Tests for parameter instability and structural change with unknown change point[J]. Econometrica: Journal of the Econometric Society, 1993, 61(4): 821—856.

[69] Ball L, Mankiw N G. Relative-price changes as aggregate supply shocks[J]. The Quarterly Journal of Economics, 1995, 110(1): 161—193.

[70] Baqaee D. Using wavelets to measure core inflation: The case of New Zealand[J]. The North American Journal of Economics and Finance, 2010, 21(3): 241—255.

[71] Batchelor R A. Quantitative v. qualitative measures of inflation expectations[J]. Oxford Bulletin of Economics and Statistics, 1986, 48(2): 99—120.

[72] Bermingham C. A critical assessment of existing estimates of US core inflation [J]. Journal of Macroeconomics, 2010, 32 (4): 993—1007.

[73] Bicchal M, Sharma N K, Kamaiah B. Some measures of core inflation for India[J]. IUP Journal of Applied Economics, 2012, 11 (3): 22—64.

[74] Bilke L, Stracca L. A persistence-weighted measure of core inflation in the Euro area [J]. Economic Modelling, 2007, 24 (6): 1032—1047.

[75] Blanchard O J, Quah D. The dynamic effects of aggregate demand and supply disturbances[J]. The American Economic Review, 1989, 79(4): 655—673.

[76] Blinder A S. Is there a core of practical macroeconomics that we should all believe? [J]. The American Economic Review, 1997, 87 (2): 240—243.

[77] Broomhead D S, Lowe D. Radial basis functions, multi-variable functional interpolation and adaptive networks[R]. Royal Signals And Radar Establishment Malvern(United Kingdom), 1988.

[78] Broto C. Inflation targeting in Latin America: Empirical analysis using GARCH models[J]. Economic Modelling, 2011, 28(3): 1424—1434.

[79] Bryan M F, Cecchetti S G. The consumer price index as a measure of inflation[R]. USA: National Bureau of Economic Research, 1993.

[80] Bryan M F, Cecchetti S G. Measuring core inflation[M] Chicago: University of Chicago, 1994: 195—219.

[81] Bryan M F, Cecchetti S G. Inflation and the distribution of price changes[J]. Review of Economics and Statistics, 1999, 81(2): 188—196.

[82] Bryan M F, Cecchetti S G. A note on the efficient estimation of inflation in Brazil[R]. Brazil: Banco Central do Brasil Working Paper, 2000.

[83] Bryan M F, Cecchetti S G, II Rodney L Wiggins. Efficient inflation estimation[R]. USA: National Bureau of Economic Research, 1997.

[84] Bryan M F, Pike C J. Median price changes: an alternative approach to measuring current monetary inflation[R]. USA: Federal Reserve Bank of Cleveland, 1991.

[85] Cecchetti S G. Measuring short-run inflation for central bankers [R]. USA: National bureau of economic research, 1996.

[86] Clark T E. Comparing measures of core inflation[J]. Economic Review-Federal Reserve Bank of Kansas City, 2001, 86(2): 5—32.

[87] Cogley T. A simple adaptive measure of core inflation[J]. Journal of Money, Credit, and Banking, 2002, 34(1): 94—113.

[88] Cristadoro R, Forni M, Reichlin L, etal. A core inflation indicator for the euro area[J]. Journal of Money, Credit and Banking, 2005, 37(3): 539—560.

[89] Cutler J. A new measure of core inflation in the UK[R]. England: External MPC Unit Discussion Paper, 2001.

[90] Diewert, W Erwin. On the stochastic approach to index numbers [R]. Canada: University of British Columbia Department of Economics Discussion Paper, 1995: 31—95.

[91] Dow J. Measuring inflation using multiple price indexes[M]. USA: Department of Economics, University of California at

Riverside, 1994.

[92] Dowd K, Cotter J, Loh L. US core inflation: A wavelet analysis [J]. Macroeconomic Dynamics, 2011, 15(4): 513—536.

[93] Eckstein O. Core Inflation [M]. Englewood Cliffs: Prentice Hall, 1981 : 7.

[94] Enders W. Applied econometric time series[M]. NewYork: John Wiley & Sons, 2008.

[95] Eusepi S, Hobijn B, Tambalotti A. CONDI: a cost-of-nominal-distortions index [J]. American Economic Journal: Macroeconomics, 2011, 3(3): 53—91.

[96] Flemming J S. Inflation [M]. London: Oxford University Press, 1976.

[97] Forni M, Hallin M, Lippi M, et al. The generalized dynamic—factor model: Identification and estimation[J]. Review of Economics and statistics, 2000, 82(4): 540—554.

[98] Forni M, Hallin M, Lippi M, et al. The generalized dynamic factor model: one-sided estimation and forecasting [J]. Journal of the American Statistical Association, 2005, 100(471): 830—840.

[99] Forni M, Hallin M, Lippi M, et al. Do financial variables help forecasting inflation and real activity in the euro area? [J]. Journal of Monetary Economics, 2003, 50(6): 1243—1255.

[100] Franses P H, Ooms M. A periodic long-memory model for quarterly UK inflation[J]. International Journal of Forecasting, 1997, 13(1): 117—126.

[101] Freeman D G. Do core inflation measures help forecast inflation? [J]. Economics Letters, 1998, 58(2): 143—147.

[102] Friedman M. Inflation. Causes and Consequences[M]. New York : Asian Publishing House,1963.

[103] Goldberg P K, Knetter M M. Goods Prices and Exchange Rates: What Have We Learned? [J]. Journal of Economic Literature, 1997, 35(3): 1243—1272.

[104] Granger C W J. Investigating causal relations by econometric models and cross-spectral methods[J]. Econometrica: Journal of the Econometric Society, 1969 37 (3): 424—438.

[105] Hogan S, Johnson M, Laflèche T. Core inflation[R]. Canada: Bank of Canada, 2001.

[106] Hong W C. Chaotic particle swarm optimization algorithm in a support vector regression electric load forecasting model[J]. Energy Conversion and Management, 2009, 50(1): 105—117.

[107] Horvath R, Komárek L, Rozsypal F. Does money help predict inflation? An empirical assessment for Central Europe[J]. Economic Systems, 2011, 35(4): 523—536.

[108] Hubrich K. Forecasting euro area inflation: Does aggregating forecasts by HICP component improve forecast accuracy? [J]. International Journal of Forecasting, 2005, 21(1): 119—136.

[109] İmrohoroḡlu S. A Markov switching model for the Hungarian price stabilization plan of 1924[J]. Journal of Macroeconomics, 1995, 17(2): 347—355.

[110] Jean-Baptiste F. Forecasting with the new Keynesian Phillips curve: Evidence from survey data[J]. Economics Letters, 2012, 117(3): 811—813.

[111] Kennedy J, Eberhart R. Particle swarm optimization[C] Proceedings of IEEE international conference on neural networks. Piscataway: IEEE, 1995, 4(2): 1942—1948.

[112] King R G, Plosser C, Stock J H, et al. Stochastic Trends and Economic Fluctuations[J]. American Economic Review, 1991, 81(4): 819—840.

[113] Kuhn H W. et Tucker, AW. Nonlinear programming[C] Proceedings of 2nd Berkeley Symposium. Berkeley: University of California Press, 1951 : 481—492.

[114] Laflèche T. Statistical measures of the trend rate of inflation[J]. Bank of Canada Review, 1997,(Autumn): 29—47.

[115] Laidler D, Parkin M. Inflation: a survey[J]. The Economic Journal, 1975, 85(340): 741—809.

[116] Mankiw N G, Reis R. What measure of inflation should a central bank target? [J]. Journal of the European Economic Association, 2003, 1(5): 1058—1086.

[117] Mc Adam P, McNelis P. Forecasting inflation with thick models

and neural networks[J]. Economic Modelling, 2005, 22(5): 848—867.

[118] Mc Carthy J. Pass-through of exchange rates and import prices to domestic inflation in some industrialized economies[J]. Eastern Economic Journal, 2007, 33(4): 511—537.

[119] Mellander E, Vredin A, Warne A. Stochastic trends and economic fluctuations in a small open economy[J]. Journal of Applied Econometrics, 1992, 7(4): 369—394.

[120] Moser G, Rumler F, Scharler J. Forecasting Austrian inflation[J]. Economic Modelling, 2007, 24(3): 470—480.

[121] Nakamura E. Inflation forecasting using a neural network[J]. Economics Letters, 2005, 86(3): 373—378.

[122] Okun A M. Inflation: The problems and prospects before us[M]. Washington, D. C: Brookings Institution, 1970.

[123] Parkin M. On core inflation by Otto Eckstein: A review essay[J]. Journal of Monetary Economics, 1984, 14(2): 251—264.

[124] Pedersen M. An alternative core inflation measure[J]. German Economic Review, 2009, 10(2): 139—164.

[125] Quah D, Vahey S. Measuring core inflation[J]. The Economic Journal,1995,(105):1130—1144.

[126] Rich R, Steindel C. A comparison of measures of core inflation[J]. Federal Reserve Bank of New York Economic Policy Review, 2007, 13(3): 19—38.

[127] Robalo Marques C, Duarte Neves P, Morais Sarmento L. Evaluating core inflation indicators[J]. Economic modelling, 2003, 20(4): 765—775.

[128] Roger S. A robust measure of core inflation in New Zealand, 1949—96 [R]. New Zealand: Reserve Bank of New Zealand, 1997.

[129] Roger S. Core inflation: concepts, uses and measurement[R]. New Zealand: Reserve Bank of New Zealand, 1998.

[130] Romer D, Chow C. Advanced macroeconomic theory[M]. New York: Mcgraw-hill, 1996.

[131] Rossi M, Leigh D. Exchange rate pass-through in Turkey[R]. Washington: International Monetary Fund, 2002.

[132] Rumelhart DE, Hinton GE, Williams RJ. Learning representations by backpropagating errors [J]. Nature,1986, 323: 533-536.

[133] Scholkopf B, Smola A. Learning with kernels [M]. Cambridge, MA: MIT Press, 2001.

[134] Shiratsuka S. Inflation measures for monetary policy: measuring underlying inflation trend and its implication for monetary policy implementation[J]. Institute for Monetary and Economic Studies, Bank of Japan: Monetary and Economic Studies, 1997, 15(2):1—26.

[135] Silver M. Core inflation measures and statistical issues in choosing among them[M]. Washington: International Monetary Fund, 2006.

[136] Siviero S, Veronese G. A policy-sensible benchmark core inflation measure[J]. Oxford Economic Papers, 2011, 63(4): 648—672.

[137] Smith J K. Better Measures of Core Inflation? [R]. Dallas: price measurement for monetary policy conference, 2007.

[138] Stock J H, Watson M W. Testing for common trends[J]. Journal of the American statistical Association, 1988, 83 (404): 1097—1107.

[139] Stock J, M Watson. A probability model of the Coincident Economic Indicators[R]. USA: National Bureau of Economic Research Working Paper, 1988.

[140] Tahir S, Riazuddin R. Core inflation measures for Pakistan[R]. Pakistan: State Bank of Pakistan, 2003.

[141] Taylor J. Discretion versus Policy Rules in Practice [J]. Carnegie-Rochester Conference Series on Public Policy, 1993, 39(1):195—214.

[142] Tierney H L R. Examining the ability of core inflation to capture the overall trend of total inflation[J]. Applied Economics, 2012, 44(4): 493—514.

[143] Vapnik V. The nature of statistical learning theory[M]. New York: Springer, 1995.

[144] Wynne M A. Core inflation: a review of some conceptual issues [R]. Frankfurt: European Central Bank Working Paper, 1999.

[145] Wynne M A. Core inflation: a review of some conceptual issues [J]. Federal Reserve Bank of St. Louis Review, 2008, 90(3): 205—228.

附　录

附录 1:各方法估算的核心通货膨胀序列

时间	方差加权指数法	方差单侧修削法	30% 单侧截尾法	方差对称修削	三变量 SVAR	四变量 SVAR	HP 滤波	持续性加权
Jan—01	98.92133	98.77553	100.0233	99.5327			100.1323	100.9089
Feb—01	98.55816	98.48957	98.63838	99.03696			100.1329	100.3769
Mar—01	98.49038	98.42176	99.45855	98.92621	102.425	103.5307	100.1335	100.5798
Apr—01	98.57423	98.4406	100.3408	99.22267	102.4888	104.3812	100.1342	100.8498
May—01	98.63907	98.48796	100.4775	99.3659	102.4935	104.1929	100.1352	100.8685
Jun—01	98.66615	98.50702	100.1797	99.39641	102.4316	103.7855	100.1367	100.7192
Jul—01	98.61422	98.47506	100.27	99.27422	102.2431	104.0003	100.1389	100.6538
Aug—01	98.45996	98.31988	99.64592	99.18998	102.1264	103.3482	100.1423	100.3757
Sep—01	98.4979	98.41022	99.52638	99.10958	100.3121	101.996	100.1475	99.49254
Oct—01	98.57634	98.47343	99.91469	99.16454	101.3672	102.6783	100.1549	99.7403
Nov—01	98.6369	98.56126	99.31587	99.22207	101.3478	101.9748	100.1651	99.60124
Dec—01	98.42652	98.30767	99.2917	99.09061	100.7154	101.7228	100.1786	99.31774
Jan—02	98.77044	98.84064	99.22646	98.62771	100.7285	101.3808	100.1961	99.15879
Feb—02	98.88101	98.9157	99.86479	99.27148	100.9544	102.5447	100.2179	99.58677
Mar—02	98.5947	98.63097	99.24654	99.06766	100.1596	101.3297	100.2443	99.12409
Apr—02	98.58748	98.65069	98.88585	98.75227	100.314	100.8859	100.2759	98.89033
May—02	98.56529	98.61008	98.9997	98.73557	100.5096	101.1578	100.3129	98.95862
Jun—02	98.41178	98.47207	99.10753	98.506	100.2836	101.6938	100.3554	98.93576
Jul—02	98.4097	98.48187	98.99029	98.51174	100.4895	101.3368	100.4035	98.86385
Aug—02	98.49576	98.57848	99.16511	98.56011	100.4824	101.5654	100.4573	98.97944
Sep—02	98.40396	98.48161	99.22584	98.42407	100.3762	101.4791	100.5167	98.96739

续表

时间	方差加权指数法	方差单侧修削法	30%单侧截尾法	方差对称修削	三变量SVAR	四变量SVAR	HP滤波	持续性加权
Oct—02	98.48673	98.58491	99.21391	98.44034	100.4692	101.3439	100.5814	98.97373
Nov—02	98.36847	98.46098	99.20784	98.37868	100.4145	101.5325	100.6513	98.9326
Dec—02	98.4297	98.52175	99.4246	98.42972	100.5622	101.8416	100.726	99.07395
Jan—03	95.95489	98.86362	100.1509	98.5974	100.8242	102.687	100.8051	99.47448
Feb—03	95.95532	98.86444	99.98086	98.40027	100.6034	102.3708	100.888	99.37391
Mar—03	96.04801	98.96499	100.6013	98.48253	100.9153	103.1625	100.9741	99.82408
Apr—03	96.09954	98.99606	100.741	98.8314	100.8164	103.1914	101.063	100.0635
May—03	96.03036	98.91271	100.4704	98.91024	100.4963	102.8481	101.154	100.0206
Jun—03	96.28839	99.17964	100.3147	99.07882	100.6366	101.9944	101.2465	100.0396
Jul—03	96.19031	99.07405	100.3961	99.00391	101.1409	102.503	101.3398	100.0652
Aug—03	96.28803	99.17693	100.6828	99.02667	101.2727	103.0002	101.4333	100.2026
Sep—03	96.1174	98.98344	100.7713	99.02401	100.9799	103.1809	101.5261	100.2144
Oct—03	96.22068	99.08565	101.2753	98.99237	101.1612	103.9299	101.6176	100.5093
Nov—03	96.26263	99.10305	102.1274	99.13313	101.4016	105.3462	101.7068	101.0614
Dec—03	96.34957	99.1721	102.3644	99.31923	101.2983	105.1372	101.793	101.2693
Jan—04	99.23059	99.02285	102.2917	99.77327	101.7991	105.0936	101.8755	101.3654
Feb—04	99.10777	99.01366	101.3557	99.36986	101.0376	103.7748	101.9535	100.833
Mar—04	99.35768	99.2463	102.0741	99.63225	101.4142	105.0398	102.0266	101.2895
Apr—04	99.33891	99.21161	102.5921	99.46672	101.6884	105.7702	102.0943	101.4868
May—04	99.43271	99.30025	103.0414	99.4377	102.3416	106.1827	102.156	101.7346
Jun—04	99.42466	99.3078	103.4907	99.45673	102.1172	107.2281	102.2115	101.992
Jul—04	99.48692	99.34865	103.7543	99.56154	101.8479	107.2401	102.2606	102.1872
Aug—04	99.48334	99.33071	103.7932	99.59281	102.0729	107.1188	102.3033	102.2944
Sep—04	99.53819	99.34643	103.8266	99.62214	102.3406	106.8743	102.3398	102.372
Oct—04	99.44927	99.25176	103.2153	99.54832	102.5179	105.7712	102.3705	102.059
Nov—04	99.35593	99.15205	102.252	99.45607	102.3154	104.0746	102.3961	101.4791
Dec—04	99.29053	99.08129	101.9403	99.34686	102.422	103.938	102.4173	101.2391
Jan—05	100.57	100.7264	101.4174	98.93255	101.9395	103.5891	102.4349	100.9289
Feb—05	100.7451	100.8096	102.9165	99.57509	102.823	105.9239	102.4497	101.8745

续表

时间	方差加权指数法	方差单侧修削法	30%单侧截尾法	方差对称修削	三变量SVAR	四变量SVAR	HP滤波	持续性加权
Mar—05	100.7077	100.7979	102.1253	99.33782	102.4828	104.0861	102.4625	101.3854
Apr—05	100.7055	100.8084	101.6372	99.29578	102.2008	103.2444	102.4741	101.1058
May—05	100.5765	100.6539	101.6255	99.32143	102.3546	103.3612	102.4855	101.122
Jun—05	100.5328	100.592	101.5553	99.42758	102.4185	103.0955	102.4973	101.1284
Jul—05	100.5743	100.6043	101.7478	99.61766	102.6202	103.4211	102.5104	101.2974
Aug—05	100.5517	100.5678	101.4485	99.75613	102.4334	102.6831	102.5255	101.1144
Sep—05	100.55	100.5803	101.0984	99.85249	102.1527	102.2748	102.5432	100.9381
Oct—05	100.6287	100.653	101.2937	100.0076	102.2628	102.7823	102.5643	101.083
Nov—05	100.5508	100.5684	101.3143	100.0137	102.2243	102.8281	102.589	101.0852
Dec—05	100.6613	100.6832	101.487	100.0971	102.3421	103.1552	102.6178	101.2447
Jan—06	101.2891	101.3109	101.5289	99.82047	102.2547	103.2645	102.6509	101.2545
Feb—06	101.1942	101.3074	100.8414	99.71428	101.7428	102.3706	102.6887	100.8259
Mar—06	101.1907	101.2932	100.852	99.92118	101.7522	101.9505	102.7311	100.8442
Apr—06	101.2778	101.3675	101.076	100.1098	102.2625	102.697	102.7783	101.0485
May—06	101.45	101.5529	101.2388	100.3038	102.5293	102.7943	102.8302	101.1936
Jun—06	101.5643	101.6533	101.3881	100.575	102.4958	102.9062	102.8865	101.3322
Jul—06	101.5772	101.677	101.1511	100.5361	102.4221	102.1926	102.947	101.1842
Aug—06	101.6894	101.792	101.3218	100.5442	102.4932	102.7005	103.0111	101.3465
Sep—06	101.7255	101.8766	101.3096	100.6009	102.2345	102.8606	103.0785	101.3789
Oct—06	101.6492	101.7893	101.2392	100.6123	102.2846	102.6121	103.1485	101.3304
Nov—06	101.6625	101.7907	101.4605	100.7759	102.318	103.3137	103.2201	101.5095
Dec—06	101.8853	102.006	101.9813	100.9384	102.3391	104.2643	103.2927	101.9353
Jan—07	101.4725	101.558	101.393	100.8017	101.8484	103.3333	103.3651	101.5913
Feb—07	101.7639	101.8464	101.7595	100.8734	102.4556	103.7712	103.4365	101.8986
Mar—07	101.766	101.8464	102.0595	100.9667	102.6337	104.7496	103.5055	102.1154
Apr—07	101.6808	101.758	101.9367	100.8637	102.2551	104.0545	103.5713	102.029
May—07	101.6768	101.758	102.0372	100.8046	102.3805	104.6368	103.6325	102.1337
Jun—07	101.619	101.7116	102.4162	100.6077	102.3746	105.7969	103.6879	102.452

续表

时间	方差加权指数法	方差单侧修削法	30%单侧截尾法	方差对称修削	三变量SVAR	四变量SVAR	HP滤波	持续性加权
Jul—07	101.6826	101.7884	102.9505	100.5766	102.0356	106.9929	103.7364	102.9102
Aug—07	101.6022	101.7	103.3125	100.5269	102.0691	107.8088	103.7768	103.1916
Sep—07	101.6293	101.7116	103.241	100.5542	102.306	107.1707	103.808	103.1409
Oct—07	101.6286	101.7116	103.3868	100.4746	102.4419	107.5661	103.8291	103.284
Nov—07	101.7393	101.8116	103.7772	100.6233	102.8793	108.0033	103.8396	103.6121
Dec—07	101.656	101.7232	103.5193	100.5724	103.1004	107.3405	103.8389	103.3894
Jan—08	100.2179	100.1772	103.9254	100.7711	103.4568	108.1604	103.8267	103.6997
Feb—08	100.2057	100.1801	104.6757	100.8248	103.0531	110.2739	103.8029	104.3672
Mar—08	100.4092	100.4105	104.573	100.9199	103.3957	109.0206	103.7676	104.3682
Apr—08	100.3933	100.3966	104.6189	100.9256	103.5101	109.4375	103.7214	104.4195
May—08	100.2497	100.2404	104.2782	100.9516	103.4238	108.3642	103.6649	104.1539
Jun—08	100.3867	100.3629	104.1459	101.1639	104.0681	107.7502	103.5993	104.0448
Jul—08	100.5233	100.4587	103.9097	101.4381	104.4144	106.9362	103.526	103.8335
Aug—08	100.6656	100.6214	103.2685	101.5418	104.3603	105.3433	103.4466	103.3372
Sep—08	100.7472	100.725	103.0899	101.5107	104.3065	105.3472	103.3629	103.1797
Oct—08	100.7717	100.7525	102.5691	101.5456	103.9442	104.6943	103.277	102.7578
Nov—08	100.5026	100.5324	101.2593	101.128	102.6609	102.7637	103.1907	101.6743
Dec—08	100.13	100.1897	100.2331	100.6928	101.8759	101.6328	103.1062	100.8197
Jan—09	100.1752	100.3385	99.97237	100.1209	101.774	101.6903	103.0255	100.5023
Feb—09	99.5818	99.70263	98.56901	99.79117	100.3024	98.69614	102.9504	99.38872
Mar—09	99.67216	99.81245	98.68575	99.77449	100.4118	99.3517	102.8826	99.37329
Apr—09	99.58018	99.73039	98.427	99.72329	100.5343	99.08252	102.8237	99.09711
May—09	99.55058	99.70761	98.3438	99.59746	100.4301	99.2768	102.7747	98.98437
Jun—09	99.48955	99.65835	98.03724	99.47037	100.2974	98.81463	102.7365	98.70687
Jul—09	99.36969	99.54451	97.88342	99.28067	100.2803	98.78788	102.7097	98.54709
Aug—09	99.36779	99.51927	98.19518	99.27529	100.4047	99.57592	102.6944	98.78922
Sep—09	99.51346	99.64517	98.53248	99.43057	100.4673	99.89054	102.6906	99.04182
Oct—09	99.58274	99.70289	98.8213	99.41503	100.9103	100.1258	102.6979	99.25472

续表

时间	方差加权指数法	方差单侧修削法	30%单侧截尾法	方差对称修削	三变量SVAR	四变量SVAR	HP滤波	持续性加权
Nov−09	99.85486	99.94182	99.80107	99.69695	101.6925	101.5124	102.7158	100.0211
Dec−09	100.2779	100.3465	100.957	100.0924	102.3718	102.7814	102.7434	100.9291
Jan−10	101.1345	101.2122	100.9111	100.4771	101.9901	102.1248	102.7799	100.9645
Feb−10	101.2914	101.3198	101.6633	100.6385	102.9286	103.121	102.8241	101.5738
Mar−10	101.3625	101.4037	101.5586	100.6846	103.114	103.0771	102.875	101.5047
Apr−10	101.3813	101.395	101.9467	100.7314	103.016	103.3716	102.9314	101.8308
May−10	101.4224	101.4096	102.1954	100.8662	103.3374	103.6309	102.9923	102.0582
Jun−10	101.4087	101.3773	102.1689	100.8092	103.0438	103.3299	103.0565	102.0745
Jul−10	101.3178	101.2596	102.2706	100.7293	103.0632	103.8561	103.1227	102.2065
Aug−10	101.2349	101.167	102.2692	100.7004	102.9523	103.8769	103.19	102.2097
Sep−10	101.137	101.0583	102.2647	100.6196	102.9235	103.9696	103.257	102.2073
Oct−10	101.256	101.1729	102.7159	100.7916	103.1247	104.9834	103.3228	102.618
Nov−10	101.362	101.264	103.1561	100.9082	103.2553	105.6227	103.3861	103.0437
Dec−10	101.5667	101.4696	103.0916	101.125	103.4906	104.7327	103.4461	103.0338
Jan−11	101.5381	101.3719	103.2581	101.1531	103.6249	105.2767	103.5017	103.2095
Feb−11	101.1987	100.981	103.1149	101.1585	102.4732	105.6481	103.5521	103.1375
Mar−11	101.4785	101.2548	103.5227	101.4765	102.7442	105.4582	103.5966	103.5234
Apr−11	101.5913	101.36	103.569	101.7808	103.0457	105.5361	103.6346	103.5947
May−11	101.7296	101.4907	103.7343	101.9934	103.2389	105.7841	103.6656	103.7741
Jun−11	101.8485	101.5801	104.1743	102.1549	103.1752	106.7901	103.6892	104.1934
Jul−11	101.8811	101.6092	104.1988	102.2502	103.0766	106.7461	103.705	104.2597
Aug−11	101.9798	101.7197	104.0981	102.4953	103.2999	106.2963	103.7131	104.2114
Sep−11	101.8757	101.5744	104.031	102.6916	103.0948	106.1664	103.7135	104.2318
Oct−11	101.7225	101.4036	103.6918	102.6914	103.0219	105.3823	103.7066	103.9613
Nov−11	101.5724	101.293	102.9247	102.5326	102.6528	103.9027	103.6927	103.2913
Dec−11	101.4087	101.1117	102.7042	102.4306	102.6518	104.067	103.6725	103.1059
Jan−12	101.9058	101.6947	102.8421	102.2625	102.5747	104.7738	103.6466	103.1943
Feb−12	101.7831	101.5529	102.2613	102.2916	102.4968	102.9225	103.6156	102.6578

续表

时间	方差加权指数法	方差单侧修削法	30% 单侧截尾法	方差对称修削	三变量SVAR	四变量SVAR	HP 滤波	持续性加权
Mar—12	101.782	101.5508	102.4499	102.2637	102.3205	103.6934	103.5803	102.7849
Apr—12	101.7456	101.534	102.3458	102.1835	102.1993	103.4063	103.5412	102.6683
May—12	101.4499	101.2399	102.0136	101.8688	101.7583	102.8564	103.4991	102.3535
Jun—12	101.3832	101.1733	101.6659	101.7453	101.9885	101.9137	103.4547	102.0229
Jul—12	101.3658	101.1661	101.5086	101.5525	102.0572	101.6422	103.4085	101.8813
Aug—12	101.2968	101.1005	101.5732	101.4322	101.7612	101.9728	103.3611	101.9014
Sep—12	101.4746	101.319	101.6814	101.4859	102.2608	101.6877	103.313	101.8775
Oct—12	101.5243	101.4359	101.632	101.4285	102.332	101.6056	103.2645	101.7725
Nov—12	101.4235	101.3552	101.6631	101.2249	102.2138	101.9229	103.2157	101.7788
Dec—12	101.5387	101.5091	101.8817	101.1564	102.4715	102.4715	103.167	101.9688

附录 2:月度居民消费价格指数和分项价格指数

2001 年 1 月—2012 年 12 月月度居民消费价格指数和分项价格指数(上年同月=100)

时间	总指数	食品	烟酒	衣着	家庭	医疗	交通	娱乐	居住
Jan—01	101.2	99.6	99.5	98.7	98.1	100.5	99.5	108.8	102.5
Feb—01	100.0	96.7	99.5	97.9	97.9	100.4	98.3	109.3	102.4
Mar—01	100.8	99.0	99.5	97.8	97.8	100.4	98.0	109.5	102.2
Apr—01	101.6	101.3	99.6	98.0	97.7	100.3	98.9	109.6	101.6
May—01	101.7	101.7	99.6	98.2	97.7	100.3	99.3	109.4	101.2
Jun—01	101.4	101.0	99.5	98.3	97.8	100.0	99.6	109.1	101.0
Jul—01	101.5	101.5	99.5	98.2	97.8	99.9	99.3	108.9	100.7
Aug—01	101.0	100.2	99.6	97.7	97.7	99.7	99.3	108.8	100.5
Sep—01	99.9	100.3	99.9	98.0	97.6	99.6	99.0	101.9	99.7
Oct—01	100.2	100.8	100.1	98.1	97.6	99.5	99.0	102.1	100.6
Nov—01	99.7	99.2	100.2	98.3	97.6	99.7	98.9	102.0	100.6
Dec—01	99.4	99.3	100.0	98.2	97.3	99.1	99.2	100.6	100.6
Jan—02	99.0	98.1	100.2	98.2	97.5	99.2	97.3	101.3	100.6
Feb—02	100.0	100.6	100.2	98.0	97.7	99.2	99.5	100.8	100.6
Mar—02	99.2	99.4	100.3	97.8	97.6	98.8	99.1	100.2	99.7
Apr—02	98.7	98.0	100.2	97.8	97.7	98.8	98.1	100.2	99.8
May—02	98.9	98.5	100.3	98.1	97.6	98.7	97.9	100.4	99.7
Jun—02	99.2	99.8	100.0	97.8	97.3	98.8	97.6	100.3	99.5
Jul—02	99.1	99.1	100.0	97.6	97.3	98.8	97.7	100.5	99.5
Aug—02	99.3	99.6	99.9	97.5	97.4	98.9	97.9	100.7	99.6
Sep—02	99.3	99.8	99.7	97.4	97.4	98.5	97.9	100.8	99.9
Oct—02	99.2	99.5	99.5	97.2	97.4	98.9	98.0	100.9	100.0
Nov—02	99.3	99.9	99.5	97.1	97.3	98.7	98.0	100.6	100.0
Dec—02	99.6	100.5	99.4	97.1	97.3	98.8	98.2	100.8	100.2
Jan—03	100.4	102.4	99.5	97.1	97.2	98.8	98.7	100.9	101.0
Feb—03	100.2	101.8	99.5	97.1	97.1	98.9	98.0	101.3	100.9

续 表

时间	总指数	食品	烟酒	衣着	家庭	医疗	交通	娱乐	居住
Mar—03	100.9	103.2	99.4	97.4	97.1	99.3	98.0	101.5	102.1
Apr—03	101.0	103.2	99.5	97.7	97.2	100.9	98.0	101.4	101.9
May—03	100.7	101.9	99.4	97.6	97.4	102.2	97.6	101.2	101.8
Jun—03	100.3	100.4	99.8	97.8	97.5	102.1	97.7	101.7	102.1
Jul—03	100.5	101.0	99.8	98.0	97.5	101.7	97.6	101.4	102.3
Aug—03	100.9	102.2	99.9	98.1	97.5	101.4	97.7	101.6	102.2
Sep—03	101.1	103.2	99.9	98.0	97.5	101.5	97.7	101.1	101.9
Oct—03	101.8	105.1	100.1	98.2	97.6	101.1	97.5	101.3	102.3
Nov—03	103.0	108.1	100.4	98.3	97.7	101.3	97.5	101.2	103.1
Dec—03	103.2	108.6	100.8	98.2	97.8	101.4	97.7	101.2	103.5
Jan—04	103.2	108.0	101.0	98.4	98.1	101.6	98.7	101.8	102.8
Feb—04	102.1	105.6	100.9	98.7	98.2	101.5	97.4	100.1	103.0
Mar—04	103.0	107.9	101.0	99.0	98.3	101.5	98.0	100.5	103.2
Apr—04	103.8	110.2	101.1	98.7	98.4	99.8	98.4	100.9	103.8
May—04	104.4	111.8	101.4	98.6	98.5	98.6	98.7	101.2	104.6
Jun—04	105.0	114.0	101.5	98.5	98.6	98.6	98.7	100.7	104.9
Jul—04	105.3	114.6	101.6	98.4	98.8	98.8	98.8	101.1	105.0
Aug—04	105.3	113.9	101.6	98.3	98.9	99.0	98.8	101.1	106.0
Sep—04	105.2	113.0	101.5	98.4	98.9	99.2	98.8	101.9	106.4
Oct—04	104.3	110.0	101.4	98.2	99.0	99.2	98.7	101.9	106.8
Nov—04	102.8	105.9	101.1	98.2	98.9	99.2	98.7	102.1	106.3
Dec—04	102.4	104.9	100.7	98.3	98.9	99.3	98.6	102.3	105.6
Jan—05	101.9	104.0	100.5	98.4	99.0	99.2	97.4	101.7	105.5
Feb—05	103.9	108.8	100.6	98.1	99.2	99.3	99.4	103.3	105.6
Mar—05	102.7	105.6	100.6	97.5	99.3	99.4	98.8	102.8	105.8
Apr—05	101.8	103.1	100.6	97.6	99.5	99.3	98.6	102.8	105.8
May—05	101.8	102.8	100.4	97.8	99.7	99.5	98.6	102.8	105.8

续 表

时间	总指数	食品	烟酒	衣着	家庭	医疗	交通	娱乐	居住
Jun—05	101.6	102.1	100.3	98.1	100.0	99.7	98.7	102.7	105.8
Jul—05	101.8	102.3	100.3	98.2	100.0	100.2	99.0	102.9	105.9
Aug—05	101.3	100.9	100.3	98.4	100.2	100.2	99.3	103.0	105.2
Sep—05	100.9	100.3	100.3	98.6	100.3	100.5	99.4	101.3	105.2
Oct—05	101.2	101.3	100.4	98.9	100.4	100.6	99.6	101.3	104.8
Nov—05	101.3	101.6	100.3	99.0	100.5	100.5	99.7	101.1	104.7
Dec—05	101.6	102.2	100.4	99.1	100.6	100.7	99.7	100.9	105.0
Jan—06	101.9	103.6	100.2	98.4	100.6	100.3	99.5	100.9	105.2
Feb—06	100.9	101.2	100.2	98.6	100.6	100.5	99.0	99.5	105.2
Mar—06	100.8	100.8	100.2	99.2	100.6	100.7	99.3	99.8	104.6
Apr—06	101.2	101.8	100.4	99.5	100.7	101.0	99.4	99.9	104.3
May—06	101.4	101.9	100.4	99.6	100.8	101.3	99.8	99.9	104.5
Jun—06	101.5	102.1	100.5	99.5	101.2	101.5	100.4	100.0	104.3
Jul—06	101.0	100.6	100.5	99.4	101.4	101.4	100.3	100.0	104.5
Aug—06	101.3	101.4	100.6	99.5	101.5	101.5	100.1	99.9	104.8
Sep—06	101.5	102.4	100.8	99.5	101.7	101.3	100.2	98.6	105.0
Oct—06	101.4	102.2	100.8	99.8	101.7	101.3	100.1	98.7	104.6
Nov—06	101.9	103.7	101.0	100.1	101.8	101.3	100.3	98.5	104.2
Dec—06	102.8	106.3	101.5	100.1	101.9	101.2	100.4	98.4	104.6
Jan—07	102.2	105.0	101.5	100.5	102.0	101.3	99.7	97.7	103.8
Feb—07	102.7	106.0	101.8	100.2	102.2	101.4	99.6	99.2	103.7
Mar—07	103.3	107.7	101.8	99.8	102.2	101.4	100.1	99.0	104.0
Apr—07	103.0	107.1	101.7	99.8	102.2	101.5	99.8	98.8	104.2
May—07	103.4	108.3	101.7	99.9	102.2	101.6	99.5	98.8	104.0
Jun—07	104.4	111.3	101.7	99.7	101.8	101.9	98.9	98.8	104.4
Jul—07	105.6	115.4	101.8	99.4	101.7	102.2	98.7	98.8	104.4
Aug—07	106.5	118.2	101.7	99.1	101.7	102.3	98.7	98.9	104.3

续 表

时间	总指数	食品	烟酒	衣着	家庭	医疗	交通	娱乐	居住
Sep—07	106.2	116.9	101.7	99.0	101.8	102.6	98.6	99.6	104.2
Oct—07	106.5	117.6	101.7	98.7	101.8	102.9	98.3	99.5	104.8
Nov—07	106.9	118.2	101.8	98.6	101.9	103.1	98.6	99.5	106.0
Dec—07	106.5	116.7	101.7	98.3	101.9	103.2	98.6	99.5	105.9
Jan—08	107.1	118.2	102.1	98.1	102.1	103.2	98.9	99.7	106.1
Feb—08	108.7	123.3	102.4	98.6	102.1	103.2	98.6	99.1	106.6
Mar—08	108.3	121.4	102.5	98.8	102.5	103.7	98.3	99.3	107.0
Apr—08	108.5	122.1	102.6	98.6	102.7	103.6	98.3	99.3	106.8
May—08	107.7	119.9	102.8	98.5	102.8	103.3	98.4	98.8	107.1
Jun—08	107.1	117.3	103.1	98.5	102.9	103.1	98.9	99.0	107.7
Jul—08	106.3	114.4	103.1	98.6	103.1	103.1	99.7	99.1	107.7
Aug—08	104.9	110.3	103.3	98.9	103.2	102.9	99.8	99.2	107.1
Sep—08	104.6	109.7	103.4	98.8	103.2	102.6	99.8	99.6	106.5
Oct—08	104.0	108.5	103.4	98.7	103.4	102.4	100.0	99.7	104.6
Nov—08	102.4	105.9	103.2	98.3	103.1	102.0	99.3	99.7	101.1
Dec—08	101.2	104.2	102.9	97.8	102.9	101.7	98.6	99.4	98.6
Jan—09	101.0	104.2	102.4	97.3	102.6	101.6	97.5	100.3	97.7
Feb—09	98.4	98.1	102.0	97.7	102.1	101.3	97.0	98.9	97.1
Mar—09	98.8	99.3	101.8	97.7	101.5	101.0	97.5	99.3	96.5
Apr—09	98.5	98.7	101.6	97.7	100.9	100.9	97.8	99.0	96.0
May—09	98.6	99.4	101.4	97.7	100.5	100.9	97.7	99.2	95.2
Jun—09	98.3	98.9	101.2	97.7	100.1	100.9	97.6	99.3	94.3
Jul—09	98.2	98.8	101.2	97.6	99.6	100.7	97.3	99.3	94.2
Aug—09	98.8	100.5	101.3	97.8	99.3	100.9	97.1	99.1	94.6
Sep—09	99.2	101.5	101.3	98.2	99.1	101.1	97.4	99.1	95.0
Oct—09	99.5	101.6	101.3	98.4	98.8	101.2	97.3	99.3	96.2
Nov—09	100.6	103.2	101.3	98.8	98.9	101.6	97.8	99.4	98.8

续 表

时间	总指数	食品	烟酒	衣着	家庭	医疗	交通	娱乐	居住
Dec—09	101.9	105.3	101.4	99.2	98.9	102.2	98.5	99.7	101.5
Jan—10	101.5	103.7	101.5	99.6	98.9	102.3	99.5	98.8	102.5
Feb—10	102.7	106.2	101.6	98.7	99.2	102.4	100.1	100.8	103.0
Mar—10	102.4	105.2	101.7	98.9	99.3	102.5	100.0	100.3	103.3
Apr—10	102.8	105.9	101.7	98.7	99.5	102.8	100.0	100.4	104.5
May—10	103.1	106.1	101.7	98.8	99.7	103.2	100.1	100.6	105.0
Jun—10	102.9	105.7	101.7	99.0	100.0	103.2	99.7	100.9	105.0
Jul—10	103.3	106.8	101.6	99.2	100.2	103.3	99.3	101.1	104.8
Aug—10	103.5	107.5	101.5	98.8	100.4	103.3	99.4	101.2	104.4
Sep—10	103.6	108.0	101.4	98.5	100.4	103.4	99.3	101.2	104.3
Oct—10	104.4	110.1	101.5	98.7	100.5	103.7	99.5	100.9	104.9
Nov—10	105.1	111.7	101.6	99.3	100.7	104.0	99.3	100.6	105.8
Dec—10	104.6	109.6	101.8	100.1	101.2	104.0	99.3	100.7	106.0
Jan—11	104.9	110.3	101.8	99.8	101.4	103.2	99.9	101.0	106.8
Feb—11	104.9	111.0	101.9	100.4	101.4	103.0	99.7	100.3	106.1
Mar—11	105.4	111.7	102.1	100.8	101.9	103.2	100.1	100.5	106.6
Apr—11	105.3	111.5	102.4	101.4	102.1	103.2	100.5	100.5	106.1
May—11	105.5	111.7	102.6	101.8	102.5	103.2	100.7	100.6	106.1
Jun—11	106.4	114.4	102.7	102.1	102.5	103.4	100.9	100.6	106.2
Jul—11	106.5	114.8	102.8	102.2	102.7	103.6	100.9	100.5	105.9
Aug—11	106.2	113.4	102.9	102.9	102.8	104.1	101.0	100.4	105.5
Sep—11	106.1	113.4	103.4	103.2	103.0	104.1	101.0	100.0	105.1
Oct—11	105.5	111.9	103.7	103.7	103.1	103.5	100.8	100.0	104.4
Nov—11	104.2	108.8	103.8	103.5	102.9	103.2	100.5	100.1	103.0
Dec—11	104.1	109.1	103.9	103.8	102.5	102.8	100.3	100.1	102.1
Jan—12	104.5	110.5	103.7	103.3	102.6	102.6	100.2	100.7	101.9
Feb—12	103.2	106.2	103.7	103.8	102.5	102.7	100.1	99.6	102.1

续　表

时间	总指数	食品	烟酒	衣着	家庭	医疗	交通	娱乐	居住
Mar—12	103.6	107.5	103.6	103.8	102.2	102.5	100.3	100.1	102.0
Apr—12	103.4	107.0	103.4	103.6	102.2	102.5	100.3	100.3	101.8
May—12	103.0	106.4	103.3	103.1	101.9	102.1	99.9	100.2	101.6
Jun—12	102.2	103.8	103.2	103.3	101.9	101.9	99.6	100.3	101.6
Jul—12	101.8	102.4	103.1	103.3	101.9	101.8	99.1	100.4	102.1
Aug—12	102.0	103.4	103.0	103.1	101.8	101.3	99.2	100.4	102.2
Sep—12	101.9	102.5	102.4	103.4	101.6	101.4	99.8	101.0	102.3
Oct—12	101.7	101.8	102.0	102.7	101.5	101.8	100.1	101.1	102.5
Nov—12	102.0	103.0	101.7	102.3	101.5	101.6	100.0	100.9	102.6
Dec—12	102.5	104.2	101.5	101.9	101.7	101.7	100.0	101.1	103.0

附录 3:相关月度通货膨胀指数比较

2001 年 1 月—2013 年 9 月相关月度通货膨胀指数数据

时间	出口商品价格指数(上年同月=100)	进口商品价格指数(上年同月=100)	商品零售价格指数(上年同月=100)	城市商品零售价格指数(上年同月=100)	农村商品零售价格指数(上年同月=100)	工业生产者出厂价格指数(上年同月=100)	工业生产者购进价格指数(上年同月=100)
Jan—01	101.3	100.8	99.5	99.3	99.8	101.4	103.6
Feb—01	100.0	104.0	98.3	98.1	98.6	100.9	102.7
Mar—01	95.8	103.6	99.1	99.0	99.4	100.2	102.1
Apr—01	101.7	101.4	100.1	100	100.3	99.9	100.9
May—01	98.0	103.3	100.1	99.9	100.5	99.8	101.1
Jun—01	98.2	100.1	99.9	99.6	100.3	99.4	100.5
Jul—01	98.0	98.0	99.8	99.5	100.2	98.7	99.6
Aug—01	97.0	100.3	98.8	98.4	99.5	98.0	98.7
Sep—01	97.7	97.8	98.7	98.3	99.4	97.1	98.2
Oct—01	97.4	98.9	99.2	98.9	99.6	96.9	97.5
Nov—01	97.9	97.4	98.3	98.1	98.7	96.3	96.5
Dec—01	99.0	96.9	98.2	98.0	98.6	96.0	95.9
Jan—02	96.7	98.6	98.0	97.8	98.4	96.0	95.1
Feb—02	96.0	99.2	98.9	98.7	99.3	95.9	95.3
Mar—02	100.3	102.8	98.2	97.9	98.8	96.0	95.4
Apr—02	95.6	97.1	97.9	97.6	98.3	96.9	96.2
May—02	100.2	101.1	98.2	98.0	98.6	97.4	97.2
Jun—02	94.1	99.6	99.2	99.1	99.5	97.5	97.2
Jul—02	97.4	100.4	98.9	98.8	99.2	97.7	97.5
Aug—02	97.3	104.0	98.9	98.7	99.3	98.3	98.0
Sep—02	99.5	101.8	99.0	98.8	99.3	98.6	98.8
Oct—02	95.8	108.4	98.8	98.4	99.4	99.0	99.4
Nov—02	99.6	106.0	99.1	98.9	99.5	99.6	100.5

续　表

时间	出口商品价格指数(上年同月=100)	进口商品价格指数(上年同月=100)	商品零售价格指数(上年同月=100)	城市商品零售价格指数(上年同月=100)	农村商品零售价格指数(上年同月=100)	工业生产者出厂价格指数(上年同月=100)	工业生产者购进价格指数(上年同月=100)
Dec—02	96.8	105.9	99.7	99.4	100.1	100.4	101.3
Jan—03	101.1	109.6	99.4	99.2	99.9	102.4	103.2
Feb—03	102.2	110.3	99.7	99.5	100.0	104.0	104.8
Mar—03	100.5	113.1	100.2	100.0	100.4	104.6	105.8
Apr—03	103.8	111.3	100.1	99.9	100.4	103.6	105.9
May—03	104.4	111.2	99.4	99.2	99.8	102.0	104.4
Jun—03	102.0	110.4	98.7	98.5	99.2	101.3	103.9
Jul—03	103.3	109.9	98.8	98.5	99.3	101.4	104.0
Aug—03	101.8	108.3	99.3	98.9	99.9	101.4	104.0
Sep—03	103.8	105.9	99.6	99.3	100.4	101.4	104.1
Oct—03	103.3	104.5	100.3	99.8	101.3	101.2	104.6
Nov—03	103.2	106.8	101.4	100.8	102.8	101.9	105.9
Dec—03	104.7	110.9	101.9	101.2	103.2	103.0	107.1
Jan—04	105.6	110.7	101.7	101.0	103.0	103.5	107.4
Feb—04	104.3	114.5	100.9	100.1	102.3	103.5	108.1
Mar—04	106.7	107.4	101.7	100.9	103.2	104.0	109.5
Apr—04	105.3	109.3	102.6	101.8	104.1	105.0	110.5
May—04	105.8	111.8	103.3	102.5	104.8	105.7	111.2
Jun—04	106.5	113.5	104.1	103.4	105.5	106.4	111.8
Jul—04	107.0	114.8	104.4	103.6	105.9	106.4	112.0
Aug—04	105.3	114.7	104.4	103.6	105.9	106.8	112.9
Sep—04	106.8	115.8	104.3	103.4	105.8	108.0	113.7
Oct—04	108.0	115.0	103.4	102.7	104.8	108.4	114.2
Nov—04	106.5	116.2	101.9	101.4	102.9	108.1	113.7
Dec—04	109.2	115.2	101.3	100.7	102.2	107.1	112.0

续 表

时间	出口商品价格指数(上年同月=100)	进口商品价格指数(上年同月=100)	商品零售价格指数(上年同月=100)	城市商品零售价格指数(上年同月=100)	农村商品零售价格指数(上年同月=100)	工业生产者出厂价格指数(上年同月=100)	工业生产者购进价格指数(上年同月=100)
Jan—05	106.7	110.7	100.9	100.4	102.0	105.8	110.7
Feb—05	106.2	105.7	102.4	101.9	103.4	105.4	109.8
Mar—05	106.1	108.4	101.4	100.9	102.3	105.6	109.7
Apr—05	104.7	107.7	100.6	100.2	101.3	105.8	109.9
May—05	102.9	104.9	100.6	100.2	101.3	106.0	110.0
Jun—05	101.2	101.2	100.5	100.1	101.2	105.2	109.0
Jul—05	102.8	100.3	100.8	100.5	101.3	105.2	108.5
Aug—05	103.1	99.7	100.3	100.2	100.7	105.3	108.1
Sep—05	100.6	101.9	100.0	99.9	100.4	104.5	107.1
Oct—05	101.4	98.8	100.4	100.2	100.7	104.0	106.5
Nov—05	101.9	99.8	100.6	100.4	100.8	103.2	105.4
Dec—05	100.9	102.9	100.9	100.8	101.2	103.2	105.0
Jan—06	100.6	99.9	101.0	100.9	101.3	103.1	106.5
Feb—06	101.0	99.5	100.4	100.3	100.7	103.0	106.8
Mar—06	100.0	98.9	100.2	100.1	100.5	102.5	106.2
Apr—06	101.9	99.8	100.6	100.5	101.0	101.9	104.9
May—06	102.5	102.5	101.0	100.8	101.2	102.4	105.5
Jun—06	103.7	100.6	101.3	101.3	101.4	103.5	106.6
Jul—06	103.6	105.2	100.7	100.6	101.0	103.6	106.7
Aug—06	101.9	111.6	100.9	100.7	101.3	103.4	106.7
Sep—06	104.5	103.5	101.2	101.0	101.6	103.5	106.9
Oct—06	103.2	105.4	101.1	100.9	101.5	103.0	105.6
Nov—06	103.0	106.3	101.5	101.2	102.2	102.8	104.8
Dec—06	102.7	105.3	102.4	102.0	103.2	103.1	105.0
Jan—07	105.4	104.7	101.8	101.5	102.6	103.3	104.7

续　表

时间	出口商品价格指数(上年同月＝100)	进口商品价格指数(上年同月＝100)	商品零售价格指数(上年同月＝100)	城市商品零售价格指数(上年同月＝100)	农村商品零售价格指数(上年同月＝100)	工业生产者出厂价格指数(上年同月＝100)	工业生产者购进价格指数(上年同月＝100)
Feb—07	104.6	104.8	101.9	101.5	102.9	102.6	104.0
Mar—07	105.9	104.7	102.5	102.2	103.3	102.7	103.7
Apr—07	106.4	107.3	102.2	101.9	103.0	102.9	103.7
May—07	103.1	106.3	102.4	102.0	103.4	102.8	103.6
Jun—07	108.1	106.6	103.2	102.7	104.3	102.5	103.4
Jul—07	104.4	108.8	104.4	103.8	105.8	102.4	103.6
Aug—07	103.0	107.5	105.2	104.6	106.6	102.6	103.8
Sep—07	106.0	102.3	104.9	104.3	106.2	102.7	103.6
Oct—07	106.2	106.8	105.3	104.7	106.5	103.2	104.5
Nov—07	106.4	110.6	106.0	105.5	107.2	104.6	106.3
Dec—07	106.6	108.0	105.6	105.2	106.7	105.4	108.1
Jan—08	106.5	114.8	106.2	105.7	107.4	106.1	108.9
Feb—08	111.9	118.1	108.1	107.6	109.2	106.6	109.7
Mar—08	109.0	117.6	107.8	107.3	109.1	108.0	111.0
Apr—08	110.1	121.8	108.1	107.6	109.3	108.1	111.8
May—08	110.4	120.9	107.5	107.0	108.7	108.2	111.9
Jun—08	111.1	120.1	107.1	106.7	108.2	108.8	113.5
Jul—08	108.5	121.9	106.8	106.5	107.5	110.0	115.4
Aug—08	110.6	122.7	105.5	105.3	106.1	110.1	115.3
Sep—08	106.9	117.5	105.3	105.1	105.9	109.1	114.0
Oct—08	108.4	110.8	104.6	104.4	105.1	106.6	111.0
Nov—08	105.5	101.9	102.7	102.6	103.0	102.0	104.7
Dec—08	105.1	90.0	101.4	101.3	101.8	98.9	98.7
Jan—09	102.3	89.4	100.7	100.5	101.0	96.7	94.7
Feb—09	97.5	82.4	98.4	98.3	98.6	95.5	92.9

续 表

时间	出口商品价格指数(上年同月=100)	进口商品价格指数(上年同月=100)	商品零售价格指数(上年同月=100)	城市商品零售价格指数(上年同月=100)	农村商品零售价格指数(上年同月=100)	工业生产者出厂价格指数(上年同月=100)	工业生产者购进价格指数(上年同月=100)
Mar—09	94.4	81.5	98.5	98.4	98.7	94.0	91.1
Apr—09	94.1	80.8	98.1	98.0	98.3	93.4	90.4
May—09	93.8	79.6	98.1	98.1	98.3	92.8	89.6
Jun—09	91.2	83.7	97.7	97.7	97.7	92.2	88.8
Jul—09	92.9	83.3	97.5	97.5	97.5	91.8	88.3
Aug—09	90.7	79.6	98.0	98.0	98.0	92.1	88.6
Sep—09	90.9	84.7	98.5	98.5	98.6	93.0	89.9
Oct—09	91.3	87.6	98.7	98.6	99.1	94.2	91.6
Nov—09	92.5	98.7	100.0	99.8	100.4	97.9	96.4
Dec—09	96.5	108.6	101.4	101.2	101.9	101.7	103.0
Jan—10	94.7	113.5	101.8	101.7	102.0	104.3	108.0
Feb—10	94.5	115.6	102.5	102.3	103.0	105.4	110.3
Mar—10	101.4	117.6	102.3	102.1	102.8	105.9	111.5
Apr—10	99.3	119.4	102.8	102.6	103.2	106.8	112.0
May—10	102.2	119.2	103.1	102.9	103.5	107.1	112.2
Jun—10	103.4	117.4	102.7	102.5	103.2	106.4	110.8
Jul—10	104	112.8	102.8	102.6	103.3	104.8	108.5
Aug—10	106.5	110.5	103.0	102.8	103.6	104.3	107.5
Sep—10	104.9	109.5	103.0	102.8	103.6	104.3	107.1
Oct—10	104.8	110.4	103.9	103.6	104.5	105.0	108.1
Nov—10	107.6	108.9	104.7	104.4	105.5	106.1	109.7
Dec—10	104.9	110.1	104.1	103.8	104.8	105.9	109.5
Jan—11	111	111.7	103.7	103.5	104.3	106.6	109.7
Feb—11	111.4	116.6	104.3	104.1	104.9	107.2	110.4
Mar—11	107.5	115.5	104.6	104.4	105.2	107.3	110.5

续 表

时间	出口商品价格指数(上年同月＝100)	进口商品价格指数(上年同月＝100)	商品零售价格指数(上年同月＝100)	城市商品零售价格指数(上年同月＝100)	农村商品零售价格指数(上年同月＝100)	工业生产者出厂价格指数(上年同月＝100)	工业生产者购进价格指数(上年同月＝100)
Apr—11	110.9	112.9	104.7	104.5	105.3	106.8	110.4
May—11	109.4	116.7	104.9	104.7	105.6	106.8	110.2
Jun—11	110.9	115.7	105.8	105.6	106.6	107.1	110.5
Jul—11	110.3	115	106.1	105.8	106.9	107.5	111.0
Aug—11	109.2	115.6	106.0	105.7	106.6	107.3	110.6
Sep—11	109.5	114.8	106.0	105.8	106.7	106.5	110.0
Oct—11	109.5	113.6	105.3	105.1	105.9	105.0	108.0
Nov—11	109.6	110.5	104.0	103.9	104.3	102.7	105.1
Dec—11	111.1	109.1	103.8	103.7	104.1	101.7	103.5
Jan—12	106.9	107	104.1	103.9	104.5	100.7	102.0
Feb—12	105.1	105.4	102.9	102.8	103.0	100.0	101.0
Mar—12	102.1	100	103.5	103.4	103.7	99.7	100.1
Apr—12	104.8	99.8	103.1	103.0	103.3	99.3	99.2
May—12	102.9	98.9	102.5	102.4	102.7	98.6	98.4
Jun—12	102.9	99.3	101.4	101.3	101.5	97.9	97.5
Jul—12	101.1	96.2	100.8	100.7	100.8	97.1	96.6
Aug—12	101.3	95.8	101.0	101.0	101.1	96.5	95.9
Sep—12	99	98.3	100.9	100.9	101.0	96.4	95.9
Oct—12	99.3	98.1	100.9	100.9	101.0	97.2	96.7
Nov—12	99.5	97.4	101.1	101.1	101.4	97.8	97.2
Dec—12	101.8	97.6	101.5	101.4	101.9	98.1	97.6
Jan—13	100.7	95	101.3	101.1	101.7	98.4	98.1
Feb—13	99.8	98.3	102.1	101.9	102.6	98.4	98.1
Mar—13	99.1	101.3	100.8	100.6	101.3	98.1	98.0
Apr—13	99.9	97.5	100.9	100.8	101.3	97.4	97.3

续 表

时间	出口商品价格指数(上年同月＝100)	进口商品价格指数(上年同月＝100)	商品零售价格指数(上年同月＝100)	城市商品零售价格指数(上年同月＝100)	农村商品零售价格指数(上年同月＝100)	工业生产者出厂价格指数(上年同月＝100)	工业生产者购进价格指数(上年同月＝100)
May－13	99.1	95.5	100.7	100.6	101.1	97.1	97.0
Jun－13	99.3	98.2	101.4	101.3	101.8	97.3	97.4
Jul－13	97.7	99.1	101.7	101.5	102.1	97.7	97.8
Aug－13	97.9	98.6	101.6	101.4	102.1	98.4	98.4
Sep－13	100.7	98.9	101.9	101.7	102.4	98.7	98.4

附录4:相关年度通货膨胀指数比较

1990年—2012年相关年度通货膨胀指数数据

	居民消费价格指数(上年=100)	城市居民消费价格指数(上年=100)	农村居民消费价格指数(上年=100)	GDP缩减指数(1978年=100)	商品零售价格指数(上年=100)	工业生产者出厂价格指数(上年=100)	固定资产投资价格指数(上年=100)
1990年	103.1	101.3	104.5	181.7905	102.1	104.1	108
1991年	103.4	105.1	102.3	194.2792	102.9	106.2	109.5
1992年	106.4	108.6	104.7	210.2078	105.4	106.8	115.3
1993年	114.7	116.1	113.7	242.0698	113.2	124	126.6
1994年	124.1	125	123.4	292.0035	121.7	119.5	110.4
1995年	117.1	116.8	117.5	332.0395	114.8	114.9	105.9
1996年	108.3	108.8	107.9	353.3799	106.1	102.9	104
1997年	102.8	103.1	102.5	358.7361	100.8	99.7	101.7
1998年	99.2	99.4	99	355.5473	97.4	95.9	99.8
1999年	98.6	98.7	98.5	351.0203	97	97.6	99.6
2000年	100.4	100.8	99.9	358.1556	98.5	102.8	101.1
2001年	100.7	100.7	100.8	365.507	99.2	98.7	100.4
2002年	99.2	99	99.6	367.7027	98.7	97.8	100.2
2003年	101.2	100.9	101.6	377.2184	99.9	102.3	102.2
2004年	103.9	103.3	104.8	403.3496	102.8	106.1	105.6
2005年	101.8	101.6	102.2	418.563	100.8	104.9	101.6
2006年	101.5	101.5	101.5	433.6368	101	103	101.5
2007年	104.8	104.5	105.4	465.7705	103.8	103.1	103.9
2008年	105.9	105.6	106.5	499.5386	105.9	106.9	108.9
2009年	99.3	99.1	99.7	518.5383	98.8	94.6	97.6
2010年	103.3	103.2	103.6	534.9605	103.1	105.5	103.6
2011年	105.4	105.3	105.8	576.7084	104.9	106	106.6
2012年	102.6	102.7	102.5	588.2197	102	98.3	101.1

附录 5:支持向量回归参数选择代码

网格法 Grid search method 参数选择：

```
% SVMcg cross validation by faruto
% Software available at http://www.matlabsky.com
%% about the parameters of SVMcg
if nargin < 10
msestep=0.06;
end
if nargin < 8
cstep=0.8;
gstep=0.8;
end
if nargin < 7
v=5;
end
if nargin < 5
gmax=8;
gmin=-8;
end
if nargin < 3
cmax=8;
cmin=-8;
end
%% X:c Y:g cg:acc
[X,Y]=meshgrid(cmin:cstep:cmax,gmin:gstep:gmax);
[m,n]=size(X);
cg=zeros(m,n);
eps=10^(-4);
%% record acc with different c & g,and find the bestacc with the smallest c
bestc=0;
bestg=0;
mse=Inf;
basenum=2;
```

```
for i=1 : m
for j=1 : n
  cmd=['-v ',num2str(v),'-c ',num2str( basenum^X(i,j) ),'-g ',
num2str( basenum^Y(i,j) ),'-s 3-p 0.01'];
  cg(i,j)=svmtrain(train_label, train, cmd);

  if cg(i,j) < mse
      mse=cg(i,j);
      bestc=basenum^X(i,j);
      bestg=basenum^Y(i,j);
  end

  if abs( cg(i,j)-mse )<=eps && bestc > basenum^X(i,j)
      mse=cg(i,j);
      bestc=basenum^X(i,j);
      bestg=basenum^Y(i,j);
  end

end
end
%% to draw the acc with different c & g
[cg,ps]=mapminmax(cg,0,1);
figure;
[C,h]=contour(X,Y,cg,0 : msestep : 0.5);
clabel(C,h,'FontSize',10,'Color','r');
xlabel('log2c','FontSize',12);
ylabel('log2g','FontSize',12);
firstline='SVR 参数选择结果图(等高线图)[GridSearchMethod]';
secondline=['Best c=',num2str(bestc),' g=',num2str(bestg), ...
' CVmse=',num2str(mse)];
title({firstline;secondline},'Fontsize',12);
grid on;

figure;
```

```
meshc(X,Y,cg);
% mesh(X,Y,cg);
% surf(X,Y,cg);
axis([cmin,cmax,gmin,gmax,0,1]);
xlabel('log2c','FontSize',12);
ylabel('log2g','FontSize',12);
zlabel('MSE','FontSize',12);
firstline='SVR 参数选择结果图(3D 视图)[GridSearchMethod]';
secondline=['Best c=',num2str(bestc),' g=',num2str(bestg), ...
' CVmse=',num2str(mse)];
title({firstline;secondline},'Fontsize',12);
```

粒子群算法 pso 参数选择:

```
% psoSVMcgForClass by faruto and liyang , LIBSVM-farutoUltimateVersion
% Software available at http://www.matlabsky.com
%% 参数初始化
if nargin==2
pso_option=struct('c1',1.5,'c2',1.7,'maxgen',200,'sizepop',20, ...
                'k',0.6,'wV',1,'wP',1,'v',5, ...
                'popcmax',10^2,'popcmin',10^(-1),'popgmax',10^3,'popgmin',10^(-2));
end
% c1:初始为 1.5,pso 参数局部搜索能力
% c2:初始为 1.7,pso 参数全局搜索能力
% maxgen:初始为 200,最大进化数量
% sizepop:初始为 20,种群最大数量
% k:初始为 0.6(k belongs to [0.1,1.0]),速率和 x 的关系(V=kX)
% wV:初始为 1(wV best belongs to [0.8,1.2]),速率更新公式中速度前面的弹性系数
% wP:初始为 1,种群更新公式中速度前面的弹性系数
% v:初始为 5,SVM Cross Validation 参数
% popcmax:初始为 100,SVM 参数 c 的变化的最大值.
% popcmin:初始为 0.1,SVM 参数 c 的变化的最小值.
```

```
% popgmax:初始为 1000,SVM 参数 g 的变化的最大值.
% popgmin: 初始为 0.1,SVM 参数 g 的变化的最小值.

Vcmax=pso_option.k*pso_option.popcmax;
Vcmin=-Vcmax ;
Vgmax=pso_option.k*pso_option.popgmax;
Vgmin=-Vgmax ;

eps=10^(-4);

%% 产生初始粒子和速度
for i=1:pso_option.sizepop

% 随机产生种群和速度
pop(i,1)=(pso_option.popcmax-pso_option.popcmin)*rand+pso_option.popcmin;
pop(i,2)=(pso_option.popgmax-pso_option.popgmin)*rand+pso_option.popgmin;
V(i,1)=Vcmax*rands(1,1);
V(i,2)=Vgmax*rands(1,1);

% 计算初始适应度
cmd=['-v ',num2str(pso_option.v),' -c ',num2str( pop(i,1) ),' -g ',num2str( pop(i,2) ),' -s 3 -p 0.01'];
fitness(i)=svmtrain(train_label, train, cmd);
end

% 找极值和极值点
[global_fitness bestindex]=min(fitness); % 全局极值
local_fitness=fitness;    % 个体极值初始化

global_x=pop(bestindex,:);    % 全局极值点
local_x=pop;    % 个体极值点初始化
```

```
% 每一代种群的平均适应度
avgfitness_gen=zeros(1,pso_option.maxgen);

%% 迭代寻优
for i=1:pso_option.maxgen

for j=1:pso_option.sizepop

  %速度更新
  V(j,:)=pso_option.wV * V(j,:)+pso_option.c1 * rand * (local_
x(j,:)-pop(j,:))+pso_option.c2 * rand * (global_x-pop(j,:));
  if V(j,1) > Vcmax
      V(j,1)=Vcmax;
  end
  if V(j,1) < Vcmin
      V(j,1)=Vcmin;
  end
  if V(j,2) > Vgmax
      V(j,2)=Vgmax;
  end
  if V(j,2) < Vgmin
      V(j,2)=Vgmin;
  end

  %种群更新
  pop(j,:)=pop(j,:)+pso_option.wP * V(j,:);
  if pop(j,1) > pso_option.popcmax
      pop(j,1)=pso_option.popcmax;
  end
  if pop(j,1) < pso_option.popcmin
      pop(j,1)=pso_option.popcmin;
  end
  if pop(j,2) > pso_option.popgmax
      pop(j,2)=pso_option.popgmax;
```

```
        end
        if pop(j,2) < pso_option.popgmin
            pop(j,2)=pso_option.popgmin;
        end

        % 自适应粒子变异
        if rand>0.5
            k=ceil(2*rand);
            if k==1
                pop(j,k)=(20-1)*rand+1;
            end
            if k==2
                pop(j,k)=(pso_option.popgmax-pso_option.popgmin)
*rand+pso_option.popgmin;
            end
        end

        %适应度值
        cmd=['-v ',num2str(pso_option.v),'-c ',num2str( pop(j,1) ),'
-g ',num2str( pop(j,2) ),'-s 3-p 0.01'];
        fitness(j)=svmtrain(train_label, train, cmd);

        %个体最优更新
        if fitness(j) < local_fitness(j)
            local_x(j,:)=pop(j,:);
            local_fitness(j)=fitness(j);
        end

        if fitness(j)==local_fitness(j) && pop(j,1) < local_x(j,1)
            local_x(j,:)=pop(j,:);
            local_fitness(j)=fitness(j);
        end

        %群体最优更新
```

```
        if fitness(j) < global_fitness
            global_x=pop(j,:);
            global_fitness=fitness(j);
        end

        if abs( fitness(j)-global_fitness )<=eps && pop(j,1) < global
_x(1)
            global_x=pop(j,:);
            global_fitness=fitness(j);
        end

    end

    fit_gen(i)=global_fitness;
    avgfitness_gen(i)=sum(fitness)/pso_option.sizepop;
    end

    %% 结果分析
    figure;
    hold on;
    plot(fit_gen,'r*-','LineWidth',1.5);
    plot(avgfitness_gen,'o-','LineWidth',1.5);
    legend('最佳适应度','平均适应度');
    xlabel('进化代数','FontSize',12);
    ylabel('适应度','FontSize',12);
    grid on;

    bestc=global_x(1);
    bestg=global_x(2);
    bestCVmse=fit_gen(pso_option.maxgen);

    line1='适应度曲线 MSE[PSOmethod]';
    line2=['(参数 c1=',num2str(pso_option.c1),...
    ',c2=',num2str(pso_option.c2),',中止代数=',...
```

```
num2str(pso_option.maxgen),',种群数量 pop=', ...
num2str(pso_option.sizepop),')'];
line3=['Best c=',num2str(bestc),' g=',num2str(bestg), ...
' CVmse=',num2str(bestCVmse),];
title({line1;line2;line3},'FontSize',12);
```

遗传算法 ga 参数选择：

```
% gaSVMcgForClass by faruto and liyang , LIBSVM
-farutoUltimateVersion
% Software available at http://www.matlabsky.com
%% 参数初始化
if nargin==2
ga_option=struct('maxgen',200,'sizepop',20,'ggap',0.9,...
  'cbound',[0,100],'gbound',[0,1000],'v',5);
end
% maxgen:最大的进化代数,默认为 200,一般取值范围为[100,500]
% sizepop:种群最大数量,默认为 20,一般取值范围为[20,100]
% cbound=[cmin,cmax],参数 c 的变化范围,默认为(0,100]
% gbound=[gmin,gmax], 参数 g 的变化范围,默认为[0,1000]
% v : SVM Cross Validation 参数,默认为 5

%%
MAXGEN=ga_option.maxgen;
NIND=ga_option.sizepop;
NVAR=2;
PRECI=20;
GGAP=ga_option.ggap;
trace=zeros(MAXGEN,2);

FieldID=...
[rep([PRECI],[1,NVAR]);[ga_option.cbound(1),ga_option.
gbound(1);ga_option.cbound(2),ga_option.gbound(2)];...
[1,1;0,0;0,1;1,1]];
```

```
Chrom=crtbp(NIND,NVAR * PRECI);

gen=1;
v=ga_option.v;
BestMSE=inf;
Bestc=0;
Bestg=0;
%%
cg=bs2rv(Chrom,FieldID);

for nind=1:NIND
cmd=['-v ',num2str(v),'-c ',num2str(cg(nind,1)),'-g ',num2str
(cg(nind,2)),'-s 3-p 0.01'];
ObjV(nind,1)=svmtrain(train_label,train_data,cmd);
end
[BestMSE,I]=min(ObjV);
Bestc=cg(I,1);
Bestg=cg(I,2);

%%
while 1
FitnV=ranking(ObjV);

SelCh=select('sus',Chrom,FitnV,GGAP);
SelCh=recombin('xovsp',SelCh,0.7);
SelCh=mut(SelCh);

cg=bs2rv(SelCh,FieldID);
for nind=1:size(SelCh,1)
   cmd=['-v ',num2str(v),'-c ',num2str(cg(nind,1)),'-g ',
num2str(cg(nind,2)),'-s 3-p 0.01'];
   ObjVSel(nind,1)=svmtrain(train_label,train_data,cmd);
end
```

```
[Chrom,ObjV]=reins(Chrom,SelCh,1,1,ObjV,ObjVSel);

[NewBestCVaccuracy,I]=min(ObjV);
cg_temp=bs2rv(Chrom,FieldID);
temp_NewBestCVaccuracy=NewBestCVaccuracy;

if NewBestCVaccuracy < BestMSE
BestMSE=NewBestCVaccuracy;
Bestc=cg_temp(I,1);
Bestg=cg_temp(I,2);
end

if abs( NewBestCVaccuracy-BestMSE ) <=10^(-4) && ...
   cg_temp(I,1) < Bestc
BestMSE=NewBestCVaccuracy;
Bestc=cg_temp(I,1);
Bestg=cg_temp(I,2);
end

trace(gen,1)=min(ObjV);
trace(gen,2)=sum(ObjV)/length(ObjV);

if gen >=MAXGEN/2 && ...
( temp_NewBestCVaccuracy-BestMSE ) <=10^(-4)
   break;
end
if gen==MAXGEN
   break;
end
gen=gen+1;
end

%%
figure;
```

```
hold on;
trace=round(trace * 10000)/10000;
plot(trace(1 : gen,1),'r * —','LineWidth',1.5);
plot(trace(1 : gen,2),'o—','LineWidth',1.5);
legend('最佳适应度','平均适应度');
xlabel('进化代数','FontSize',12);
ylabel('适应度','FontSize',12);
grid on;
axis auto;

line1='适应度曲线 MSE[GAmethod]';
line2=['(中止代数=', ...
num2str(gen),',种群数量 pop=', ...
num2str(NIND),')'];
line3=['Best c=',num2str(Bestc),' g=',num2str(Bestg), ...
' MSE=',num2str(BestMSE)];
title({line1;line2;line3},'FontSize',12);
```

后 记

本书由我的博士毕业论文润色、修改而成。在本书出版之际，回忆起10年求学生涯的点点滴滴，不禁百感交集。2004年，高中毕业，那个时候，网络资讯还不像现在这样发达，高考志愿的填报有很大的盲目性，而我在并不了解统计学要学什么、将来要干什么的情况下，填报了浙江工商大学统计学专业，然后顺理成章地被录取了。这一待，便是10年。10年前，刚来下沙，这是个一片荒芜的新校区，学校坐落在杭州最东边的郊区，站在学校教学楼上都能看到钱塘江；10年后，学校熙熙攘攘，生活区小径两旁的树都能遮蔽住整条路，房子原本的白色外墙也有了些暗沉，居然有了一些老校区的意思，离校那天，看着这条路，我想“十年树木”原来就是这个意思。

去年博士论文送审前，我经常一遍又一遍地修改着论文直到凌晨，记得当时很疲惫，有着许许多多的感触，而时隔一年，这种记忆已显得很遥远，有种恍如隔世的感觉。如果要回忆学生时代，我似乎对研究生时期的记忆更深一些，当时大家还住在一栋楼里，没有学习压力，同学间经常会互相串门，闲来打个牌，聚在一块煮个火锅，好不热闹！冬天早上起来得迟，同学们经常是骑着自行车急急忙忙冲向F楼去上英语课；临毕业，同学们也会去金沙港住宿区后的公园坐坐，诉诉对未来的迷茫，这些片段场景也是我最怀念的学生生活。写下这篇后记，也算是对我青春时代的一个告别。

学生时代的生活环境基本除了同学就是老师，对我影响最大的莫过于我的两位导师，硕士导师苏为华教授和博士导师李金昌教授。从论文的发表，毕业论文的选题、成文、修改，李教授给了我很多的帮助和提点，博士论文中也倾注了他的很多心血，我很庆幸自己遇到了良师。李教授严谨的治学风格、高尚的师德和不怒而威的人格魅力对我的影响很大，在今后的工作生活中，我也将以他为榜样，认真工作、勤奋学习、踏实生活。同时，我也要感谢我的硕士导师苏为华教授，感谢苏老师长期以来，对我学业上的耐心指导，苏老师对我文章一些启发性的建议最后也融入到文中，成为其中的一部分，苏老师的活跃思维和开阔的学术视野总是让我很敬佩，感谢他长久以来，对我学习和生活上的关心和帮助。在硕士博士期间，能遇上两位恩师，接受他们的指导和帮助，真是我的幸运。另外，我还要感谢洪兴建老师、徐蔼婷老师、赵卫亚老师、陈钰芬老师、蒋剑辉老师、沈绍伟老师，感谢你们对我学业上的指导和对生活上的照顾、关怀，是你们让我感受到了学校的温暖；感谢我的师兄曾守桢、师姐项莹和李伟、师弟张崇辉，感谢你们给予了我很多学术上和生活上的建议；感谢我的同学陈璇、潘淑婷、刘峰、范可信、陈敏、张婷、郁利花、缪仁余、胡小文、陈赛君等等，恕我在这不能一一列举了，深厚的同窗情谊将是我人生的一笔巨大财富，祝福你们在人生的道路上能平安快乐。

在这些年的求学生涯中，我最应该感谢的是我的家人，谢谢爸爸、妈妈和各位亲人给予我的充分信任和支持。在博士的 3 年时光里，我经历了一次次，反反复复对自己的质疑和不肯定，是你们给予我信心。在这要特别感谢我的爱人马骏先生，感谢你对我的宽容和照顾，最长情的告白是陪伴，谢谢你这些年在我身边的陪伴。在此刻落笔之时，内心除了感恩还是感恩，谢谢你们，谢谢在我生命中给予过支持和帮助的你们。

章琳云

2015 年 7 月 26 日于杭州